中國史學史

魏應麒◎著

国家出版基金项目
NATIONAL PUBLICATION FOUNDATION

山西出版傳媒集團
山西人民出版社

圖書在版編目(CIP)數據

中國史學史 / 魏應麒著. -太原: 山西人民出版社, 2014.12
(近代名家散佚學術著作叢刊 / 許嘉璐主編)
ISBN 978-7-203-08686-4

Ⅰ. ①中… Ⅱ. ①魏… Ⅲ. ①史學史-中國
Ⅳ. ①K092

中國版本圖書館 CIP 數據核字(2014)第 205869 號

中國史學史

主　　編　許嘉璐
著　　者　魏應麒
責任編輯　梁晉華

出 版 者　山西出版傳媒集團·山西人民出版社
地　　址　太原市建設南路 21 號
郵　　編　030012
發行營銷　0351-4922220　4955996　4956039
　　　　　0351-4922127(傳真)　4956038(郵購)
E-mail　sxskcb@163.com　發行部
　　　　　sxskcb@126.com　總編室
網　　址　www.sxskcb.com

經 銷 者　山西出版傳媒集團·山西人民出版社
承 印 廠　山西出版傳媒集團·山西人民印刷有限責任公司

開　　本　700mm×970mm　1/16
印　　張　18.75
字　　數　196 千字
印　　數　1—3000 册
版　　次　2014 年 12 月　第 1 版
印　　次　2014 年 12 月　第 1 次印刷
書　　號　ISBN 978-7-203-08686-4
定　　價　47.00 圓

《近代名家散佚學術著作叢刊》編委會

出版説明

近代名家散佚學術著作叢刊選取一九四九年以後未再刊行之近代名家學術著作共一百二十册，編例如次：

一、本叢書遴選之著作在相關學術領域具有一定的代表性，在學術研究方向、方法上獨具特色。

二、爲避免重新排印時出錯，本叢書原本原貌影印出版。影印之底本皆經專家組審定，原書字體大小，排版格式均未做大的改變，原書之序言、附注皆予保留。

三、本叢書分爲八大類，以作者生卒年編次。

四、爲使叢書體例一致，本叢書前言後記均采用繁體字排版。

五、個別頁碼較少的版本，爲方便裝幀和閱讀，進行了合訂。

六、少數學術著作原書内容有個别破損之處，編者以不改變版本内容爲前提，部分進行修補，難以修復之處保留缺損原狀。

七、原版書中個别錯訛之處，皆照原樣影印，未做修改。

八、所選版本之抽印本頁碼標注，起始至所終頁碼均照原樣影印，未重新編排標注新頁碼。

由於叢書規模較大，不足之處，殷切期待方家指正。

總序／

披沙瀝金，以爲鏡鑒

◇許嘉璐

多年來有一個問題始終在我腦中盤桓：爲什麽在十九世紀末到二十世紀初，在短短的幾十年裏，中國的各個學術領域竟涌現了那麽多大師級的人物？這是中國近代史上一個極爲重要的現象，我認爲，如果不能給出令人滿意的答案，我們撰寫的近代學術史將是不完整的，甚至是缺乏靈魂的。後來我知道，著名人類學家克羅伯曾提出過一個問題：爲什麽天才成群地來？看來這種現象的出現並非中國所獨有，思考其所以然的也大有人在。而在那一次世紀之交中國的情況，似乎應驗了「天才成群地來」這個令克氏久久不解的疑問。錢學森先生曾從相反的方向提出了相同的疑問：爲什麽我們這個時代出現不了杰出人才？後來人們稱這個問題爲「錢學森之謎」。

要回答這些疑問不是件容易的事。與其迅速地囫圇地探尋，不如先多了解那些讓中國近代學術（應該包括人文科學和自然科學）史上閃耀着光輝的大師們的作品和自述，從而在腦海里盡量「復原」他們所處的環境和在那種環境下的心理路徑，從中或許可以得到一些啓示。

有一點是顯然的，這就是他們雖然都已遠離塵世而去，但是他們獨立思考的品性、求知治學的真誠、困厄窮愁中對節操的堅守，恐怕是他們共同的主觀因素，一直影響到現在，而且將會永遠留存下去。

就思想界、學術界而言，二十世紀上半葉是一個新説和舊説碰撞，中學和西學融匯的大時代。那時的學人極爲重視言行操守，同時具備現代知識分子的理想信念；他們的學術研究十分純净，絶少功利因素；他們的視界開闊，以包容的心態和嚴謹的風格造就了成果的大氣與厚重。至於在客觀因素一面，他們實際是在用工業化時代的事實解説着太史公所説的名山之作「大抵聖賢發憤之所爲作」，困厄苦難使得他們「皆意有所鬱結」。這種鬱結，幾乎和個人的名利毫無牽涉，他們永遠不能釋懷的，是民族的存亡、國運的興衰、民衆的福禍和文脈的續斷。

那個時代也是近代歷史上最大規模的中西古今學術調適、創新的時期，學術方法上的交互滲透和融合、創新亦可謂「於斯爲盛」。斯時之學人是要在封閉的屋墻上鑿出窗子的勇士，是使人能夠看看外部世界的第一批導夫先路者；或者可以説，他們是在「意有所鬱結」時「彷徨」和「吶喊」的「狂人」。

相對於那時的哲人們，後來者是幸運兒。現在的形勢是，近三十年來學界空前繁榮，衆多學科有了長足之進，其中很重要的一點是學界有了更新穎、更廣闊的國際視野，似乎接續上了百年前的學壇盛事。但細想想，「古」與「今」還是有差别的。其异，主要不在於世界情勢、學術進展、工具改善這些客觀存在，而在於在廣泛吸收各國優長的同時，自身文化的主體性越來越受到重視，换言之，「拿來主義」已經延長了「拿來」的程序，加上了試用、甄别、篩選、吸收、融合、成長。就我孤陋所見，在當今地球上，面向所有異質文明，努力汲取我之所缺，其範圍之大和心態之切，似乎無出中國之右者。從這個角度説，我們已經超越了前輩。但是事情還有另外一面，學術，特别是人文學科，其職業化、「沙龍化」和功利性，以及隨之而來的浮躁病却嚴重了。從這個角度説，是不是我們已經後退得够可以的了？而這是不是我們這個時代出不了大師的原因之一呢？

民國學術界的特點之一是極爲注重對傳統的反省、批判與繼承。他們對傳統文化盡最大的努力進行整理和研究。一方面，由於戰亂頻仍，民不聊生，學者們擔起了讓中華文化薪火相傳的歷史責任；另一方面，他們要通過對中國傳統文化的整理，挖掘來重振民族自信心。這一時期對傳統文化進行整理的全面而深入是前所未有的，舉凡文字學、語言學、經濟學、法學、哲學、政治制度、書法繪畫、金石學……規模之宏大，研究之精微，令人嘆爲觀止。

民國學術推動了現代學科體系的建立。在對傳統文化整理和研究的基礎上，吸收西方的文化思想和理念，推動和建立了中國現代學科體系。例如，在對語言文字和音韻學成果進行整理、研究的基礎上開始着手規範之，建立了國語學；深入研究書法、國畫，將其融入了現代美術學科；在廢除舊有學制後逐步建立起小、中、大學較完整的科目和學科體系。

民國學術也改變了傳統學術方式，建立了新的研究範式。以現代科學考古爲發端，科研的實踐和成果使中國知識界真正認識到在實驗、比較基礎上的邏輯分析對學術研究的重要，推進了中國學術的一大演變。至於我們常説的打破士大夫傳統、走出書齋到田野鄉村和市民中進行調查研究、結束了經學時代、以歷史眼光檢視儒學和諸子等等，都是確立新學術範式的努力。這一轉變，也標誌着中國學術界脱胎换骨，全面進入了現代，爲此後的學術發展奠定了堅實的基礎。當然，西方啓蒙運動以來，在「現代性」和「現代化」裏潛伏着的缺陷和謬誤也傳到了中國，這些不能不在前哲的著作裏留下痕迹。這並不奇怪。類似的情況，古往今來孰能免之？猶如今天的我們，誰敢自稱我之所見就是永恒的真理？在這個問題上兩個時代所異者，或許就在昔時大家創立新説或譯註西學著作，往往是懷着對學術和前哲的敬畏而爲之，故而常常誤不在我；當今則往往出於對學問和他人的輕蔑，或以所研究的對象爲謀己的工具，因而難辭主觀之咎吧。翻閱他們的心血之作，這些復雜的狀況可以顯見，可以視之爲我們的一面鏡子。

滄海桑田，世事變幻，歷史的動盪和時代的遮蔽，使當年許多大師的一些極有價值的學術著作被棄於故紙堆中，不能不令人有遺珠之憾。爲此，山西人民出版社不惜以數年之艱辛，披沙瀝金，編輯出版這套近代名家散佚學術著作叢刊，凡一百二十册，計文學、史學、政治與法律、美學與文藝理論、民族風俗、宗教與哲學、經濟、語言文獻共八大類别。所選皆爲作者之純學術著作，無論是其見解、精神，抑或是其時代烙印，都是後輩學人可資借鑒的寶貴財富。他們出版這套叢書，意在讓世人不忘來程，知篳路藍縷之不易，爲民族文化的傳承再增薪木。

出版社的初衷，與我近年來所思所慮近似，故願略述淺見於書端，以與策劃者、編輯者和讀者共勉。

二〇一四年七月六日

改定於自安東回京途中

前言

◇汪高鑫

中國近代的歷史，交織着多重矛盾。有傳統社會所具有的階級矛盾，有因帝國主義入侵而激化的民族矛盾，還有新舊思想觀念的矛盾，等等。正是社會矛盾的激盪，促進了近代社會的運動、嬗變與轉型，帶動了社會各種思潮的不斷涌現，進而引發了各種史學思潮的興起和近代史學的發展。一言以蔽之，近代中國史學與史學思想的發展變化，與近代中國社會的變遷是休戚相關的。

民國時期的社會變遷與轉型，直接促成了民國史學的發展和史學觀念的改變以及史學方法的創新。縱觀民國時期社會變遷與史學的發展，大致可以劃分爲兩個時期，第一個時期從一九一二年民國成立到一九三七年抗戰爆發，第二個時期從一九三七年抗戰爆發到一九四九年新中國成立。

第一個時期，中國社會的變遷大致經歷了從中華民國建立到北洋軍閥統治、從五四運動的爆發到兩次國內革命戰爭兩個階段。與此相對應，民國史學的發展也緊隨時代變化，明顯呈現出時代特徵。

在第一個階段，中國爆發了辛亥革命，結束了兩千多年的帝制統治，建立了資產階級民主共和體制的中華民國，然而資產階級臨時政府的權力很快又落入到袁世凱北洋軍閥手裏，中國政治進入了北洋軍閥黑暗統治時期。以梁啓超爲代表的一些早期提倡新史學的史家，因爲對袁世凱政府抱有幻想，而參加了北洋軍閥政府，由於忙於事務性的工作，早前由他們發動的資產階級新史學工作因此被耽擱了。這一時期新史學流派的歷史研究没有取得什麽實質性的成果。

北洋軍閥政府的獨裁統治與尊孔復古，激起了全社會的反抗，隨着維護資産階級民主共和的護國運動和護法運動的相繼開展，思想文化領域反對尊孔復古的新文化運動也於一九一五年開始廣泛開展起來，「民主」與「科學」便是這一運動所打出的旗幟。與此同時，大概自一九一六年以後，隨着一些留美、日、歐學生先後歸國，帶來了各種資産階級新思想。一時間，各種西方新學説不斷涌入，如英國羅素的社會改良主義、法國柏格森的生命哲學、德國李凱爾特的新康德主義、美國杜威的實用主義、馬克思主義，如此等等，當時中國的思想界可謂非常活躍。這些新學説、新思想的涌入，大大激發了這一時期中國史學家們的史學思想與歷史研究，各種新的史學研究方法得到介紹和提倡，史學出現了新的氣象。

從新文化運動到一九一九年五四運動時期，史學的代表人物主要有胡適、王國維、李大釗等人。胡適一九一七年留美回國後，很快成爲新文化運動的代表人物之一。在治學方法上，他將美國學者杜威的實驗主義運用到史學研究當中，於一九一九年提出了「大膽的假設，小心的求證」的治史方法和「整理國故，再造文明」的口號，發表了中國哲學史大綱這一以實驗主義研究中國歷史的示範之作，由此開啓了近代中國實證主義史學。王國維一九一六年留日歸國後，致力於甲骨文、今文和古器物考釋等的研究，一九一七年寫成的殷卜辭中所見先公先王考、殷周制度論，是考古學與歷史學相結合的開創性的研究成果。胡適與王國維等人的史學研究與方法，開創了近代中國史學研究的新範式。李大釗是近代中國第一個傳播馬克思主義的史學家。他於一九一六年留日歸國後，便積極投身於新文化運動中。當年發表了長文民彝與政治，從學理上論述如何根除帝制獨裁問題；次年發表了自然的倫理觀與孔子，對北洋軍閥政府尊孔復古進行抨擊；一九一九年在新青年上發表了我的馬克思主義觀，開始係統介紹馬克思主義史學理論，由此奠基了中國馬克思主義歷史觀。

第二個階段，爲中國兩次國內革命戰爭時期。第一次國共合作北伐，取得了反對北洋軍閥統治的勝利；第二次國共內戰，其間日本帝國主義不斷擴大侵華，民族危機日益加重。盡管這一時期的中國戰亂不已，國家還面臨着嚴重的民族危機，卻是民國史學大發展時期；而造就這種大發展的原因，既有五四新學術思想的持續爆發的因素，也與二十世紀二三十年代社會變遷密不可分。

二十世紀二三十年代民國史學的大發展，突出表現在新歷史考證學上，這顯然是對五四時期開啓的實證史學的繼續和發展。一九一九年底，胡適發起「整理國故」運動，從歷史學的角度提出「整理國故」的步驟與方法，繼續宣揚他的所謂學術求真。胡適認爲，「整理國故」的目的在於學術求真，並非現實致用，並提出了「整理國故」的四個具體步驟：第一步是條理係統的整理，第二步是尋出每種學術思想發生原因和效果，第三步是要用科學的方法做精確的考證，第四步是綜合前三步的研究還他一個本來面目。應該説胡適的「整理國故」對於歷史研究有着方法論的意義。受胡適疑古實證思想影響的顧頡剛，在史學上的突出成就和影響，是提出「層累地造成的中國古史」的觀點，以及創辦古史辨，推動中國古史的研究。顧頡剛古史辨的具體成就，除去提出「層累地造成的中國古史」的命題，還揭示了三皇五帝古史係統由神話傳説層累造成，打破了民族出於一元和地域向來一統的傳統説法，以及對古書著作時代的大量考訂。顧頡剛的治史宗旨，用他自己的話來説，就是「只當問真不真，不當問用不用」（注一）。傅斯年曾經留學德國，深受西方蘭克「史料即史學」的實證主義影響。一九二八年創辦中央研究院歷史語言研究所，大力宣揚蘭克史學思想。按照傅斯年的説法，「學問之道，全在求是」（注二），一分材料只能説一分話，史學便是史料學。王國維在這一時期的歷史考證涉獵廣博，於漢晋木簡研究有流沙墜簡考釋、墜簡考釋補證和簡牘檢署考，於敦煌寫卷研究有與羅振玉合編的敦煌石室遺書，於甲骨文等古文字研究貢獻尤大。在治史方法與理論上，王國維的

「二重證據法」之「古史新證」理論，對於民國史學的影響極大。陳垣這一時期的治史集中於宗教史和文獻學。於宗教史上，從一九一七年至一九二三年，他先後發表了元也里可温考、開封一賜樂業教考、火祆教入中國考和摩尼教入中國考，合稱「古教四考」；於文獻學上，他對目録學、年代學、史諱學和校勘學等領域多有建樹。陳垣治史以重史源、講類例爲其特點。以上史家雖然治學方法與特點不盡相同，但都以考證見長。

這一時期「新史學」史家的史學研究與方法也取得了一定的成就。梁啓超這一時期的史學研究可謂多産，從一九二〇年至一九二七年，先後發表清代學術概論、先秦政治思想、中國歷史研究法及補編、中國近三百年學術史和古書真僞及其年代等，治史重點在學術史與方法論。與當年發起「新史學」相比，梁氏這一時期的史學研究呈現出廣疏多變的特點。何炳松在「新史學」思潮中可謂獨樹一幟，他於二十世紀二三十年代中國史學界的最大影響，便是對魯濱遜新史學的介紹和評論。何炳松係統闡發了「新史學」的「綜合史觀」，主張歷史研究要反映人類活動的全部，史學研究的方法應該多元化，如統計學的方法、生物學的方法等等，要綜合利用各種學科的成果特别是新學科的進展開展歷史的研究，並表達了對於歷史學的意義、價值和發展前景的看法。

與此同時，這一時期的馬克思主義史家對歷史學的研究繼續做出了貢獻。一九二四年，李大釗出版史學要論，運用唯物史觀對歷史、歷史學、歷史學的係統、史學在科學中的地位、史學與其他相關學科之間的關係、現代史學的研究及於人生態度的影響等史學基本理論問題作了闡述。一九二七年大革命失敗後，一些關注中國前途與命運的學者受到困惑，於是一場關於中國社會性質的大論戰逐漸開展起來。馬克思主義史家積極參與其中，郭沫若便是其中的杰出代表。一九三〇年，郭沫若出版了中國古代社會研究一書，這是民國時期中國第一部運用唯物史觀分析、解剖中國古代社會的著作。該書以物質資料生産方式的發展和變革來解釋中國古代社會歷史發展的全過程，論證中國歷史發展與世界歷史發展的共同性，對中國古史分期提出了自己獨創性的看法。參與社會史大論戰的馬克思主義史學家還有吕振羽、何幹之、翦伯贊、侯外廬、鄧拓等人。但總體來看，與歷史考證學派相比，這一時期的「新史學」派和馬克思主義史學派並不佔據主流。

第二個時期，中國經歷了抗日戰爭和解放戰爭，民國史學在這個時期的表現有兩個顯著特點：其一是緊緊服務於抗戰的需要而出現的抗戰史學；其二是馬克思主義史學得到了迅速發展，逐漸形成自己的革命史學體係。

抗日戰爭的爆發，引起了中國史學界巨大的震撼。面對中華民族出現前所未有的嚴重危機，在第一時期佔據史學主流地位的新考證學派史家，他們過去那種一味重視學術求真，而不講究學術致用的治史價值取向，在這時發生了重大改變，開始以史學積極服務於抗戰。早在九一八事變以後，面對中華民族的危機，顧頡剛、傅斯年、陳垣等考證學派史家就開始拿起自己的史筆，積極投身於抗日救亡的時代大潮中。顧頡剛一九三四年創辦禹貢半月刊，開始高舉愛國主義的民族主義旗幟。之所以要以「禹貢」爲刊名，按照顧頡剛的説法，是「今日談起禹域，都會想起『華夏之不可侮與國土之不可裂』」（注三）。很顯然，禹貢半月刊的宗旨，便是要通過對於邊疆歷史地理的研究，激發全民族抵抗日本帝國主義侵略的熱情與决心，以達到維護祖國領土完整的目的。傅斯年在九一八事變後，出版了東北史綱，以大量史實論證東北自古以來就是中國的固有領土，對日本帝國主義御用歷史學家的種種歪曲史實的謬論予以駁斥。全面抗戰爆發後，傅斯年又寫了中國民族革命史一書，雖然是未完稿，卻已經表達了他的民族思想。該書以歷史爲依據，充分論證了中華民族的同一性、整體性和不可分割性，因此，在面對日本帝國主義侵略中國的嚴重危機的緊要關頭，中華民族應該團結起來共同禦侮，要發揚中華民族百折不撓的精神，樹立起中華民族抗戰的必勝信心。陳垣在新中國成立後給友人的書信中講到了九一八事變後他的治史取向的轉變：「九一八以前，爲同學講嘉定錢氏之學；九一八以後，世變日亟，乃改顧氏日知録，注意事功，以爲經世之學在是矣。」（注四）抗戰爆發後，陳垣當時身陷淪陷區，卻堅持以史學爲抗戰服務，其中最具代表性的史著便是「宗教三書」和通鑑胡注表微。所謂「宗教三書」，是指明季滇黔佛教考、清初僧諍記和南宋初河北新道教考，雖然講的是宗教，卻表現了愛國的民族情操。明季滇黔佛教考是表彰明末遺民的愛國精神與民族氣節；清初僧諍記是通過宗教史的研究，來揭露變節者、抨擊賣國求榮的漢奸；南宋初河北新道教考也是用以表彰抗節不仕之遺民。通鑑胡注表微是陳垣最具代表性的史學著作，也是一部關注現實的史著，書中表現出了陳垣對歷史前途和民族命運的思考。錢穆在抗戰時期的史學研究，愛國的民族主義色彩也非常濃厚。一九三七年，錢穆寫成了與梁啓超同名史著中國近三百年學術史。該書以思想文化爲基礎和綫索，以學術傳承爲核心，通過史實證明中國傳統文化的優越性，旨在提醒國人要重視挖掘中國傳統文化的長處和價值，持守中國傳統文化的精神，保持一種民族的自信心。毫無疑問，這種民族自信對於全民族團結抗戰是非常必要的。一九四〇年，錢穆多年國史教學講義國史大綱出版。該書以「國史」作稱謂，反映了作者作史的民族國家本位意識。錢穆明確指出：「治國史之第一任務，在能於國家民族之内部自身，求得其獨立精神之所在。」（注五）該書的具體内容也充分體現了這一精神，它將文化、民族與歷史三者結合起來對中國歷史加以考察，認爲這種歷史發展過程即是民族文化精神的演進過程，歷史研究的目的不僅在於弄清楚歷史的真實，更重要在於弄清楚歷史背後蘊藏的民族文化精神，從而積極地去傳承這種民族文化精神。

當然，新考證學派史家開始轉向經世致用，只是治史的價值取向發生了變化，並不等於放棄了一貫的注重考證的治史方法。相反，在民國後期，這種治史方法還得到了發展，并且取得了很多重要成果，陳寅恪的詩文箋證和「民族文化之史」的論述便是典型代表。陳寅恪屬於考證學派代表人物之一，這一時期出版的隋唐制度淵源略論稿和唐代政治史述論稿是其考證隋唐史的力作。陳寅恪對於史料的運用有自己獨到的見解，認爲史家之於史料應該善於審定，辯證地看待真僞；同時要善於利用史料，詩詞、小説，以及稗史、筆記等，都可以用做歷史研究的材料，這顯然是一種「通識」的史料觀。陳寅恪詩文箋證的治史方法，即是在這種史料觀的指導下産生的，具體做法是以歷史記載去箋證詩文，同時詩文又可用以證史、探討史事，從而開闢出了一條新的證史路徑。一九五〇年出版的元白詩箋證稿，以及晚年寫成的巨作柳如是别傳，便是運用這種方法的代表作。陳寅恪關於「民族文化之史」的論述，其基本内涵包括政治制度、社會習俗、學術思想、文學藝術。陳寅恪的歷史觀念，是要以民族文化爲根基，同時吸收外來學説，由此構建起本民族思想文化體係；而不談經濟基礎的作用，則是其歷史觀念的局限性。

這一時期的中國馬克思主義史學家，不但積極投身於抗戰史學當中，爲全民抗戰進行歷史研究，而且把歷史研究與當時的革命鬥争相結合，逐漸形成了馬克思主義的革命史學。縱觀這一時期中國馬克思主義史學研究，主要在以下三個方面取得了顯著成就：其一是社會史研究，代表史家有吕振羽、鄧初民、侯外廬等人。吕振羽於一九四二年出版了中國社會史諸問題，該書是對二十世紀二三十年代中國社會史問題論戰的一個較爲係統的總結，正如作者在新版序言中所説，該書「反映了中國新史學在歷史科學戰綫上的鬥争過程中的若干情況，也反映了有關各派對中國史問題的基本立場、觀點、方法及其在一定時期的發展過程，可作爲中國馬克思主義史學史的參考資料」。鄧初民於一九四〇年和一九四二年分别撰寫出版了社會史簡明教程和中國社會史教程，兩書運用馬克思主義唯物史觀，分别論述了人類社會歷史的發展過程及其規律和中國社會歷史的發展過程及其規律。在中國社會史教程一書中，鄧初民指出了中國社會發展的前途是光明燦爛的，我們應該要「努最後必死之力，加以争取」。侯外廬於一九四七年出版了中國古代社會一書，內容涉及生產方式、政治結構、階級關係、國家和法以及道德起源等問題，見解頗爲深刻。總體來説，這些社會史著作可以被看作是二十世紀二三十年代社會史大論戰的總結、延續和深入。

其二是通史研究。這方面的成就尤爲突出，吕振羽的簡明中國通史、范文瀾的中國通史簡編和翦伯贊的中國史綱都是這一時期的通史名作。吕振羽於一九四一年出版簡明中國通史上册，如同其出版序言所説，該書「與從來的中國通史著作頗不同」，這種「頗不同」主要表現在它「把中國歷史作爲一個發展過程在把握」，「還盡可能照顧到中國各民族的歷史及其相互關係」。一九四八年出版下册，在跋語中作者申明該書的基本精神是「把人民歷史的面貌復現出來」。范文瀾於一九四二年出版了中國通史簡編，該書的基本精神旨在將歷史研究與中華民族的前途相結合，如同作者在上册序言中所説的，「我們要瞭解整個人類社會的前途，我們必須瞭解人類社會過去的歷史；我們要瞭解中華民族的前途，我們必須瞭解中華民族過去的歷史」。這也正是中國通史簡編撰寫的初衷。本着這樣一個目的，該書的編寫運用馬克思主義觀點，肯定勞動人民的歷史作用，重視探尋社會發展的規律，注意分析階級鬥争的本質，積極反映生產鬥争的面貌。翦伯贊於一九四三年和一九四六年分别出版了中國史綱第一、二册，該書運用馬克思主義觀點，剖析了商周社會性質以及戰國秦漢社會性質的轉變，注意將中國歷史置於世界歷史的大背景下進行考察，在研究方法上重視以考古材料與文獻資料相結合。

其三是思想史研究，代表史家有吕振羽、何幹之、侯外廬等人。吕振羽於一九三七年出版了中國政治思想史，這是我國第一部運用馬克思主義理論論述中國政治思想的著作。撰述的初衷，是針對陶希聖的同名著述，可以被視爲社會史論戰的延伸。作者解釋所謂的政治思想史，「本質上係同於社會思想史」。全書按社會性質及其發展階段，對上自商朝下至鴉片戰爭前的中國政治思想史作了係統論述。何幹之於一九三七年出版了近代中國啓蒙運動史，該書重視將思想運動和社會的經濟結構、政治形態聯係在一起來進行研究，肯定評價各種思想文化必須運用「歷史的眼光」，把思想文化放在特定的歷史環境中進行考察、分析和評價。侯外廬關於思想史的研究建樹最多，他於一九四四年出版了中國古代思想學説史，具體探討了歷史演進與思想發展、新舊範疇與思想變革、思想發展過程與時代個别學説、學派同化與學派批判、學説理想與思想術語、現實與遠景等等的關係，見解深刻；一九四五年出版了中國近世思想學説史，這是一部論述十七世紀至二十世紀中國思想學説發展史的著作，以十七世紀爲啓蒙思想期、十八世紀爲漢學運動期、十九世紀以後爲西學東漸期做劃分；一九四七年主持編寫出版了中國思想通史第一卷，該書編寫的主旨思想，作者在出版序中説，是「特在於闡明社會進化與思想變革的相应推移，人类新生與意識潛移的聯係」。

如果説五四運動以來至抗戰以前的中國馬克思主義史學的傳播主要還只是李大釗、郭沫若等少數人的努力的話，那麽隨着抗日戰爭爆發，這樣的局面得到了很大的改觀，馬克思主義史學在此後得到了迅速發展。隨着馬克思主義史學家們在史學研究各個領域的全面開展，并且取得了許多重要的研究成果，一種新的「革命史學」體係便逐漸建立起來了。這種「革命史學」爲抗日戰爭和全國解放戰爭的勝利做出了重要貢獻，成爲中國共産黨領導的中國革命事業的重要組成部分。

縱觀民國時期史學的發展，明顯呈現出以下特點：首先是階段性。民國史學如同民國社會一樣，處在不斷的嬗變當中，故而呈現出明顯的階段性特點。這種階段性，大致可以分爲民國建立前後從傳統史學向新史學的轉變，五四時期及此後新史學向考證史學（廣義而言考證史學也屬於新史學）的轉變，抗戰時期考證史學向經世史學的轉變，從抗戰到解放戰爭時期，馬克思主義革命史學迅速發展。

其次是經世性。民國史學的嬗變，呈現出階段性特點，又是與史學發揮其經世功能緊密相連的。五四新考證學派史學雖然標榜自己的學問「只當問真不真，不當問用不用」，其實他們的考證史學是與五四新文化運動提倡的科學精神分不開的。新考證史學雖然有傳承乾嘉治史方法的因素，更有學習西方，希望建立科學的史學的願望所在。正如顧頡剛所説的，「五四運動以後，西洋的科學的治史方法，才真正傳入，於是中國才有科學的史學可言」（注六）。這種科學的史學，與當時建立科學、民主的中國的社會訴求是相一致的，其實也是具有經世的内蘊於其中的。抗戰時期，包括實證主義和馬克思主義等在内的史家都積極投身於宣傳民族文化當中，則是與當時的救亡圖存聯係在一起的，這種史學經世直面社會問題、直面民族危機，其方式當然更加直截了當。毫無疑問，民國史學在其不同階段，整體上都没有脱離經世的主旨，這也是中國史學的優良傳統。

再次是流派多。這一時期的史學流派可謂异彩紛呈，有新史學派、國粹派、新考證學派、馬克思主義學派等等。每一學派下面又可具體劃分出具有不同特點的派别，如新考證學派雖然都以考證見長，但他們的學術風格還是不盡相同的，據此又可細劃出以胡適爲代表的實證派、顧頡剛爲代表的古史辨派、傅斯年爲代表的史料學派、王國維爲代表的考古派等等。一些學者根據各自不同的標準，對民國史學流派作了不同的劃分，如有信古派、疑古派與釋古派之分，有傳統派、革新派與科學派之分，有考據學派、唯物史觀派和理學派之分，有掌故派、社會學派之分，如此等等，不一而足。

總體來看，民國史學影響最大者，莫過於新考證學派和馬克思主義學派，抗戰以前以新考證學派最盛，抗戰以後馬克思主義學派得到迅速發展。這些史學流派的史學理論與方法，迄今依然成爲我們歷史研究的重要範式。

近代名家散佚學術著作叢刊選取了一九四九年以後未再出版的十六部民國時期的史學著作進行重刊，它們分別是朱謙之的扶桑國考證、魏應麒的中國史學史、衛聚賢的中國考古小史、陳伯瀛的中國田制叢考、謝國楨的清初流人開發東北史、張鵬一的唐代日人來往長安考、鍾歆的揚子江水利考、梁盛志的漢學東漸叢考、顧頡剛、楊尚奎的三皇考、陶棟的歷代建元考、陳述的契丹史論證稿、陳寶泉的中國近代學制變遷史、陳里特的中國海外移民史、鄭鶴聲的史漢研究、章中如的清代考試制度資料和郭伯恭的永樂大典考。之所以重刊這批史學著作，是看到了它們在今天依然有其學術價值所在。作爲一份豐厚的史學遺產，值得我們去加以發掘和繼承。

從所選十六部史學作品來看，明顯打上了民國史學的時代烙印，體現了民國史學的時代特徵。首先，研究内容涉獵廣博。涉獵廣博，是民國史學的基本特點，反映了民國史家學術視野的開闊。選擇重刊的雖然只有十六部史著，涵蓋面卻非常廣博，有史學史方面的，如中國史學史、史漢研究；有學術史方面的，如漢學東漸叢考、永樂大典考；有教育史方面的，如中國近代學制變遷史、清代考試制度資料；有經濟史方面的，如中國田制叢考、揚子江水利考、清初流人開發東北史；有考古史方面的，如中國考古小史；有民族史方面的，如契丹史論證稿；有中外交往史方面的，如扶桑國考證、唐代日人來往長安考、中國海外移民史；還有名號、年號史方面的，如三皇考、歷代建元考等。這樣的全方位的歷史研究，是民國史學的一個縮影。

其次，治學方法重視考證。重視考證，是民國史學的顯著特點。在十六部史著中，除去魏應麒的中國史學史、衛聚賢的中國考古小史、陳寶泉的中國近代學制變遷史、陳里特的中國海外移民史、鄭鶴聲的史漢研究和章中如的清代考試制度資料等六部外，其他十部都是考史著作。涉及的考證領域很廣，有國名、田制、開發、交通、水利、學術、名號和學制等等。在具體考證上，重視方法的運用。如朱謙之的扶桑國考證，按照作者自己在自序中所説，該書是「從文獻學、民俗學、考古學三方面的史料搜集和批評的結果」，這裏既是講史料搜集問題，也是講歷史考證方法。又如陳伯瀛的中國田制叢考，作者也在自序中交代了其作史、考史方法：首在網羅放失，整輯舊聞；次在探究原本；三則覆核名實；四則辨正事蹟；五則鑒古度今。可見該書對廣占資料、辨證核實的重視。

再次，治學宗旨强調致用。經世致用，是民國史學的重要特點，抗戰以後的史學表現尤其突出。所選十六部史著，也體現了重視經世致用的特點。如陳伯瀛之所以要撰述中國田制叢考，按照作者的解説，是因爲田制與農人、社會和國家休戚相關。該書「敍引」就説，田制影響農人生計，農人生計又會影響到社會秩序與和平。又如鍾歆的揚子江水利考，作者在該書「敍言」中論述了撰述該書的原因：一方面民國以前揚子江鮮有水患，所以過去這方面的論著很少；另一方面民國以來的數十年間，揚子江水患頻發，國家需要計劃治理，而治理水灾，就必須要先瞭解水文歷史。很顯然，該書是爲了治理揚子江水患的需要而撰寫的，經世意圖非常明顯。再如陳寶泉作中國近代學制變遷史，其實是藴含了作者教育救國的思想於其中的。在該書自序中，作者明確指出學制與人才問題關係到國家興亡的根本。他有感於當時各國教育制度的日新月異，而中國卻沒有關於教育制度的專書作比較，致使切合國情的新的教育一時無由發現。他撰寫該書的目的，便是希望通過總結近代中國學制的變遷，找尋出一種更加適合當時中國需要的新的學制。

最後，歷史見解精辟獨到。如朱謙之扶桑國考證考證扶桑國爲何處，這是對當時世界史學界討論的一個熱點問題的積極回應。自從一七六一年法國人歧尼（De Guignes）發表中國人之美洲海岸航行及住居亞洲遠東之幾個民族的研究，提出扶桑爲美洲墨西哥説以來，引起了世界史學界的長期大討論，基本觀點無非有肯定與否定兩種，否定中又有扶桑國爲日本和樺太的不同説法。朱謙之依據文獻、民俗和考古資料，比較了世界史學界諸説的異同和存在的問題，得出了扶桑即美洲墨西哥的結論，不但駁斥了扶桑非美洲説的觀點，而且對美洲説也作了補充論證，更有説服力。又如魏應麒的中國史學史的問世，按照作者的説法，是「前無作者」的史著，卻表現得非常成熟。該書對中國史學的特質與價值、史籍的位置與類别、史館建置與職守、史學發展之情形、史書體裁之發展、史學理論與方法之運用等等，都提出了自己的見解，即使在今天，也不失爲有創見的反映中國史學史的著作。又如顧頡剛、楊尚奎的三皇考，這是民國考證派史學的代表作之一。在該書中，作者對「皇」、「三皇」、「太一」等相關概念作了係統闡釋，對三皇説與太一説的消長及其相互關係進行了論述，對與三皇相關的伏羲、盤古、女媧等古聖王的地位變化作了考察，對三皇、太一在道教中的地位作了説明，對歷史上關於三皇的信仰與祭祀情況作了梳理，并且旁及河圖洛書、三墳五典等等内容。這樣一個係統的考察，旨在論證「三皇」傳説只是托古改制的産物，認爲民族自信力應該建立在理性上，而不是虚假的三皇上。書中闡發的觀點，在當時史學界有很大的影響。應該説所選十六部史著，都是作者的心得之作，這裏不一一贅言。

挖掘、清理和總結民國史學，對於我們全面認識和係統借鑒民國史學，推動新時期中國史學與史學思想的發展是很有裨益的。借此對主持重刊工作的山西人民出版社表達一個史學工作者的由衷敬意！

二〇一四年五月於北京師大京師園

注一　當代中國史學，遼寧教育出版社一九九八年版，第一百五十三頁

注二　史料論略及其他，遼寧教育出版社一九九七年版，第二百頁

注三　禹貢四卷十期，禹貢學會募集基金啓事

注四　陳智超陳垣來往書信集，上海古籍出版社一九九〇年版，第二百一十六頁

注五　國史大綱，商務印書館一九九四年版，第十一頁

注六　當代中國史學，遼寧教育出版社一九九八年版，第二頁

作者簡介

魏應麒（一九〇四年—一九七八年），字湍甫，福建福州人，是中國近代知名的史學家，先後執教于中山大學、厦門大學、甘肅大學、福建師範學院、西安師範學院等高校。魏應麒的學術旨趣集中在兩個方面，一方面是史學研究，另一方面是民俗文化研究，特别是對福建地方文化的研究。他的學術論著主要有林文忠公則徐年譜、中國史學史、福州歌謡甲集等。

自序

歲月不居，人事萬變，此書自著手而完成，在時則三易寒暑，在地則八易方域矣！民國二十六年春，余因事自東瀛返滬，承商務印書館約纂此書；旋又東渡，乃在倭京井の頭公園寓宅，開始寫作。不久歸國，入首都任職於國立編譯館。八一三變後，余率妻子回閩；而編譯館亦自京移於廬山，余因自閩赴贛，入廬山與之會合。未三月，又隨館播遷於長沙，旋復返閩，入福建省政府教育廳任職。時已爲二十七年之春。其秋海氛甚惡，省政府移治永安，余不久亦赴永供職。二十八年春，執教於長汀國立廈門大學，又自永來汀；光陰如白駒之過隙，迄今又一年矣。回憶此三年中，流離奔徙，步履徧中南各省，其間可悲可痛可歌可泣可憤可羞之事，身所見歷，偶一思之，猶在心目；尤其首都淪陷，余二十年來以心血換來之書籍器具皆蕩然無存，而挈妻扶子，跋涉崎嶇，出死入生，精神之損失，更不能以數計，然則此書之成，誠余一最可紀念之事也。

中國史學史，前無作者；梁任公何柏丞二先生皆有志爲之。梁先生因多病不果，尋即下世；何先生以公務倥傯，亦未克躬自爲此。余蓄著此書之念及努力於搜集材料，亦將十稔，以無緣未獲登二先生之門有所請益；故今書中所述，皆余一人之肊見。缺漏紕謬之處，知有不免，所望蓋叢之闕，事本爲難，區區此衷，能見諒於賢達已耳。

全書分上下兩編。上編將中國史學之特質與價值，中國史籍之位置與類別，中國史官之建置與職守，作一有系統之綜括敍述。下編則分期敍述自遠古至民國每一時代史學發展之情形，注意各種體裁之因創，尤注意史學家之史學理論與方法；間有所見，亦時貢其一得之愚以諍正古人。關於民國史學，以篇幅所限，未能一一具述當代之史家，遺珠之憾，非得已也。

吾友周碩生先生，在首都日爲余往龍蟠里國學圖書館補輯材料，尤熱望吾書之成；吾妻林瑞惠女士，不厭煩勞，爲余謄清塗乙迷糊之草稿，使吾書得早日告成。盛意熱情，附此誌謝。

中華民國二十九年春，閩侯魏應麒識於臨汀卧龍山麓。

目錄

下編

中國史學史

上編

第一章 中國史學之特質與價值

第一節 有累世不斷之史籍

吾國有五千年之歷史，成周以前出於追紀，成周以後則代有作者，史籍之撰，至今日而不斷。而史學之發達，亦與歷史而俱長。梁啓超氏以爲『中國於各種學問中，惟史學爲最發達，史學在世界各國中，惟中國爲最發達。』（中國歷史研究法第二章）頗能指出吾國史學在國內及世界學術上之地位。此種地位之獲得，實賴其本身之特質與價值。『有累世不斷之史籍』，即中國史學特質與價值之一種。

五帝之事，荒遠難稽，夏商兩代之文獻，亦多不足徵；然詩經楚辭及尙書史記所述古代之事迹，每儘有可信之處。清代殷墟甲骨出土，經羅振玉王國維諸人之考訂，而殷商一代之文獻，亦燦然可觀。斯則成周以前之史實，爲可知矣。

春秋上接尙書，紀成周中葉之事，國語戰國策繼之，遂儼然成爲周史之雛形。『又有世本，錄黃帝以來至春秋時帝王公侯卿大夫祖世所出。』『漢興伐秦，定天下，有楚漢春秋。』（漢書司馬遷傳）則古人之世系與楚漢之際之史事，亦可藉以窺見。及司馬遷出，乃『協厥六經異旨，整齊百家雜語，』（史記太史公自序）『據左氏國語，采世本戰國策，述楚漢春秋，』（司馬遷傳）而作爲史記。於是吾國古代之史實，向之零落不齊者，至是乃得系統之整理。而自黃帝以來迄於天漢，（約公元前二六九七—公元前九七）凡二千六百年之事，皆總匯之於一書。集前史之大成，立後史之大法，此中國史學史上所應大書特書者也。

班固漢書繼作，雖體例一仿遷史，而斷限不同，僅述前漢一代之人物典章，既合時代之需要，又得著作之便利。後之作者，翕然從之。而中國累世史籍之纂修不斷者，班固斷代爲史之功，實不可沒。

今日吾國所實藏之正史，即累世纂修之產物。吾國自黃帝以來，朝代之沿革，爲顓頊、帝嚳、堯、舜、夏、商、周、秦、兩漢、三國、兩晉、南北朝、隋、唐、五代、宋、元、明、淸，上下五千年，於是有司馬遷之史記以紀黃帝至漢初，有班固之漢書以紀前漢，有范曄之後漢書以紀後漢，有陳壽之三國志以紀魏、蜀、吳三國，有房喬之晉書以紀兩晉，有李延壽之南史北史以統紀南北朝，更有沈約之宋書以分紀劉宋，有蕭子顯之南齊書以分紀蕭齊，有姚思廉之梁書陳書以分紀蕭梁與南陳，有魏收之魏書以分紀元魏，有李百藥之北齊書以分紀高齊，有令狐德棻之周書以分紀宇文周，有魏徵之隋書以紀隋，有劉昫之舊唐書與歐陽修之新唐書以紀唐，有薛居正之舊五代史與歐陽修之新五代史以紀梁、唐、晉、漢、周五代，有托克托之宋史、遼史、金史以紀宋及遼金，有宋濂之元史與柯紹忞之新元史以紀元，有張廷玉之明史以紀明，清史雖未出，然清史稿亦頗備遜清一代之故實：從史記至清史稿，源源本本，系統井然，而五千年之史事連續無間，盡登於正史之編，（清史稿雖非正史，且已禁止發行，然除紀載清末事實違反民國一節外，餘固可供參考。）求之世界萬國，並無其例。此中國史學之特質與價值，一也。

第二節　有多方發展之史體

吾國史籍浩如烟海，爲時既久，所積尤多，因之史之體裁亦多方發展。劉知幾史通分敘六家，統歸二體，以爲編年紀傳，廢一不可。謂『春秋者繫日月以爲次，列世歲以相續，中國外夷，同年共世，莫不備載其事，形於目前，理盡一言，語無重出。』又謂『史記者紀以包舉大端，傳以委曲細事，表以序其年爵，志以總括遺漏，逮於天文地理國典朝章，顯隱必該，洪纖靡失。』（六家篇）則以春秋概編年，史記概紀傳，於二體之長，均能深知而歷言之，可謂卓見。而古今正史篇中，更以編年與紀傳並列，尤足以見二體之重要。自春秋以後，左傳、漢紀、後漢紀、大唐創業起居注以至於資治通鑑、皇王大紀、中興小紀、續資治通鑑長編、建炎以來繫年要錄、靖康要錄及清開國方略御批通鑑輯覽等，皆準編年之體而作。自史記以後，漢書、後漢書以至於明史、清史稿及契丹國志、大金國志、十國春秋等，皆準紀傳之體而作。

此二體之史籍，已不勝枚舉，及宋乃又有袁樞通鑑紀事本末之體。四庫總目提要所謂『古之史策，編年而已，周以前無異軌也。司馬遷作史記，遂有紀傳一體，唐以前亦無異軌也。至宋袁樞以通鑑舊文，每事爲篇，各排比其次第，而詳敍其始終，命曰紀事本末，史遂有此一體。』（史部紀事本末類敍）則頗能指出史體之因創。自袁樞通鑑紀事本末以後，春秋左氏傳事類本末　宋史紀事本末及三朝北盟會盟、蜀鑑以至於平定三逆方略、親征朔漠方略等，皆準紀事本末之體而作，亦稱浩瀚。

編年紀傳紀事本末三體爲吾國史籍盛行之體裁，各有其特創之見解，精密之編制，離之可見其錯雜變化之異，合之可明其匯通綜貫之同，以視歐美日本之史籍，祇尙紀事本末一體者，迥不侔矣。

吾國史學至爲發達，上述三體特一般史籍用以記述之體裁，此外斟酌變化於三體之間，而對象亦不限於政治一隅者，爲數尙多。言其犖犖，約得四端：

(一)文化史體　此體自唐杜佑通典，宋王溥唐會要五代會要，鄭樵通志二十略以來，至元馬端臨文獻通考、明會典及清修通典、通考、通志、清會典等，所記典章文物，足供時人之考鏡，皆爲文化史之一體。

(二)傳記史體　此體自晏子春秋，劉向列女傳，及宋人所作之名人年譜，以至於李元度清朝先正事略等，所述雖爲一人之歷史，然可藉見國家社會之情狀。而年譜一體，自宋以來，作者尤多，尤足爲知人論世之助。

(三)學術史體　此體自宋朱熹伊雒淵源錄及明黃宗羲明儒學案以至清萬斯同儒林宗派，李清馥閩中理學淵源考，全祖望宋元學案，江藩清朝漢學師承記等，或敍述學術流別，或記載學人言行，皆爲學術史之一體。

(四)史評體　此體可分三類：甲、評究史學之體例義法，如唐劉知幾史通，清章學誠文史通義；乙、考訂史事之正誤異同，如清趙翼廿二史劄記，王鳴盛十七史商榷；丙、論斷史事之是非得失，如明張溥歷代史論，清王夫之讀通鑑論宋論皆爲史評之一體。

上列四端，其所紀述，均足以輔政治史之不及，或使其改進。吾國既有此多方發展之史體，則五千年歷史之全貌，亦可略藉以窺見。此中國史學之特質與價值，二也。

第三節　有可資鈎稽參證之史物

吾國歷史悠久，在史籍之外，其遺傳史物可資鉤稽參證之用者，爲數甚多。此類史物，或僅有物象，或兼有文字記錄者。梁啓超氏中國歷史研究法對史料頗有精詳之分析。茲撮錄其綱要，以明吾國遺傳史物之豐富。

（一）城市　今日之萬里長城，雖非戰國先秦之舊迹，然歷代修建之迹，亦可得以見。民八所發見之宋大觀二年（公元一一〇八）鉅鹿古城，亦足以考見古代城市之情形。

（二）塔像　北平天寧寺塔，實隋開皇時物，（公元五八九—六〇〇）觀之可知六世紀末吾國之建築術爲何如。山西雲岡石窟之佛像，爲北魏太安至太和間所造，（公元四五五—四九九）觀之可知五世紀時中國雕刻美術之成績，及其與印度希臘之關係。

（三）儀器　北平舊欽天監所藏之元代觀象儀器及地圖等，觀之可見十六世紀中國科學之一斑。

（四）甲骨文　淸代河南安陽所發現之殷墟書契，不獨在文字源流學上開一新生面，而其效果可及於古代史之大部。

（五）禮器　殷周間禮器，自漢以來時有發現，至淸中葉以後而極盛。據諸家所記，有文字款識之器，宋代著錄者六百四十三，淸代著錄者二千六百三十五，而內府所藏尚不與焉。

（六）兵器　最古者如殷周時之琱戈矢簇等，最近者如漢晉間弩機等。

（七）度量衡器　如秦權、秦量、漢建初尺、新莽始建國尺、晉前尺、漢量、漢鍾、漢鈁、漢斛等，制度之沿革可考焉。

（八）符璽　上自秦虎符，下迄唐宋魚符；又秦漢間璽印封泥之屬，出土者千數。於研究當時兵制官制多所補助。

（九）鏡鑑　自秦漢至元明，比其年代，觀其款識，可以尋美術思想發展之迹。

（十）貨幣　上溯周末列國，下迄晚清，條貫而絜校之，蓋與各時代之經濟狀況息息相關。

（十一）玉器　漢以前古玉傳至今者尚不乏，吾儕觀其雕紋之美，可知其攻玉之必有利器；觀其流行之盛，可見古代與產玉區域交通之密：此皆足資史料者。

（十二）石刻　自岐陽石鼓，李斯刻石以迄近代，聚其搨片，可汗百牛。其文字內容有裨史料者，至爲重大。至如橋柱井闌石闕地莂等類，或可以睹異製，或可以窺殊俗，又無一非史家之資。

（十三）陶瓷　吾國以製瓷擅天下，外人至以吾國名名斯物。明器比來出土愈富，間有碎片，範以極奇古之文字，流傳當出三代上。觀其遞嬗趨向之迹，足覘我民族藝術活動之狀況。

（十四）瓦甎　我族以宅居大平原之故，石材缺乏，則以人造之甎瓦爲建築主要品，故斯物發達最早，且呈極大之進步。今之瓦當甎甋，殆成考古一專科矣。

（十五）地層中之石器　茲事在中國舊未措意，晚近地質學漸昌，始稍有從事者，他日研究進步，則有史以前之生活狀態可以推見。

（十六）竹帛　最近從甘肅新疆發見之簡書數百片，其年代則自西漢迄六朝，約七百年間，雖皆零縑斷簡，然一經科學的考證，其裨於史料者乃無量。

吾國遺傳史物之豐富，既略如上述，則其可資鈎稽參證而作爲史料者，爲數之多，當不俟論。國人用此種史料以說明史事者，皆有重大之成就。近年中央研究院歷史語言研究所屢組織有大規模之發掘隊，所得史料已甚可觀，其業方新，前途無限。此中國史學之特質與價值，三也。

第四節　有專負紀述職責之史官

中國史學之尤特色者，厥有專負著述職責之史官。左史紀言右史紀事之職別雖不可信，（說詳下編第一章第三節）然史官之設置甚古，則絕無可疑之事實。官禮所列，左傳所載，皆足爲史官設立之確證。自漢以來，著作郎代史官之任而遞與，隋唐開史館而史官乃有定名，宋代沿之，元明迄清移史職於翰林院，而翰林院官乃有太史之號。民國初建，即有國史館之設，最近且成立黨史編纂委員會。凡此史官實與史籍同其累世不斷之運命者焉。

史官之職責，漢以前專在於記載國家之大事。尙書是否爲史官所記，已不可知；而春秋爲魯史之原本，則無可疑。當時各國皆有史官以紀事，晉之乘，楚之檮杌與魯之春秋，即係其記載之成績。此種史官職責至爲專一，紀載所及，不避強禦，卽以此殞其身而不悔。如董狐書趙盾弑君，（宣二年左傳）已屬難能，而齊太史兄弟書崔杼弑君，則竟以身殉，（襄二十五年左傳）皆可爲證。史官不僅在朝如此，卽因事出國，亦負有紀述之職任。如葵邱之會，管仲謂『諸侯之會，其德刑禮義，無國不記；』（僖七年左傳）澠池之會，秦趙太史各記其對方君主之動作，（史記趙世家）尤其顯例。

自漢以後，史官之職責加重。不僅須載筆記國家之大事，且須編纂當代或前代之史籍。因而有起居郎起居舍人之設置，以補史官之不及。此制以唐爲最備。（見史通史官建置）史料因此而不致遺失者，不知其幾。

此起居郎及起居舍人所紀之起居注，史官卽可據之以爲某朝某帝之實錄，及諸臣之傳記。實錄與傳記之作，漢代已開其端，亦至唐而始臻於完備。唐代史官不僅有起居注而已，且有宰相所撰之時政記，並諸司所送之事例。史料既多，則撰述自富，故世主實錄與諸臣傳記，均較前此各朝爲多。（均見唐會要）

專負紀述職責之史官，其制度唐代已大定，唐後皆沿唐制而加以伸縮而已。明清兩代以修史故，曾徵訪山林隱逸及博學鴻詞之士，以爲史官之輔助。（見明會要及清會要事例）史職之清高，一時無兩。而有志流芳者，莫不以獲一傳於史館爲榮。至朝廷之上，亦以『事蹟存備宣付國史館』爲臣民身後之大典。此種史官制度，實爲中國史學之特色，値得大書而特書之者。此中國史學之特質與價値，四也。

第五節　以鑑戒爲著史之精神

以鑑戒爲著史之精神，亦中國史學之一大特質。所謂鑑戒者，卽褒正而貶邪，善善而惡惡，極其所至，將『一字之褒榮於華衮，一字之貶嚴於斧鉞』是已。此風實開於孟子之贊孔子。孟子謂孔子成春秋而亂臣賊子懼。而左氏謂春秋之義，亦云『或求名而不得，或欲蓋而彌彰，善人勸焉，淫人懼焉。』於是後之著史者受其影響，無不以春秋之筆法自命。司馬遷作史記，卽顯然謂繼承孔子之春秋。此外以春秋之名名其史者，亦實繁有徒。彼輩皆專力於褒貶，以爲史之意義卽在褒貶之實施，史之良穢卽在褒貶之當否，自漢以來，蓋二千年於此矣！其間雖有特出之史家，不爲褒貶之義所籠罩，如鄭樵所謂『詳文該事，善惡已彰，無待美刺』者，則若鳳毛麟角之不可多得焉。

中國史家因致力於褒貶之故，於是史事之眞僞是非且無論，而史文之予奪則不能不注意。自漢書以至明史，吾人若細加探究，可以發現許多相同之公式，不僅興王敗寇與入主出奴之見已成一例，卽其所用之文字亦有其共通之方法。故雖每一代史書皆有其特殊不同之事實，然其所以支拄此事實之精神則仍一貫，卽褒正而貶邪，善善而惡惡，如斯而已。

此所謂善惡邪正者，特史家或延用史家之君主之所謂善惡邪正，而不必爲千秋異代之善惡邪正也。故若執此說以繩諸史，則諸史所紀者，除幾許快意之外，無非供後人齒冷或痛心之資料已耳。然當日之史家並延用史家之君主不悟也。惟其如此，故史家著史之時，儼然有大權在握之勢。其良者則以崇王道而斥霸功，正人心而挽薄俗之事爲己任；其穢者則以『按之可以入地，舉之可以升天』之語而自豪。而當日之君主，亦居然用此爲扶持名教砥礪廉隅之具。另一方面，則奸雄邪佞或懼遺臭於簡書，賢哲英豪但蘄流芳於青史。總茲四者，於是乎而史學發達，而秉筆著史者多，而史書充斥，而後代修前代之史之例成，而二十四史遂得不斷而出世矣！

今日吾人翻開全部之史籍，幾無一不有鑑戒之氣味。其事之是非當否且無論，而其實則爲吾國史家著史之根本精神。此中國史學之特質與價值，五也。

第六節　以疑辨爲讀史之態度

以疑辨之態度讀史，自古已然。孔子以及見『史之闕文』，（論語衛靈公章）爲古道之猶存。蓋編史者寧闕文而不敢妄以己意爲之辭，讀史者亦然；於是疑以傳疑，雖於史文有所不知，而不至於穿鑿傅會，實爲古人讀史最純正之態度。其後世變風微，人心不古，而穿鑿傅會之風盛，即史闕文一事，孔子已有『今亡矣夫』之歎，他更無論矣。同時人事日繁，史家紀事已不如前此之簡單，傳說紛如，斯記載不能執中，加以派系既多，取捨不同；而史事益偏倚而不可究詰。於是讀史者欲得史事之眞相，不僅須闕疑更須持辨妄之態度。子貢所謂『紂之不善不如是之甚也；』（論語子張章）孟子所謂『盡信書則不如無書，吾於武成取二三策而已；』（孟子盡心章）皆可代表當時讀史者一般之態度。

春秋經文，簡略已甚，三傳各抒所聞，各異其義，已開後人對古書伸張己說之端。司馬遷作史記，先黃老，後六經，退處士，進奸雄；班固漢書力加異議，史論因之而繁。王充論衡一書，條分縷析，更由虛言而進爲實摘，由一般而進於特殊，可見當時讀史者不僅態度加嚴，即技術亦大見精密。然論衡非純粹論史之書，及唐劉知幾史通出，而中國史學乃放一異彩。史通不僅消極的考核史事之眞僞是非，更積極的批判史體之優劣當否，而貢獻其史學之意見，精思博識，爲世宗師。自時厥後，闕疑辨妄，遂蔚成史學界之風尙；而源分流變，騈爲三枝，——評究史學之體例義法，考訂史事之正誤異同，及論斷史事之是非得失，亙三千年而不絕。

趙宋一代，此風尤盛，著史者之史書方出，讀史者之史糾隨之。而著史者亦懼人之譏其後也，於史書將成之日，更自述其採擇之原與去取之故，亦刊爲一書，以解釋於人。如歐陽修之新唐書成，而吳縝之新唐書糾謬縱之；新五代史成，而新五代史纂誤繼之，即其顯例。司馬光作資治通鑑，復參考異同，別爲資治通鑑考異，辨正謬誤，以袪將來之惑，亦其明證。在司馬光自行辨正，雖心實畏譏，而意存矜愼，原未可非；若吳縝之兩書，則因干求不遂，有意揞擊，雖其中不無有裨於史學，而動機不正，實不足以爲訓。馴致周密齊東野語載蘇東坡不敢爲三國志畏人掇拾其後人之諷刺，則此風已大爲時人所厭惡。四庫總目提要亦謂『至於品隲舊識，抨彈往迹，則纔繙史略，即可成文，此是彼非，互滋釁鼓，故其書動至汗牛，又文士立言，務求相勝，或至鑿空生義，僻謬不情，如胡寅讀史管見，譏晉元帝不復牛姓者，更往往而有。故瑕纇叢生，亦惟此一類爲甚。』（史部史評類）則慨然可見疑辨之流弊。

然吾人平心而論，其間除論斷史事之是非得失一類尠裨於史學外，如評究史學之體例義法，（史通文史通義等）與考訂史事之正誤異同（廿二史劄記十七史商推等）二類，皆對於史學有甚大之裨益。自漢以來，吾國史學日進，史事日明，而史家著史不敢掉以輕心者，實賴承學之士，以疑辨爲讀史之態度有以致之。此中國史學之特質與價值，六也。

第二章　中國史籍之位置與類別

第一節　史籍在羣書中之位置

（甲）史籍在羣書中位置之混沌及其初立

章學誠謂『六經皆史也。古人不著書，古人未嘗離事而言理。六經皆先王之政典也。』（文史通義易教上。按在章學誠稍前之袁枚卽已昌言六經皆史。惟袁氏未嘗以史家自居，故偶引其端不如章氏之常言。）龔自珍謂『周之世官，大者史。史之外，無有語言焉；史之外，無有文字焉；史之外，無人倫品目焉。』『儒者言六經；經之名，周之東有之。夫六經者，周史之宗子也。易也者，卜筮之史也。書也者，記言之史也。春秋也者，記動之史也。風也者，史所採於民，而編之竹帛，付之司樂者也。雅頌也者，史所採於士大夫者也。禮也者，一代之律令，史職藏之故府，而時以詔王者也。小學也者，外史達之四方，瞽史諭之賓客之所爲也。宗伯雖掌禮，禮不可以口舌存；儒者得之史，非得之於宗伯。樂雖司樂掌之，樂不可以口耳存；儒者得之史，非得之司樂。故曰六經者周史之大宗也。諸史也者，周史之小宗也。故夫道家者流，言稱辛甲老聃；墨家者流，言稱尹佚辛甲。尹佚辛甲官皆史，聃官柱下史。若道家、若農家、若雜家、若陰陽家、若兵、若術數、若方伎，其言皆稱神農黃帝；神農黃帝之書，又周史所職藏，所謂三皇五帝之書者，是也。劉向云道家及術數家出於史，不云餘家出於史，此知五緯二十八宿異度，而不知其皆繫於天也；知江河異味，而不知皆麗於地也。故曰諸子也者，周史之支孽小宗也。』（定庵全集古史鉤沈論）梁啓超氏亦謂『中國古代，史外無學，舉凡人類智識之紀錄，無不叢納之於史。』（中國歷史研究法史之改造）據此，則史籍在當時位置之混沌與範圍之廣泛，可以想見。然學問之道無窮，千態萬狀，卽書籍亦日漸以多，此名爲叢納羣學涵蓋六經之『史』，決不能牢籠一切，綜羣籍而統於一尊；而況尚多本非史籍而濫廁於其間者乎？若不區以類別，則將汗漫無歸，理董匪易。於是劉向歆父子始校錄羣書，撮其指意，區爲七略焉。

七略爲中國書籍分類之祖，而史籍之位置，亦奠始於此時。漢『成帝時詔光祿大夫劉向校經傳諸子詩賦，步兵校尉任宏校兵書，太史令尹咸校術數，侍醫李柱國校方伎。每一書已，向輒條其篇目，撮其指意，錄而奏之。會向卒，哀帝復使向子侍中奉車都尉歆卒父業。歆於是總羣書而奏其七略。故有輯略，有六藝略，有諸子略，有詩賦略，有兵書略，有術數略，有方伎略』（漢書藝文志）錢大昕謂『劉子駿校理祕文，分羣書爲六略，（其輯略一種，乃諸書之總要，故只云六略。）曰，六藝者，經部也；詩賦者，集部也；諸子、兵書、術數、方伎，皆子部也。世本、戰國策、楚漢春秋、太史公書、漢著記，則入之春秋類；古封禪羣祀、封禪議對、漢封禪羣祀，入之禮類；高祖傳、孝文傳，入之儒家類。是時固無四部之名，而史家亦未別爲一類也。』（補元史藝文志序）此雖未能顯著標舉史籍之名，然以春秋爲代表諸史之綱領，則其範圍可考而知，而其位置亦可藉而見焉。及『魏氏代漢』『祕書郎鄭默始製中經，祕書監荀勗又因中經更著新簿，分爲四部，總括羣書：一曰甲部，紀六藝及小學等書；二曰乙部，有古諸子家、近世子家、兵書、兵家、術數；三曰丙部，有史記、舊事、皇覽簿、雜事；四曰丁部，有詩賦、圖讚、汲冢書。』（隋書經籍志）至是羣書之類別始明，而史籍亦始於經子集之外，奠一明顯之位置矣。

（乙）史籍在羣書中位置之確定及其更新

荀勗雖創四部之名，以類別羣書，惟『子猶先於史。至李充爲著作郎，重分四部，五經爲甲部，史記爲乙部，諸子爲丙部，詩賦爲丁部，而經史子集之次始定。』（錢大昕補元史藝文志序）然亦未定於一尊也，如宋王儉『又別撰七志，一曰經典志紀六藝小學史記雜傳；二曰諸子志，紀今古諸子；三曰文翰志，紀詩賦，四曰軍書志，紀兵書；五曰陰陽志，紀陰陽圖緯；六曰術藝志，紀方技；七曰圖譜志，紀地域及圖書。其神道附見，合九條。』梁阮孝緒亦『更爲七錄：一曰經典錄，紀六藝；二曰記傳錄，紀史傳；三曰子兵錄，紀子書兵書；四曰文集錄，紀詩賦；五曰技術錄，紀數術；六曰佛錄；七曰道錄。』（均見隋書經籍志）則荀勗等所分四部之名，又不可得見矣。及唐魏徵著隋書經籍志，又重興四部之法。歐陽修唐書藝文志序，謂：『自漢以來，史官列其姓氏篇第，以爲六藝、九種、七略，至唐始分爲四類，曰經史子集。』倪粲明史藝文志序亦謂『四部之名，至唐而始定。曰甲部，經典小學諸書；曰乙部，史家編年紀傳等類；曰丙部，諸子百家在焉；曰丁部，騷賦別集係焉。下逮有宋，亦沿其制。』自是以後，四部之名，遂歷宋元而迄明清而不改，而史籍之居乙部，其位置亦確定焉。

然其間亦有不依四部之法，而獨標異幟者。如宋鄭樵即另分部次，『總古今有無之書，爲之區別，凡十二類：經類第一，禮類第二，樂類第三，小學類第四，史類第五，諸子類第六，星數類第七，五行類第八，藝術類第九，醫方類第十，類書類第十一，文類第十二。』（通志校讎略）其藝文略卽以此十二類分隸羣書，史籍居十二類之一。其認識之淸，劉歆王儉諸人不及也。惜承學之士，安於四部之名，莫有加以注意而則效之者。時將千載，始有孫星衍之孫氏祠堂書目內外篇，就鄭樵之分法，微有損益，亦分類爲十二。雖和從之者亦寡，而有識之士，已盛稱其『通漢略隋志之郵，變崇文文淵之例，體近著述，識者不僅以書目重之。』（邱園讀書志書目答問條）可知四部之分，至此已漸不饜於人望。其後張之洞書目答問，亦以叢書一類，勢難隸於四部，而別爲一門。自歐美文化輸入以後，書籍種類日多一日，國人益感四部之不足以統馭羣書，適杜威十進分類法西來，於是圖書館編書目者，紛紛參酌西法，重爲估定。如洪有豐將新舊圖書分爲叢、經、史地、哲學、宗教、文學、社會科學、自然科學、應用科學、藝術九類；（東南大學孟芳圖書館書目）杜定友分爲普遍、哲理科學、教育科學、社會科學、美術、自然科學、應用科學、語言學、文學、歷史地理十類：（中國圖書分類法）即係參據杜威十進分類法之標準。洪杜之法風行國內，從者甚多。雖其類目尚可商酌，然不以四部涵蓋羣書，則已爲一般之見解。自時厥後，史籍在羣書中之位置遂以更新，經史子集之名，在現代圖書館中已不數數覯矣。

第二節　史籍之類別

（甲）古人之史籍分類法

吾國史籍浩如煙海，以四庫全書總目而論，則著錄各書三千四百五十七部，七萬九千零七十卷中，史籍佔五百六十三部，二萬一千九百三十一卷；存目各書六千七百六十六部，九萬三千五百五十六卷中，史籍亦佔一千五百六十三部，一萬五千七百七十一卷。以如此浩瀚之史籍，所包者廣，所涉者多，則其本身之分類，亦爲讀史者所必要。自漢書藝文志以至於四庫全書總目提要，以至於杜定友中國圖書分類法，其間著錄之多，收採之博，與夫類例之明，考證之精，無不可以按見其進展之迹焉。

漢書藝文志，七略，無史類；以春秋家包括春秋史傳及世本以下諸書，而附於六藝略中，頗具史籍分類之雛形。然其著錄則極隘，殊未足以盡史籍之範疇。至梁阮孝緒以爲『劉氏之世，史書甚寡，附見春秋，誠得其例；今諸家紀傳倍於經典，猶從此志，實爲繁蕪。』因『分出衆史』，爲紀傳錄，區史籍爲十二類。於是史籍之類別始明，而範疇亦始廣。雖草創伊始，小節不無可議，而大體足存。隋書經籍志乃因緣阮錄，加以增減，史部之目，厥有十三。茲錄兩者之類目如次，參而觀之，可見吾國史籍類別最早之分法：

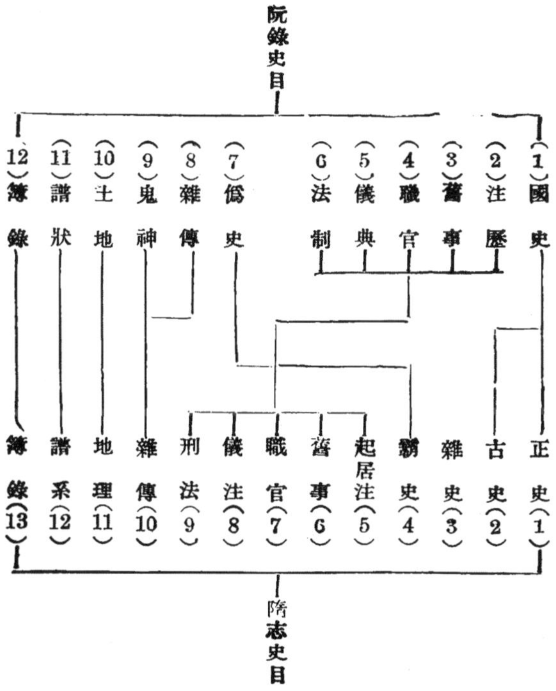

自是以後，史家分類無不沿襲隋志，偶有損益。舊唐書經籍志，新唐書藝文志，宋史藝文志，明史藝文志，皆可覆按。及四庫全書總目提要出，集古人史籍分類之大成，其所甄擇，具見匠心。提要總敍謂，『古來著錄，於正史之外，兼收博採，列目分編。』『今總括羣書，分十五類：首曰正史，大綱也。次曰編年，曰別史，曰雜史，曰詔令奏議，曰傳記，曰史鈔，曰載記，皆參考紀傳者也。曰時令，曰地理，曰職官，曰政書，曰目錄，皆參考諸志者也。曰史評，參考論贊者也。舊有譜牒一門，然自唐以後，譜學殆絕，玉牒既不頒於外，家乘亦不上於官，徒存虛目，故從删焉。』此總目自述分類之理由，其云十五，而所舉條目僅十有四，殆以紀事本末一類，非參考紀傳諸志論贊者，故不列之者歟？茲列其分類及書目如左：

- 正史類
  - 著目……史記至明史
  - 存目……訂正史記眞本凡例至宋史偶識
- 編年類
  - 著目……竹書紀年至資治通鑑後編
  - 存目……考定竹書至讀史綱要
- 紀事本末類
  - 著目……通鑑紀事本末至平台紀略
  - 存目……鴻猷錄至三藩紀事本末
- 別史類
  - 著目……逸周書至倘史
  - 存目……歷代帝王纂要譜括至金大臣年表

- 雜史類
  - 著目……國語至蒙古源流
  - 存目……左邉至衡湘稽古錄
- 詔令奏議類
  - 詔令
    - 著目……太祖高皇帝聖訓至兩漢詔令
    - 存目……火警或問至絲綸捷要便覽
  - 奏議
    - 著目……政府奏議至明臣奏議
    - 存目……田表聖奏議至奏議稽詢
- 傳記類
  - 聖賢
    - 著目……孔子編年至東家雜記
    - 存目……孔子世家補至洙泗源流
  - 名人
    - 著目……晏子春秋至朱子年譜
    - 存目……別本晏子春秋至曹江孝女廟志
  - 總錄
    - 著目……古列女傳至閩中理學淵源考
    - 存目……漢末英雄記至孝史
  - 雜目
    - 著目……孫威敏征南錄至松亭行紀
    - 存目……西征記至東遊紀略
  - 別錄
    - 存目……安祿山事蹟至劉豫事蹟
- 史鈔類
  - 著目……兩漢博聞至南北史識小錄
  - 存目……史記法語至兩晉南北朝集珍

四庫總目史部

- 載記類
  - 著目……吳越春秋至朝鮮史略
  - 存目……晉史乘至十六國年表
- 時令類
  - 著目……歲時廣記至月令輯要
  - 存目……四時宜忌至餘日事文
- 地理類
  - 宮殿疏
    - 著目……三輔黃圖至禁扁
    - 存目……華陽宮紀事至故宮遺錄
  - 總志
    - 著目……元和郡縣志至大清一統志
    - 存目……新定九域志至古今約說
  - 都會郡縣
    - 著目……吳郡圖經續記至歷代帝王宅京記
    - 存目……成化山西志至澳門紀略
  - 河渠
    - 著目……水經注至海塘錄
    - 存目……河源記至安瀾文獻
  - 邊防
    - 著目……籌海圖編至鄭開陽雜著
    - 存目……北邊備對至秦邊紀略
  - 山川
    - 著目……南嶽小錄至西湖志纂
    - 存目……龍虎山志南湖紀略纂

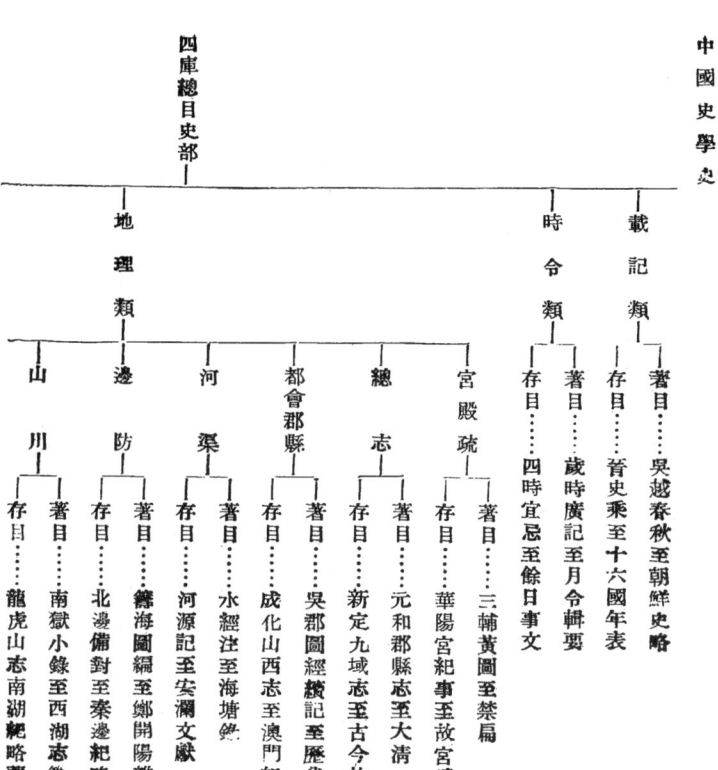

- 古蹟
  - 著目……洛陽伽藍記至關中勝迹圖誌
  - 存目……大滌洞天記至鵝湖講學會編
- 雜記
  - 著目……南方草木狀至東城雜記
  - 存目……豫章今古記至南漳子
- 遊記
  - 著目……遊城南記至徐霞客遊記
  - 存目……古今遊名山記至蒼洱小說
- 外紀
  - 著目……佛國記至海國聞見記
  - 存目……南中志至楚南苗志

職官類

- 官制
  - 著目……唐六典至歷代職官表
  - 存目……歷代詮政要略至南臺舊聞
- 官箴
  - 著目……州縣提綱至人臣儆心錄
  - 存目……牧民忠告至百僚金鑑
- 通制
  - 著目……通典至元朝典故編年考
  - 存目……杜氏通典詳節至會典抄略
- 典禮
  - 著目……漢官舊儀至廟制圖考
  - 存目……別本漢舊儀至歷代帝系年號

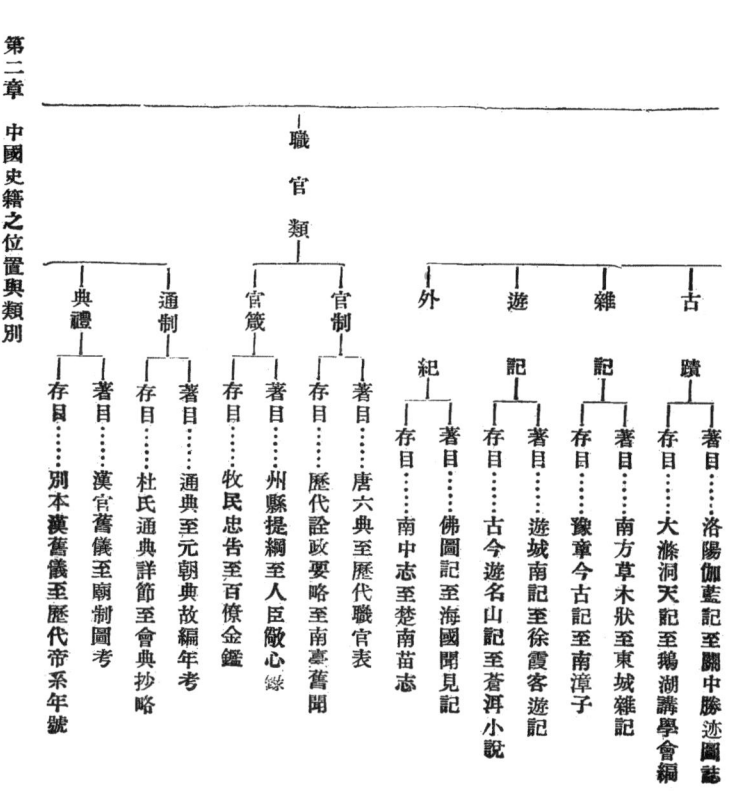

- 政書類
  - 邦計
    - 著目……救荒活民書至荒政叢書
    - 存目……邦計彙編至錢錄
  - 軍政
    - 著目……歷代兵制至八旗通志初集
    - 存目……馬政志至歷代武舉考
  - 法令
    - 著目……唐律義疏至大淸律例
    - 存目……永徽法經至明律
  - 考工
    - 著目……營造法式至武英殿聚珍板程式
    - 存目……元內府宮殿制作至浮梁陶政志
- 目錄類
  - 經籍
    - 著目……崇文總目至經義考
    - 存目……寧藩書目至易傳辨異
  - 金石
    - 著目……集古錄至石經考異
    - 存目……吳下塚墓遺文至金石圖
- 史評類
  - 著目……史通至欽定古今儲貳金鑑
  - 存目……史通會要至唐鑑偶評

上表除譜牒一類被删外，可以代表淸末以前一般人士對於史籍分類之意見。其間雖亦有獨出心裁自爲區劃者，然只能聊以自賞，未得多數之同情；且瑣屑拘牽，紛紛割裂，亦有悖於綜

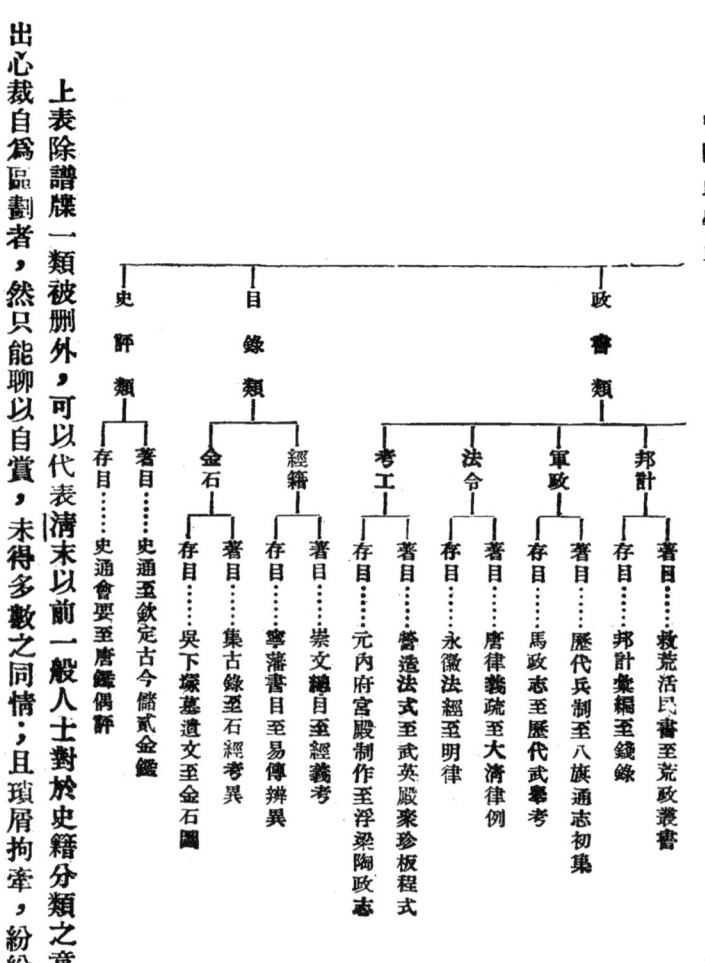

括之義。如王闓運孝慈堂書目，史部分類竟達三十有一，如國璽、篆刻、寶貨、器用、酒茗、食品、樹藝、豢養、仙佛、校書、行役、屬夷等亦各列有一類；徐乾學傳是樓書目，則竟分爲三十七類，如運曆、器用、食經、酒茗、種藝、耆舊、孝友、忠烈、冥異、朝聘、行役等，亦復猥列一類：凡此皆繁瑣已甚，漫無條理者也。

(乙)今人之史籍分類法

有清末葉，西學東漸，中西書籍，種類激增，而史籍亦日多一日，墨守成規，勢有不能，而更從西法，亦理有未善。且向日存書僅供士大夫之研索，今則圖書館林立，書籍爲公，民衆亦得以閱讀，則分類法自應合時代之需求，使部別類居，一目了然，斯檢查易而出納速，而圖書館之效用乃宏。惟於此有一謹守之原則，卽中國圖書館所藏史籍，自以中國爲多，其與外國史籍，無論在外表——體裁，在內容——義例，均有顯著之差別，故分類之時，必當顧及中國本位之文化，勿得偏重西法，抹殺前規，貽削足適履之誚。考今日國內圖書館多採用杜定友圖書分類法，其法則取自美人杜威。史籍方面，以時代與國籍爲區分之標準。共爲九類，每類各分以子目；子目之下，又有子目；其甚者，則又有細目焉。一曰中國史，卽總史，納不專屬一時代之史書，內分子目八；二曰上古史，自開國至秦，子目八；三曰漢，代表中古史，自漢至隋，子目九，子目之下又有細目十五；四曰唐，自唐至十國，子目七，下又有細目五；五曰宋，自宋至金，子目六，下又有細目二；六曰元，子目三；七曰明，子目九，下又有細目五；

八曰清，子目九，下又有細目二十九，其下更有細目；九曰民國，子目三。觀其所列，則任意割裂，不僅取貌遺神，卽貌亦殊多掛漏。如中國史（卽總史）一類，顧名思義，論其內容已不僅囊括其八子目之所列，（八子目爲1.文化史，2.年表編年，3.類書辭典，4.史論史評，5.年鑑什志，6.組織，7.學習與教授，8.叢書，史鈔。）自上古史以至民國亦何一不可歸入於中國史？卽以此類所指僅以總史爲言，則八子目中亦多有專屬於一時代之史籍，則又將何以自解？論其外表，則『中國史』三字，亦絕不能標其八子目之所指，孰能閱中國史之類目而卽知其子目數量之多寡及名稱之爲何乎？至以漢爲中古之目，而不知漢乃一朝代之名，殊不足以包括中古且既有上古史類目，與上古別史中古別史子目，而又無近古、近世、現代之名？以自成之亂，明清交師歸入於明別史，以雍正歸屬於聖祖子目，則安史之亂，宋金之戰，何不亦歸之唐宋別史？嘉慶同治何不亦歸屬於乾隆咸豐之子目？此皆其缺點之最大者。若各朝代之子目詳略不均，亦其蔽焉。

雖然杜君亦有其可取之處，彼對於史籍之範疇，有嚴密之抉擇，不從阮錄隋志以來，廣搜博採之風氣，卽史物亦歸入史籍之中。在杜君之前，清孫星衍卽已異軍突起，區史籍爲八類，曰正史、編年、紀事、雜史、傳記、史論、史鈔、史評，而出地理使獨自爲類，以金石款識入金石類，譜系書目入類書類。（孫氏祠堂書目）則認識之清，甄擇之嚴，已開今日純粹的史籍分類之先河。民國十三年，洪有豐國立東南大學孟芳圖書館書目出，其史籍部分，以『政書職官併入政治學，詔令卽今法令，奏議則入文學類，金石與藝術相近故入藝術類。』雖併合之點，間亦可議，然對於史籍之看法，則已直揭孫氏之流風。厥後范希曾之國立中央大學國學圖書館書目，其史部子目不僅較杜君爲精詳，亦視四庫全書總目爲美備，然未能釐正純粹史籍之範疇，仍沿前人混沌之觀念，則殊可惜也。

(丙)史學家對於史籍分類之意見

上列各家史籍之分類，多學者間對於史籍實際區分時之辦法。至於史學家關於此事之意見，則亦爲吾人所應述及之者。劉知幾以爲上古史籍祇有兩類，一爲正史，一爲外傳。正史則春秋檮杌，外傳則本草山經。相輔而行，由來久矣。『爰自近古，斯道漸煩，史臣流別，殊途並鶩，權而爲論，其流有十：一曰偏紀、二曰小錄、三曰逸事、四曰瑣言、五曰郡書、六曰家史，七曰別傳、八曰雜記、九曰地理書、十曰都邑簿。考茲十品，徵彼百家，則史之雜名，其流盡於此矣。』(史通雜述)今按其所列偏記若陸賈楚漢春秋，小錄若戴逵竹林名士論，逸事若和嶠汲冢紀年，瑣言若劉義慶世說新語，郡書若圈稱陳留耆舊傳，家史若揚雄家牒，別傳若劉向列女傳，雜記若祖台志怪，地理書若盛弘之荊州記，都邑簿若潘岳關中記，則界限不清，混淆是懼，苟列流品，抉擇未精，可裁併者多矣。

鄭樵分羣書爲十二類，史籍居其一，理解獨淸。而藝文略所分史籍之類目凡十有三：曰正史、編年、霸史、雜史、起居注、故事、職官、刑法、傳記、地理、譜系、食貨、目錄，則不出隋志之範圍。章學誠嘗致力於史籍考之作，功雖未成，其志可嘉。史籍考總目區爲制度、紀傳、編年、史學、稗史、星曆、譜牒、地理、故事、目錄、傳記、小說等十二類，較鄭樵所分爲進步。惟未能認清純粹史籍之範疇，以星曆目錄等類全行闌入，不加甄擇，則與鄭樵之失惟均。學誠於記傳一類，斤斤辨釋，謂『舊例以二十一家之書同列正史，其實類例不清。馬遷乃通史也，梁武通史鄭樵通志之類屬之；班固斷代專門之書也，華、謝、范、沈諸家屬之；陳志分國之書也，十六國春秋九國志之類屬之；南北史斷取數代之書也，歐、薛、五代諸史屬之；晉書唐書集衆官修之書，宋、遼、金、元諸史屬之。』（章氏遺書論修史籍考要略）辨別入細，顧乃以星曆等類亦漫列於史籍，可謂明足以察秋毫，而不足以見輿薪者矣。

有清之末，楊槩亦有志于編纂史籍考，其沅湘通藝錄中，曾分史籍爲御注、敕撰、本史、羣史、逸史、刊史、鏤板、著錄、通說、讖緯、師承、書壁、擬經、譯文十四類，于史籍之範疇認識頗清；惟穿鑿煩碎，拘迂板滯，殊未能融會貫通，而御注、敕撰、擬經諸類，尤有封建之思想，而不可從者也。

吾人在今日欲求一差強人意之史學家史籍分類法，其惟梁啓超乎？梁氏分中國史籍爲十類，而自列一表如次：（原表見飲冰室文集卷九）

第一　正史
- （甲）官書……所謂二十四史是也
- （乙）別史……華嶠後漢書習鑿齒蜀漢春秋等其實皆正史體也

史學

- 第二編年……資治通鑑等是也
- 第三紀事本末
  - (甲)通體……通鑑紀事本末繹史等是也
  - (乙)別體……平定某某方略三案始末等是也
- 第四政書
  - (甲)通體……通典文獻通考等是也
  - (乙)別體……唐開元禮大清會典大清通禮等是也
  - (丙)小紀……漢官儀等是也
- 第五雜史
  - (甲)綜記……國語國策是也
  - (乙)瑣記……世說新語唐代叢書明季稗史等是也
  - (丙)詔令奏議……四庫另列一門其實雜史耳
- 第六傳記
  - (甲)通體……滿漢名臣傳國朝先正事略等是也
  - (乙)別體……某帝實錄某人年譜等是也
- 第七地志
  - (甲)通體……各省通志天下郡國利病書等是也
  - (乙)別體……紀行等書是也
- 第八學史……明儒學案國朝漢學師承記等是也
- 第九史論
  - (甲)理論……史通文史通義等是也
  - (乙)事論……歷代史論讀通鑑論等是也
  - (丙)雜論……二十二史劄記十七史商推等是也
- 第十附庸
  - (甲)外交……西域圖考職方外紀等是也
  - (乙)考據……禹貢圖考等是也
  - (丙)注釋……裴松之三國志注等是也

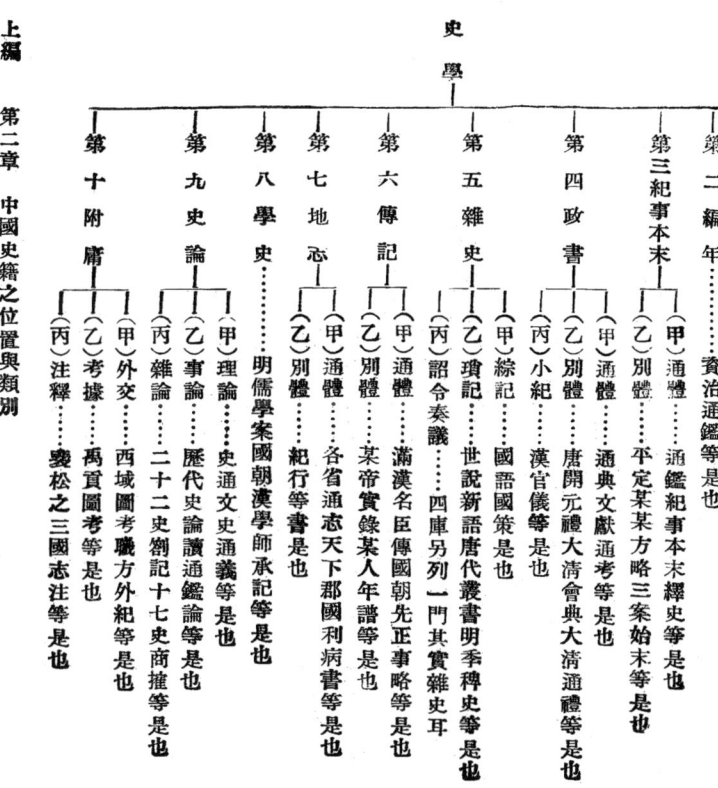

上列分類，殊多可取。其後梁氏復著中國歷史研究法，對史學範圍重新規定，以收縮爲擴充，則亦能發明科學的純粹史籍範疇之精義。梁氏謂『學術愈發達，則分科愈精密，前此本爲某學附庸，而今則蔚然成一獨立科學者比比然矣。中國古代，史外無學，舉凡人類智識之紀錄，無不叢納之於史。厥後經二千年分化之結果，各科次第析出，例如天文、曆法、官制、典禮、樂律、刑法等，疇昔認爲史中重要部，分其後則漸漸與史分離矣。今之舊史，實以年代記及人物傳之兩種原素糅合而成。然衡以嚴格之理論，則此兩種者實應別爲兩小專科，曰「年代學」，曰「人譜學」——即「人名辭典學」，而皆可謂在史學範圍以外。若是乎則前表所列若干萬卷之史部書，乃無一部得復稱爲史。若是乎疇昔史學碩大無朋之領土，至此乃如一老大帝國逐漸瓦解而無餘。』（見研究法中史之改造）此雖對史學本身而言，然從此可見史籍範疇之應如何嚴密釐正，始合於理想之分類也。

第三章　中國史官之建置與職守

第一節　唐以前史官之建置與職守

(甲)古代史官之建置與職守

中國史官之建置與職守，綜其宏綱，可分爲二：一爲唐以前之史官，——所涉甚廣，每及天時人事之推移，其功在於知來；二爲唐以後之史官，——所守有恆，僅專徵獻考文之著述，其功在於鑑往。若申其小目，則可分爲五：古代史官，名號既多，職守尤雜，官禮說頗異同，左傳言亦繁富。此其一也。秦漢至隋，史官建置不常，太史令之職沿自周官，著作郞之任仿於禮記，而史官以撰修爲專業之風以始。此其二也。唐開史館，不僅史官有定名，即史職亦有定制，前朝史事與昭代故實，自是遂確定爲史官之專業。此其三也。五代至宋，沿襲唐制，雖少所發明，而院館之設，已開翰林院修史之端。此其四也。元明及淸，納史館於翰林院，以院官爲史官，且廣徵修史之人才，自唐以來，史館之制又一變矣。此其五也。綜彼二綱，申茲五目，中國史官之沿革，庶可述乎？

劉知幾史通謂『史之建官，其來尙矣。昔軒轅氏受命，倉頡沮誦實居其職。』呂氏春秋謂

『夏有太史終古』。禮記（禮記一書，康有爲認爲『禮家附記之類書』。龔自珍亦以爲雜家儒家所依託，謂『合兩戴所記，淘之澄之，孔子之言亦必居什之四。』據此，則禮記一書當爲晚周之書，足以說明當時之見聞者。）曲禮謂商建天官，以太史屬之。周禮（周禮一書，據康有爲新學僞經考證爲劉歆所僞撰。而錢穆周官著作時代考，郭沫若周官質疑，皆以爲晚周作品，其說可信。惟其中容有經劉歆之竄改者。然吾人用之以說明晚周人士對於成周政制之傳說，則大體無礙也。）於春官宗伯之下，設有太史、小史、內史、外史。此古代王室史官之可考者。其在地方，則禮記內則，諸侯亦有史官，其來源多由於王室。如左傳（左傳一書，經康有爲等證定爲劉歆自國語割裂，則以之說明春秋前後之情形，殊見適宜。最近瑞典學者珂羅掘倫亦考定左傳爲晚周人所作之歷史，則左傳可爲周代史料之資格，更見確定。珂說見陸侃如譯左傳眞僞考。）定四年，祝佗謂『昔武王克商，成王定之，』『分魯公以』『祝宗卜史』。昭十五年，周景王謂籍談，『昔而高祖孫伯黶司晉之典籍，以爲大政，故曰籍氏；及辛有之二子董之，晉於是乎有董史。』孟子所謂『晉之乘，魯之春秋，楚之檮杌。』史記秦本紀載秦文公十三年，『初有史以記事，民多化者。』皆可爲證。而史官亦爲世職，辛有之後，世爲董史，董狐卽其苗裔。而齊太史書崔杼弑君而死，其弟嗣書之，（事見襄二十五年傳）則不僅父傳子，卽兄亦可傳弟矣。沿及漢初，其制未替，司馬談爲太史公，談卒而子遷繼之，則猶有世職之流風焉。

至其職守，周禮謂『太史掌建邦之六典以逆邦國之治，掌法以逆官府之治，掌則以逆都鄙之治。凡辨法者攷焉，不信者刑之。凡邦國都鄙及萬民之有約劑者，藏焉以貳六官，六官之所登。若約劑亂則辟法，不信者刑之。正歲年以序事，頒之於官府及都鄙，頒告朔於邦國。閏月詔王居門終月。大祭祀與執事卜日，戒及宿之日，與羣執事讀禮書而協事，祭之日，執書以次位常。辨事者攷焉，不信者誅之。大會同朝覲，以書協禮事，及將幣之日，執書以詔王。大師抱天時與太師同車。大遷國抱法以前。大喪執法以蒞勸防，遣之日讀誄。凡射事飾中舍算，執其禮事。』『大史掌邦國之志，奠繫世，辨昭穆，若有事則詔王之忌諱。大祭祀讀禮法，史以書敍昭穆之俎簋。大喪大賓客大會同大軍旅，佐太史。凡國事之用禮法者，掌其小事。卿大夫之喪，賜諡讀誄。』『內史掌王之八枋之法，以詔王治：一曰爵、二曰祿、三曰廢、四曰置、五曰殺、六曰生、七曰予、八曰奪。執國法及國令之貳，以攷政事，以逆會計。掌敍事之法，受納訪以詔王聽治。凡命諸侯及孤卿大夫，則策命之。凡四方之事書，內史讀之。王制祿，則贊爲之，以方出之。賞賜亦如之。內史書掌王命，遂貳之。』『外史掌書外令，掌四方之志，掌三皇五帝之書，掌達書命於四方。若以書使於四方，則書其令。』（周禮宗伯禮官）與禮記所載頗有側重之異。曲禮謂『史載筆士載言』。王制謂『太史典禮執簡，記奉諱惡，天子齋戒受諫。』玉藻謂『天子玄端而居，動則左史書之，言則右史書之。』白虎通引保傅以爲『王失度則史書之，士論之，三公進讀之。是以天子不得爲非。故史之義不書則死。所以謂之史何？

明王者使爲之也。』則史官載筆記言，亦爲其重要之職守。今考左傳宣二年，『趙穿攻靈公於桃園，宣子未出山而復。太史書曰：「趙盾弑其君」。以示諸朝。宣子曰，「不然」。對曰，「子爲正卿，亡不越境，反不討賊，非子而誰？」宣子曰，「我之懷矣！自詒伊戚，其是之謂矣！」孔子曰，「董狐古之良史也，書法不隱；趙宣子古之良大夫也，爲法受惡。惜也，越境乃免。」』襄二十五年，齊太史書曰：「崔杼弑其君」。崔子殺之。其弟嗣書，而死者二人，其弟又書，乃舍之。南史氏聞太史盡死，執簡而往，聞既書矣，乃還。』及史記廉頗藺相如列傳，澠池之會，秦趙史官各書秦王趙王鼓瑟擊缶之事。則知周禮所述，殊有側重也。

左傳中涉及史官之處，無慮數十，其足以考見史官之職守者，除上述外亦尙不少。綜其宏綱，可得而言：

(一)明天文，知歷數。如文十四年，『有星孛入于北斗，周內史叔服曰，「不出七年，宋、齊、晉之君皆將死亂。」』襄三十年，『絳縣人或年長矣』，『有與疑年使之年。曰，「臣小人也，不知紀年。臣生之歲，正月甲子朔，四百有四十五甲子矣，其季于今三之一也。」』『史趙曰，「亥有二首六身，下二如身，是其數也。」』昭八年，『晉侯問于史趙曰，「陳其遂亡乎」？對曰，「未也」。公曰，「何故」？對曰，「陳顓頊之族也，歲在鶉火，是以卒滅。陳將如之。今在析木之津，猶將復興。」』昭三十一年，『十二月辛亥朔，日有食之。是夜也，趙簡子夢童子贏而轉以歌。旦占諸史墨曰，「吾夢如是，今而日食，何也？」對曰，

「六年及此月也，吳其入郢乎！終亦弗克。入郢必以庚辰，日月在辰尾，庚午之日，日始有謫，火勝金，故弗克。」』昭三十二年，『夏，吳伐越，始用師于越也。史墨曰，「不及四十年，越其有吳乎！越得歲而吳伐之，必受其凶。」』哀六年，『是歲也，有雲如衆赤烏，夾日而飛，三日。楚子使問諸周太史。周太史曰，「其當王身乎？若禜之，可移于令尹司馬。」』之類是。

（二）能卜筮，通鬼神。如莊二十二年，『周史有以周易見陳侯者。陳侯使筮之。遇觀之否，曰「是謂觀國之光，利用賓于王，此其代陳有國乎！不在此，其在異國，非此其身，在其子孫。」』莊三十二年，『有神降于莘，惠王問諸內史過曰，「是何故也」？對曰，「國之將興，明神降之，監其德也；將亡，神又降之，觀其惡也。故有得神以興，亦有以亡。虞、夏、商、周皆有之。」王曰，「若之何」？對曰，「以其物享焉，其至之日，亦其物也。」王從之。內史過往，聞虢請命，反曰，「虢必亡矣，虐而聽于神！」神居莘六月，虢公使祝應宗區史嚚享焉。神賜之土田。史嚚曰，「虢其亡乎！吾聞之，國將興，聽于民；國將亡，聽于神。神聰明正直而壹者也，依人而行，虢多涼德，其何土之能得？」』僖十五年，『初，晉獻公筮嫁伯姬于秦，遇歸妹之睽，使蘇占之曰，「不吉」。』僖二十八年，『晉侯有疾，曹伯之豎貨筮史，使曰以曹爲解。』文十三年，『邾文公卜遷于繹，史曰，「利于民而不利于君。」邾子曰，「苟利于民，孤之利也。」』成十六年，晉楚交戰，晉侯『筮之，史曰，「吉，其卦遇復。」』襄九年，『穆姜薨于東宮。始往而筮之，遇艮之八，史曰「是謂艮之隨，隨其出也，君必速出。」』襄二十五年，『武子筮之，遇困之大過，史皆曰吉。』襄二十八年，『子木問于趙孟曰，「范武子之德如何？」對曰，「夫子之家事治，言于晉國無隱情；其祝史陳信于鬼神，無愧辭。」』之類是。

(三)司典禮，掌故實。如閔二年，『衛及狄人戰于熒澤，衛師敗績，遂滅衛。衛侯不去其旗，是以甚敗。狄人囚史華龍滑與禮孔以逐衛人。二人曰，「我太史也，實掌其祭，不先，國不可得也。」』僖二十八年，晉滅偪陽。『偪陽妘姓也，使周內史選其族嗣，納諸霍人。』襄二十三年，『將盟臧氏，季孫召外史掌惡臣而問盟首焉。對曰，「盟東門氏也，曰毋或如東門遂不聽公命，殺嫡立庶。盟叔孫氏也，曰毋或如叔孫僑如欲廢國常，蕩覆公室。」季孫曰，「臧孫之罪，皆不及此。」孟椒曰，「盍以其犯門斬關」？季孫用之。乃盟臧氏，曰毋或如臧孫紇于國之紀，犯門斬關。』昭二年，晉韓起聘魯，『觀書于太史氏，見易象與魯春秋，曰，「周禮盡在魯矣」。』之類是。

上列所載，揆之周禮，雖細目微有出入，而大體却能相合；惟周禮着重于掌法頒曆之制，而忽略于言事之任，左傳則兼之。禮記重于載事記言，而忽于他職。二者于古代史職皆有所偏，而左傳所述，斯爲得也。

於此，吾人可以知古代史官之職守，蓋涉於多方而非止於一隅，其初或有所分司，其後則似多相混也。（近人吳其昌氏在燕京學報第九期作矢彝考釋一文，對古代史官有所考釋。略謂『事史爲一字，史作𡰥，從手執中，中卽儀禮鄉射禮大射禮釋算之中。所謂虎中鹿中兕中是也。事作𡰥，𡰥——毛公鼎——等形，從手執𣥼』『字本爲旂形，其後演變而爲𣥼，卽小篆之㫃字矣，蓋卽射時所執之旌也。故史與事，其源皆出於射，皆爲射時有司執事之名，其後引伸而爲有司執事之通稱。』『作册者，史官之一種。王國維觀堂集林釋史曰，「持中爲史，持筆爲尹。作册之名，亦與此意相會。」「作册卽內史之明證，亦稱作册內史。」「亦稱作命內史」。「內史之長曰內史尹，亦曰作册尹」，「亦單稱尹氏」，「或稱命尹——令尹」。「作册，尹氏，皆周禮內史之職，而尹氏爲其長。」按作册與內史不同，內史與太史不同；作册與作册尹不同，內史與內史尹復不同。大概作册雖爲太史內史之總名，然常用以指太史，而不甚用以指內史。』『太史在內史之上』，『作册亦似在內史之上』。『作册常可以代表太史』。『周禮春官序官，太史之爵爲下大夫，而內史之爵爲中大夫，知周禮造作已晚，不甚了古制矣。又周禮內史掌王之八枋，』『不知太史內史並得掌册命之事』。『太史之屬遠在內史之上，不但相差一等而已。——如周禮所列。——其後則漸次相平耳。此不但』『酒誥及大戴記——盛德篇可證，曲禮天子建天官，先六大，』『太史與太宰同掌天官，蓋在卿位矣。』又按『周書顧命』，則太史『且在太保之亞，太宗之上矣。』而反按之『小雅十月之詩』，『內史乃又敍次在膳夫之下，其去卿士之遠可知。蓋推原其朔，則凡掌龜策刀册可以略記文字者，皆謂之史。凡史皆可以作册。其後史漸多，則於羣史中擇一人爲之長，謂之太史，則其餘謂之小史矣。則其地位之高可知也。其後事漸繁，有國家之公事，有王室之私事，則復置一內史以記王室之私事，而記朝廷國事之羣史，爲小史爲太史爲作册如故也。故作册常代稱太史。其後王室之私事漸繁，一內史不足以供事，則亦增置羣內史，而擇其羣中之一人爲之長，而謂之內史尹。其後私權益擴，而公權愈輕，內史已與作册相抗，故既有內史尹亦復立作册尹以儷之。周禮作者據王權獨裁形成之秋，故其時王室私臣之爵級反高於廊廟官庸一等也。』按吳氏謂內史爲王室之私臣，雖涉於理想，尙少旁證，然卻恢詭可喜。至其所述古史之建置與職守，則足與周禮相發明，故特附錄於此，以備參照。）

（乙）秦至隋史官之建置與職守

秦自襄公始承周平王之命爲諸侯，與列國通史。其子文公嗣立不久，卽有史官。史記秦本紀，『文公十三年，（公元前七五三）初有史以紀事，民多化者』可證。秦始皇帝統一六國，改定官制，（公元前二二一）上距文公初立史官之時，已五百餘歲，史官既有如許悠久之歷史，則其建置職守到此時當亦有相當之嚴密。然書闕有間，吾人今日殊未能詳知其狀況。司馬遷曾見秦記，惟『其文略不具』，『又不載日月』，（史記六國表序）則似秦史官之所記，亦未見其盡職。漢書藝文志有秦太史令胡毋敬作博學章之語，似太史令卽係秦史官之名目。然漢代官制皆本諸秦，而漢制太史令之職僅爲日官。漢書百官公卿表載太常屬官有太樂太祝太宰太史太卜太醫六令丞，其太史令丞但主星曆，不關他事，卽其明證。史記太史公自序，如淳引衞宏議注以爲太史公武帝置，位在丞相上，天下計書先上太史，副上丞相，序事如古春秋，以司馬談爲之。談卒子遷嗣。遷卒，宣帝以其官爲令，行太史公文書而已。今按百官表無太史公，則其說恐不可信。司馬貞索隱，謂『公者遷所著書尊其父云公也』。理或然矣。至司馬遷父子之著史記，乃出於一己之發憤，故『司馬遷旣歿，後之續史記者，若褚先生、劉向、馮商、揚雄之徒，並以別職來知史務；於是太史之署非復記言之司，故張衡、單颺、王立、高堂隆等，其當官見稱，唯知占候而已。』（史通史官建置。徐天麟東漢會要亦明載太史令一人，專主天時星曆之任。）是豈秦及西漢史官之建置職守另有其名歟？抑太史令丞原兼負有紀言紀事之任如左傳之所載歟？

『王莽代漢，改置柱下五史，秩如御史，聽事侍旁，記跡言行，蓋效古者動則左史書之』之義。『漢代中興，明帝以班固爲蘭臺令尹，詔撰光武本紀及諸臣列傳載記。又楊子山爲郡上計吏，獻所作哀平傳，爲帝所異，徵詣蘭臺。斯則蘭臺之職者，蓋當時著述之所也。自章和已後，圖籍盛于東觀，凡撰漢記，相繼在乎其中，而都謂著作，竟無他稱。』（史通史官建置）通典職官典謂『後漢蘭臺置令十八人，又撰他官入東觀，皆令典校祕書，或撰述傳記。蓋有校書之任而未爲官也，故以郎居其任，則謂之校書郎，以郎中居其任，則謂之校書郎中。』觀此，則後漢以著作校書當禮記所謂史官紀事載言之任，實開史官以撰修爲專業之風。今考後漢書儒林傳載，『建初中，（四年，公元七九）大會諸儒於白虎觀，考詳同異，連月乃罷。肅宗親臨稱制，如石渠故事。顧命史臣著爲通義。』和熹鄧皇后紀載，元初五年（公元一一八）平望侯劉毅以太后多德政，欲令早有注紀，因上書安帝，謂『古之帝王，左右置史，漢之舊典，世有注紀。夫道有夷崇，治有進退，若善政不述，細異輒書，是爲堯湯負洪水大旱之責，而無咸熙假天之美；高宗成王有雉雊迅風之變，而無中興康寧之功也。上考詩書，有虞二妃，周室三母，修行佐德，思不踰閾，未有內遭家難，外遇災害，覽總大麓，經營天物，功德巍巍若茲者也。宜令史官著長樂宮注聖德頌，以敷宣景耀，勒勳金石，縣之日月，攄之罔極，以崇陛下烝烝之孝。』則史官之專撰修之業，已爲當日一般之狀況矣。

『魏太和中，始置著作郎於東觀，職隸中書。』『蜀以王崇補東觀，許蓋掌禮儀，郄正爲祕書郎。』『吳有左右二國史之職，薛瑩爲其左，華覈爲其右。又周處自左國史遷東觀令。』（史通史官建置參楊晨三國會要）則三國皆有史官之任矣。

晉沿魏制，置著作郎，初隸中書。『元康二年，（公元二九二）詔曰：「著作舊屬中書，而祕書旣典文籍，今改中書著作爲祕書著作。」於是改隸祕書省。後別自置省則猶隸祕書。著作郎一人謂之大著作郎，專掌史任；又置佐著作郎八人。著作郎始到職，必撰名臣傳一人。』（晉書職官志）東晉建都江左，亦置史官。晉書王導傳，『時中興草創，未置史官，導始啓立，』是也。

南北朝遞興，亦以祕書省著作郎或祕書丞當史職，掌著述典校之任。如北齊魏收以著作郎編纂魏書，即其顯例。（北齊書魏收傳）間有特設史官名目者，但著作郎之職任亦不廢。如南齊書檀超傳，『超爲司徒右長史，建元二年（公元四八〇）初置史官以超與驃騎記室江淹掌史職。』隋書百官志，祕書省『又有撰史學士，亦知史書。』史通史官建置，『元魏初稱制，即有史臣，雜取他官，不常厥職。』魏書高宗本紀，『崔浩之誅也，（事在太平眞君十一年，公元四五〇。）史官遂廢，至是（和平元年，公元四六〇。）復置。』魏書高祖本紀，『十五年（公元四九一）春正月丁卯，帝始聽政於皇信東室，初分置左右史官。』通典職官典『後周有麟趾殿學士，有外史掌書王命，及動作之事，以爲國志』等是。

隋於祕書省設監丞，領太史著作二曹。太史曹偏於占候，著述典校之任在於著作曹。（隋書百官志）蓋史官不常設，史職未甚彰，自漢至隋，其來久矣。

第二節　唐以後史官之建置與職守

(甲)唐代史官之建置與職守

中國史官建置之有定名，職守之有定制，蓋自唐開史館掌修國史始。劉知幾所謂『暨皇家之建國也，乃別置史館，通藉禁門，西京則與鸞渚爲鄰，東都則與鳳池相接。厥館宇華麗，酒饌豐厚，得厠其流者，實一時之美事。』是也。（史通史官建置）今考唐會典，知唐初史館原

『因隋舊制，隸祕書省著作局。貞觀三年（公元六二九）閏十二月，移史館於門下省北，宰相監修。自是著作局始罷此職。及大明宮初成，置門下省之南。』『開元十五年（公元七二七）三月一日，宰臣李林甫監史館，以中書地切樞密，記事者宜其附近，史官諫議大夫尹愔遂奏移於中書省北。』則知幾所謂『通籍禁門』審矣。

史官員數，唐書百官志以爲有史館修撰四人，掌修國史。此當爲定額之極限。如唐會要，『太和六年（公元八三二）二月，以諫議大夫王彥威，戶部郎中楊漢公，祠部員外郎蘇滌，右補闕裴林，並充史館修撰。故事修撰不過三員或止兩員，今四人並命，論者非之。』可證。修撰之外，其以他職來兼理史事或館務者，當甚多。如史通自敘謂，『當時同作諸士及監修貴臣，每與其鑿枘相違，齟齬難入，故其所載削皆與俗浮沉，雖自謂依違苟從，然猶大爲史官所嫉。』是其同列不僅數人。又唐會要載，『咸亨元年（公元六七〇）十一月二十一日，詔修撰國史，義存典實，自今以後，宜令所司於史官內簡擇堪修人錄名進內；自餘居史職，不得輒聞見所修史及引用國史等事。』『元和六年（公元八二）六月，宰臣集賢院大學士裴垍奏，「史館請登朝官入館者並爲修撰，非登朝並爲直館。修撰中以一人官高者判館事，其餘名目並請不置，仍永爲常式。」從之。』亦可見在史館任職之人之多。

史官職守，端在撰修；惟撰修首貴史料。今據史通忤時篇，則史館中史料殊感缺乏。忤時謂『前漢郡國計書，先上太史，副上丞相。後漢公卿所撰，始集公府，乃上蘭臺。由是史官所修，載事爲博。爰自近古，此道不行，史官編錄，惟自詢採。而左右二史闕注起居；（按此或一時現象，因唐代起居注甚有成績也。）衣冠百家，罕通行狀；求風俗於州郡，視聽不該；討沿革於臺閣，簿籍難見。』則史官徵集史料之困難情形，可以想見。其後唐廷爲力矯此弊，乃有『諸司應送史館事例』之頒行。唐會要中曾詳爲開列，如：『(一)祥瑞——禮部每季具錄送。』(二)『天文祥異，——太史每季並所占候祥驗同報。』(三)『蕃國朝貢，——每度至，鴻臚勘問土地風俗，衣服貢獻，道里遠近，並其主名字報。』(四)蕃夷入寇及來降，——表狀，中書錄狀報；露布，兵部錄報；軍還日，軍將具錄陷破城堡，傷殺吏人，擄掠畜產，並報。』(五)『變改音律及新造曲調，——太常寺具所由及樂詞報。』(六)『州縣廢置及孝義旌表，——戶部有即報。』(七)『法令變改斷獄新例，——刑部有即報。』(八)『有年及飢並水旱蟲霜風雹及地震流水泛溢，——戶部及州縣，每有即勘其年月日及賑貸存恤同報。』(十)『諸色封建，——司府勘報，襲封者不在報限。』(十一)『京諸司長官及刺史都督護行軍大總管副總管除授，——並錄制詞，文官吏部送，武官兵部送。』(十二)『刺史縣令善政異跡，——有灼然者，本州錄附考使送。』(十三)『碩學異能高人逸士義夫節婦，——州縣有此色，不限官品，勘知的實，每年錄附考送。』(十四)『京諸司長官薨卒，——本司責由歷狀跡送。』(十五)『刺史都督都護及行軍副大總管以下薨，——本州本軍責由歷狀附便使送。』(十六)『公主百官定謚，——考績錄行狀謚議同送。』(十七)『諸王來朝，——宗正寺勘報。』『已上事，並依本條所由有卽勘報史館，修入國史。如史館訪知事由堪入史者，雖不與前件色同，亦任直牒索；承牒之處，卽依狀勘，並限一月內報。』觀此則史館中之史料，可謂完備矣。惟官府習例，日久則玩生，唐會要又載『建中元年（公元七八〇）十一月二十八日，史館奏「前件事條，雖標格式，因循不舉，日月已深。伏請申明舊制，各下本司。」從之。』因勅自『大歷十四年（公元七七九）正月已後，至今年十月已前，所有事跡，各限勅到一月日報。從此已後，外州縣及諸軍諸使，每年一度附考使送納；在京卽每季申，便爲恆例。』可見當時，頗有不遵條例報送者。

在史館史官之外，有起居郎及起居舍人之設。其制蓋仿於周之左史右史。其職漢以後廢置不常，多以著作郎兼理其任。（詳見通典職官典）至唐而此制亦成固定。「每天子臨軒，侍立於玉階之下；郎居其左，舍人居其右。人主有命，則逼階延首而聽之；退而編錄，以爲起居注。』（史通史官建置）此種起居注，爲直接之史料，甚有益於史官。知幾極稱之，謂『起居注者，編次甲子之書；至於策命章奏，封拜薨免，莫不隨事記錄，言惟詳審，凡欲撰帝紀者皆因之以成功。卽今爲載筆之別曹，立言之貳職。』（見同上）是也。

長壽以後，史館中又多宰相所送之時政記。舊唐書姚璹傳載，長壽二年，（公元六九四）璹『遷文昌左丞同鳳閣鸞臺平章事。自永徽（公元六五〇）以後，左右史（卽起居郎起居舍人之改名）雖得對仗承旨，仗下後謀議皆不預聞。璹以爲帝王謨訓不可暫無記述，若不宣自宰相，史官無從得書，乃表請仗下所言軍國政要，宰相一人專知撰錄，號爲時政記，每月封送史館。宰相之撰時政記，自璹始。』至是史館中之史料，更爲豐富矣。

史館既典藏諸司所送之事例，左右史之起居注，宰相之時政記矣，進此便爲修史。修史之對象有二，一爲前代史，一爲國史實錄。國史實錄，事在當時，故多爲史官所專責。前代史則以史官人數有限，而工作繁重，故每參加以他官。如當時參修前代史之魏徵、令狐德棻、姚思廉、李百藥、岑文本、許敬宗諸人，皆非史官可證。此種制度，——國史實錄爲史官專責，前代史以他官參加，自唐迄清，沿而不改。

在唐之前，史書多爲私家著述，而後經政府之審定者。史記爲司馬遷父子私著，遷歿存於家，經楊惲奏請而始行。漢書雖經敕撰，然原爲班固父子之草稿。後漢書三國志，則亦爲私家撰輯。自漢至隋，此風猶甚。纂晉史者達十有八家，其盛可想。唐開史館，始大規模分命諸臣纂修史籍，然其所據之書，猶多數爲私家著述之稿本。（詳見史通古今正史）自唐以後，『後代修前代之史』，始成定制，新興國家，無不廣開史館，遴選史臣，採撰勝朝之事跡，編之爲史，宋、元、明、清蓋一轍焉。惟私家著述之風習，終不能除，甚或身爲史官，不滿官書，而別撰記載存之於家者，亦往往而有。此其原因，半由於有志未伸，半由於好名念重。劉知幾所謂『雖任當其職，而吾道不行；見用於時，而美志不遂。鬱快孤憤，無以寄懷，必寢而不言，嘿而無述，又恐歿世之後誰知予者？故退而私撰。』是也。（史通自敍。按唐會要載，吳兢上奏別撰唐書，藏之於家事，亦同此因。）

唐修前代史，始於武德五年。（公元六二二）所著力者爲梁、陳、齊、周、隋諸史、魏史亦在纂中。『綿歷數載，竟不就而罷。』貞觀三年（公元六二九）復重行纂修，惟魏史不再纂，謂之五代史。貞觀十年，（公元六三六）紀傳告成，先上其書，而志尚未作。十五年（公元六四一）始詔修五代史志。顯慶元年（公元六五六）完成，先別行，後附於隋書。貞觀二十年，（公元六四六）更修晉史，顯慶間告成。顯慶四年，（公元六五九）李廷壽之南北史亦成。（唐會要參史通正史）成績殊可觀也。

至於國史實錄之修纂，則範圍頗有不同。實錄專紀世主之事蹟，有似於本紀；國史則仿紀傳表志之體裁，實包實錄而有之。惟唐於國史之全部殊少成績，其最爲後人所贊美而成績特佳者，則爲世主實錄與諸臣列傳，實錄雖起源甚古，但實大成於唐代。自貞觀後，代有修撰；其未善者，則詔命重加改削焉。此種實錄，若屬世主尚生存，則爲起居注。其初世主並不得觀覽，後則史臣且以時上聞。如唐會要載，『貞觀九年，（公元六五五）十月，諫議大夫朱子奢上表曰，「今月十六日，陛下出聖旨發德音，以起居注錄書帝王臧否，前代但存之史官，人主不見，今欲親自觀覽，用知得失。臣以爲聖躬舉無過事，史官所述，義歸盡善。陛下獨覽起居，於事無失，若以此法傳示子孫，竊有未喻。」』『十六年四月二十八日，太宗謂諫議大夫褚遂良曰，「卿知起居，記錄何事，大抵人君得觀之否？」對曰，「今之起居，古之左右史，以記人君言行，善惡必書，庶幾人主不爲非法；不聞帝王躬自觀史。』『太宗謂房元齡曰，「國史何因不令帝王親見？」對曰，「國史善惡必書，恐有忤旨，故不得見也。」太宗曰，「朕意不同，今欲看國史，若善事固不須論，若有惡事亦欲以爲鑒誡。卿可撰錄進來。」房元齡遂删略國史表上。』可證。若關人主之祖父，則告成之後，頗傳佈於外，朝臣亦得以抄閱之者。唐會要載，『貞觀十七年（公元六四六）七月十六日，司空房元齡』『等，上所撰高祖太宗實錄各二十卷。（此太宗實錄自係前經太宗索閱由元齡等編次成卷者）太宗』『賜皇太子及諸王各一部，京官三品以上欲寫者亦聽。』即其顯例。

諸臣列傳亦由史官撰述，存之館中，但外人亦得以與聞之者。如唐會要載，許敬宗『掌知國史，記事阿曲，』『論者尤之』諸例。及史通自敍謂，『館中作者，多士如林，皆願長喙，無聞齰舌，儻有五始初成，一字加貶，言未絕口，而朝野具知；筆未栖毫，而搢紳咸誦』等是。

又修史不皆居館，亦有在外纂述者。唐會要載『開元八年（公元七二〇）十二月二十日，詔「右羽林將軍檢校幷州大都督府長史燕國公張說，多識前志，學於舊史，文成微婉，詞潤金石，可以昭振風雅，光揚軌訓，可兼修國史，仍齎史本就幷州隨軍修撰。」』『長慶三年（公元八二三）六月，中書侍郎平章事監脩國史杜元穎奏，「臣去年奉詔，命各據見在史官，分修憲宗實錄，今緣沈傳師改官，若更求人，選擇非易。』『其沈傳師一分，伏望勒就湖南修畢，先送史館，與諸史官參詳，然後聞奏。庶使官業責成，有始終之效；傳聞摭實，無同異之差。」制可。』

至於國史或前代史，編纂成功之後，則賞賚甚豐。劉知幾史通所謂，『既而書成繕寫，則署名同獻；爵賞既成，則攘臂爭受。』『而自歷行事，稱其所長，則云某代著某書，某年成某史，加封若干戶，獲賜若干段，諸如此類，往往而有。』（史通史官建置）是也。惟亦有不幸被薄賞者。今考唐會要，『開元四年（公元七一六）十一月十四日，修史官劉子元（即劉知幾）吳兢撰睿宗實錄二十卷，則天實錄三十卷，中宗實錄二十卷成，以聞；又引古義白於執政。宰相姚崇奏曰，「伏見貞觀十七年，（公元六四三）監修國史房元齡，與史官給事中許敬宗，著作佐郎敬播修高祖實錄二十卷，太宗實錄二十卷成，制封元齡一子爲縣男，賜物一千段；封敬宗一子爲高陽男，賜物七百段，敬播改授司議郎，賜物五百段。並降璽書褒美。又神龍二年（公元七〇六）五月，監修國史中書令魏元忠，與史官太常少卿徐彥伯，國子司業崔融等，修則天實錄三十卷成，封元忠一子爲縣男，賜物一千段；彥伯等各爵二等，物五百段；自餘卑官加兩階，物段准處分，仍並降璽書褒美。』『今子元援引古今，欲臣聞奏。臣謹尋故實，例有恩賞，事屬當時，不可爲準。子元等始末修撰，誠亦勤勞，敘事記言，所錄雖重，承恩賜命，固不在多。子元等請各賜物五百段。」許之。』則房元齡許敬宗等倖邀厚賞，而劉子元吳兢等顯遭抑壓之情如見。

（乙）五代至宋史官之建置與職守

五代上接李唐，故史官建置，一仍唐制。有史館修撰及直館之分，每遇纂修前代史，亦以宰臣監修。其史館職守，亦在於保藏史料與編纂史書。王溥五代會要載，後唐同光二年，（公元九二四）史館所奏行之諸司送館條例，較唐代所頒之諸司應送史館事例爲詳。如：時政記，——中書門下錄送；起居注，左右起居郎錄送；（時政記起居注，唐代未加入諸司送例。）兩省轉對入閣待制刑曹法官文武兩班上封章者，——各錄送一本；諸色宣敇，——門下中書兩省逐月錄報；宗室任官並公主出降儀制，——宗正寺錄報。凡此等類，均爲唐代事例所未列。

唐代史館史官，於工作似未有若何之審核，故每不能計日呈功。觀劉知幾所謂，『或當官卒歲，竟無刊述，而人莫之知也；或輒不自揆，輕弄筆端，而人莫之見也。』『雖地處禁中，而人同方外，可以養拙，可以藏愚，綉衣直指所不能繩，強項申威所不能及。』（史通自敍）『人自以爲荀袁，家自稱爲政駿，每欲記一事載一言，皆閣筆相視，含毫不斷，故首白可期，汗青無日。』『今監之者既不指授，修之者又無遵奉，用使爭學苟且，務相推避，坐變炎涼，徒延歲月。』（史通忤時）則史館史官之多不職可見。而五代對於史館，乃有考績之舉。五代會要載，後唐長興四年，（公元九三三）史館奏定考覈規程，略謂『當館承前修史事例，應合編錄文書分配在館修撰直館官員，逐人紀述。』『其間勤恪者著述不閑，怠惰者自因循度日，祇藉館中敭歷，以資身事進趨。或別除官，或因出使，便將自己分合撰史籍送付後人，後人效尤，依然懈惰積壘，不了公事，爲弊滋多。須設規程，庶無曠敗。謹具起請如左：自判館修撰以下，見充職及此後充職，請以二周年爲限，據在職館中文書繁簡，逐季分配纂修。如月未滿，公事未闕，即當館給與公憑，仍旋申中書門下，請別商量。其職限內，遇本官本省署有遞遷，請不妨其序進，即請令依前充職，終其月限，並請不許未終職限，特見除官。如職限滿有公事未了，不計幾月，請不別與除官及差使並與遞遷本官。其曠職甚者，仍請量事殿罰。如據所分配文書修撰外，別能採訪得皇后功臣事實，及諸色合編集事著撰得史傳堪入國史者，請量其課績，別加酬奬。如當館於職限滿官員中籍令充職者，則旋具奏聞，乞就加陞陟。應此日已來充館職配過文書，除丁憂官員則請與均分代修撰。其未了別除官者，所欠文書不計多少，並與令本官修撰；速修撰了者，則別具奏聞。』綜其所定，則勤奮有奬，曠惰有罰，殊稱考校之良法。

五代史官除保藏史料外，亦一面纂修實錄國史，一面纂修前代史。而纂修前代史時，且曾廣徵史料於朝野上下，以期完備。其徵集方法，亦足供後人之借鏡。（詳見五代會要修前代史條）

宋從唐制，亦置史館，設修撰、直館、檢討等官；取修撰最上一員，判館事。後又設編修、校勘。史官皆不帶外任。監修國史亦由宰相兼領。（永樂大典新輯本宋會要，以下簡稱宋會要。）李攸宋朝事實謂，宋以『史館集賢院昭文館，合稱崇文院三館。』宋職史官志祕書省條下載，『著作郎掌脩撰日曆，祕書郎掌三館及祕閣圖籍，以甲乙丙丁爲部。』又載『日曆所隸祕書省著作郎，以宰執時政記左右史起居注所書，會集修撰，爲一代之典。』觀此，則史館與『日曆所』關係至深，而史館之圖籍且屬於祕書郎矣。此外復有『會要所』，亦隸於祕書省，繼續脩纂，與史館日曆所關係均切。（亦見職官志）南宋罷史館，於是有實錄院國史院之設。宋會要載，『紹興初，實錄國史皆寓史館；後罷史館，（據宋史高宗本紀爲紹興二十九年）遇修實錄卽置實錄院，遇修國史卽置國史院。』卽其明證。惟考李攸宋朝事實，則國史實錄兩院或分或併，頗不一定。大約北宋三館之制，經劃分明，史館一職，實總纂修，國史實錄事同一體；元祐已後，始有實錄國史遇修置院之議。（此據宋史職官志）及南宋紹興末而史館罷，於是國史實錄兩院各自成立。此其大較也。今觀宋陳騤南宋館閣錄及不著名氏之續錄，紹興初年，有監修國史，提舉國史院，提舉實錄院，史館修撰，直史館，史館校勘，史館檢討，國史院編修官，國史院檢討，實錄院修撰，實錄院同修撰，實錄院檢討官；及紹興末年，史館修撰，直史館，史館校勘，史館檢討諸職皆無，而增入修國史與同修國史，餘照舊。則與諸書詳略互見，可證上說之確。

宋初史官多專任，後每以他官兼理；間有專任者，但亦不久其職。今考李心傳建炎以來朝野雜記史館長官條下所載，『自眞廟以來，史館無長官。神宗嘗欲付曾子固以五朝史事，乃命爲史館脩撰，使專典領；其後子固所草皆不當神宗意，書不克成。孝宗時修五朝史列傳，久而未畢，遂召李仁父洪景盧踵爲之，皆奉京祠，不兼他職者數年，而史始畢。』『時景盧請通修九朝國史，上許之。』『書未就，而景盧去國。淳熙末修高宗實錄，但以他官兼之。至紹熙末年，而功未及半，陳君舉直學士院，建請以右文殿祕閣二修撰並舊史館校勘等爲史官。自校勘供職，稍遷祕閣修撰，右遷右文殿修撰，如有劣績就選次。對庶政有專官之效，無冷官之嫌。然亦不果行。明年但增檢討三員，限一年畢。其後又七年，而高錄始成。時當修高宗正史，孝宗光宗實錄，朝論覺無專官，始外召傅景仁陸務觀爲在京宮觀，免奉朝請，令修史。於是務觀還政久矣，乃以爲同修國史兼實錄修撰焉。』則專任史官之不常設，及國史實錄修撰每沿稱史官之稱號可證。

宋會要及建炎以來朝野雜記，宋史職官志，皆有太史局之設，惟專負日官之職責，蓋自漢以來，所由久矣。

實錄國史纂修之不易成，而成後每有重修之舉，在唐已然，及宋尤烈。除前述諸例外，如乾道中（公元一一六五——一一七三）李燾上言，有『伏見四朝正史開院已逾十年，臣備員編修，亦二年有餘。』及『正史之成，殆未可期。』『神宗實錄三次重修』，『哲宗實錄亦兩次重修』等語，（詳見宋會要）亦可互見。

惟宋代纂修實錄國史，有一可注意之點，卽實錄國史之草稿，須於完成之日，繳進禁中焚燬，且未留存一本於史館。如宋會要載，『嘉祐四年，（公元一〇五九）史館修撰歐陽修言，

「史之爲書，以紀朝廷政事得失及臣下善惡功過，宜存之有司。往時史官以本朝正史進入禁中而焚其草，今史院惟守空司而已。乞詔龍圖閣別寫一本，下編修院以備討閱故事。」從之。』及『熙寧二年，（公元一〇六九）翰林學士司馬光言，「近領史館修撰，所有龍圖閣抄寫國史一部，欲乞依仁宗時所降指揮，本院修掌；並新修仁宗英宗實錄亦各寫一本留本院。」從之。』則知當時若無歐陽修司馬光之奏請，將一本亦不得留也。

遼國史院有監修國史，史館學士，史館修撰，修國史之設。（詳見遼史職官志）惟廢置不常，且似無若何成績。如遼史耶律孟簡傳稱，『太康中（遼道中年號，公元一〇七五——一一〇〇）孟簡詣闕上表，曰，「本朝之興幾二百年，宜有國史以垂後世。」乃編耶律曷、會屋質、休哥三人行事以進。』可證。

金國史院有監修國史，掌監修國史事，修國史，掌修國史，判院事，同修國史，（二員）編修官，（女直漢人各四員）檢閱官之設。及修遼史又置遼史刊修官一員，編修官一員。（金史百官志）

遼金國史院皆無甚可紀，惟有一事殊可注意，則遼金以外族入居中國，文字言語各不相同，而種族之見又深，故史官設置於用漢人外並分用其本族之人。史文亦以本族文字與漢文分紀，或互譯。金代並兼用遼人，而史書亦分寫遼之文字，其後始罷。如金史章宗本紀所載，『明昌二年，（公元一一九一）夏四月，癸巳，諭有司自今女直字譯爲漢字，國史院專寫契丹

字者罷之。』是也

(丙)元明清史官之建置及職守

自唐開史館，於是史館史官之設歷五代至宋而不改。及元乃以史館附屬於翰林國史院，於是明清繼之，皆以修史之責歸於翰林院。蓋自兩漢以來，史官之制及唐而一變至是又一變矣。

元翰林國史院，有承旨學士、侍讀學士、侍講學士、直學士、新字學士、侍制修撰、應奉翰林文字、編修、檢閱典籍、經歷、譯史通事等之設。(元史百官志)則元典章吏部條下職品，列有正三品，『翰林學士知制誥咸修國史』，與百官志頗能詳略互見。

元代所修之前代史爲遼金、宋三朝，遼金先修，而宋史繼之。而實錄亦每代遞有編纂。其後明修元史，當亂離之初，史料闕佚，所取資者卽元朝所遺之實錄。今按元史世祖本紀所載，知中統二年，(公元一二六一)從王鶚之請，初立翰林國史院。惟草創伊始，頗多簡陋。及至元之後，(公元一二六四—一二九四)遷都燕京，於是規模始備，而成績亦佳。其間曾分置一蒙古翰林院，專主蒙古文字。而翰林國史院，則仍專纂修，其職責亦加重。仁宗時且提陞其品秩，認『國史院爲萬世公論』，不可不與以推崇。(元史仁宗本紀)又元代百官奏事，以給事中專掌之，以授國史院纂修，亦有古代起居注及唐代諸司應送史館事例之遺意。(元史順帝本紀)

明初承元制，亦有翰林國史院之設。明會要引弇山集載，『吳元年（公元一三六四）五月己亥，初置翰林國史院。建文初置文翰文史二館，文翰以居侍講侍書五經博士，文史以居修撰編修檢討。成祖初復舊。』其後則省國史而專稱翰林院，置修撰三員，編修四員，檢討四員，統以爲史官之任。日久事繁，遂無定員。（明會典）

明初亦有起居注專官之設，其後亦歸由翰林院負責，且以日講官輪流紀注。如明會要引兩朝憲章錄載，『嘉靖十一年，（公元一五三二）學士廖道南言太祖設起居注，仁宗開宏文館，皆師古者記事記言之制。自宣德後（公元一四二六）相權重，史職輕，而起居注遂廢。今宜選翰林中學識優異者，俾兼起居，日記言動，以至邦有大政，民有大眚，皆令書之，庶克徵信來茲，而史職不爲虛設矣。上嘉納之。』及明會典載，『凡記注起居及編纂章奏，萬曆以後，（公元一五七三）內閣題倣國初起居注官遺意，令日講官日輪一員，專記注起居錄聖諭詔勅册文等項。』可證。

明代修纂前代史及國史，亦行監修及纂修之制，而於纂修之上置總裁以裁定一切。其先以翰林院官任之，後內閣成立，乃以閣臣與翰林院官分任其職。實錄撰修完日，其稿亦行焚燬。明會典於翰林院條下載，『永樂中，（公元一四〇三—一四二四）命編修等官直文淵閣參預機務，謂之入閣辦事。後內閣翰林稱同官。凡修實錄史志等書，內閣官充總裁，本院學士等充副總裁，皆出欽命；纂修從內閣於本院及詹事府春坊司經局官內具名題請；謄錄催纂，制勅誥勅房官皆預。纂修完日進呈，其實錄草稿會同司禮監官於內府焚燬。』則翰林院對於修纂史書之關係可見。

明中葉以前之修史書，有一特點，卽修史人員頗不拘資格，不以現任官爲限，殊可稱述。明會要載『洪武二年，（公元一三六九）二月，詔修元史，以右丞相李善長監修，前起居注宋濂、漳州府通判王禕爲總裁，徵山林隱逸之士，汪克寬、胡翰、宋僖、陶凱、陳基、趙壎、曾魯、高啓、趙訪、張文海、徐尊生、黃篪、王錡、傅著、謝徽、傅恕，凡十六人，爲纂修。』又載『三年，（公元一三七〇）二月，詔重修元史，復徵四方文學士朱右、貝瓊、朱廉、王彝、張孟兼、高遜志、李懋、李汶、張宣、張簡、杜寅、殷弼、俞寅、趙壎等十四人，爲纂修。』皆可爲證。而明會要編者龍文彬之附跋，謂，『洪武修元史，徵山林隱逸之士，爲纂修官；建元永樂間修太祖實錄，博士教授訓導吏目及知州知縣等，得爲編纂官。楊士奇由布衣起家，三修太祖實錄皆預焉。成祖修永樂大典，以布衣陳濟爲都總裁，修撰曾棨等僅爲之副。其始重文學不拘資格如此。宣德後專以修撰編修檢討爲史官，自是非翰林不得預，一代紀載專屬詞臣矣。』則更賅要簡明，足資考究也。

清入關後，沿明制設翰林院，置掌院學士，滿州一人，漢人一人；侍讀學士，侍講學士，侍讀，侍講，均滿州二人，漢人三人；修撰編修檢討無定員。『皆掌撰著文章，與於侍從。凡館局，則充提調纂修，愼其編校。——如修實錄聖訓本紀，侍讀學士以下，皆由掌院學士派充提調官纂修官。如修玉牒，由本院以滿州蒙古漢軍修撰編修檢討職名，咨送宗人府，派充提調官。』至於敕纂書史，亦咸與其選，所纂書史，『由本院奏請及奉特旨交本院辦理者，其總裁副總裁提調纂修，皆由掌院學士奏派；其由別衙門辦理者，需用纂修人員，皆據承辦衙門咨取，由掌院學士派送。』（清會講）觀此，可知清代翰林院纂修書史，以總裁綜館之政務，（其職等於前代之監修）以提調理館之事務，以總纂撰修負纂述之責，以校對官當校閱之任，職守井然，責任不紊，實爲前代所未有。

惟清代翰林院纂修書史及實錄聖訓本紀玉牒等，類皆出於臨時或定期之敕纂，進行時有相當之規模；至於通常之撰述，則另設國史館於翰林院之內，以常川撰述國史，尤其諸臣之列傳。清會典於翰林院條下載，有『國史館，掌修國史，置總裁，特簡，無定員；提調，滿州二人，漢人二人，掌章奏文移，治其吏役；總纂，滿州四人，漢人六人；纂修，滿州十有二人，漢人二十有二人，掌分司編纂之事；校對，滿州八人，漢人八人，掌分校勘之事。』蓋翰林院不僅撰修史籍，尙有他書編纂，國史事重，且其性質宜隨時撰述，故須特設一通常恆久負責撰述之機關耳。至若稍具規模之撰修事件，則仍由翰林院籌劃進行。而國史館內撰修人員，亦卽多爲翰林院之人員。此可以知翰林院與國史館之關係矣。

清代亦有起居注官之設，惟更其名曰日講起居注官。據清會典所載，知此官滿州八人，漢人十有二人，掌侍直起居，記言記動，亦均以翰林詹事坊局官以原銜兼充。凡侍直所聞，退而書之，具年月日及當直官於籍，月成滿漢文各二帙，至次年按月編排，彙爲總册，封鐍於櫃，送內閣收藏，以爲將來修實錄時之參考。

明代修元史，廣徵山林隱逸之士，淸代亦採其法，惟改以考試，試取後授以翰林院之官，令其修史，則與明異。淸會典事例載，康熙十七年，（公元一六七八）聖祖擬行『博學鴻詞』之試，諭『凡有學行兼優，文詞卓越之人，不論已仕未仕，令在京三品以上及科道官員，在外督撫布按，各舉所知，朕將親試錄用。其餘內外各官，果有眞知灼見，在內開送吏部，在外開報督撫，代爲題薦，務令虛公延訪，期得眞才。』『十八年三月，御試博學鴻詞一百四十三人於體仁閣，』『命大學士李霨、杜立德、馮溥，掌院學士葉方藹閱卷進呈。御定一等二十人』，『二等三十八人』旋分別授以侍讀侍講編修檢討之職，『俱令纂修明史』。然明史竟延不就，至雍正二年，世宗復令重修，（公元一七二四）及乾隆四年，（公元一七三九）始告完成。此時有一奇事，卽明史稿本非出於當時濟濟之『博學鴻詞』諸公，乃草創於一介布衣。明史進書表謂，『舊臣王鴻緒之史藁，經名人三十載之用心，進在彤幃，頒來祕閣，首尾略具，事實頗詳，爰卽成編，用爲初稿。』而方苞萬季野墓表，錢大昕萬先生斯同傳，全祖望萬貞文先生傳，皆以爲此王鴻緒明史稿卽大半出於萬斯同之手。據此，則淸代史官修前代史，殊未見其稱職也。

淸代修國史實錄，則成就頗多；其他書史，尤稱繁富。其定國史體例，亦較前代爲美備。

史官記載，苟有未當，亦屢經世主之啓示，及廷臣之公議，雖種族之見未能除，而大體固甚可取也。（可參閱清會典事例翰林院條）

下編

第一章　古代之史學

第一節　史詩之創製

(子)詩經

最初之史，蓋用詩歌體裁以記述。梁啓超氏謂，『古代文字傳寫甚不便，或並文字亦未完具，故其對於過去影事之保存，不恃紀錄而恃記誦；而最便於記誦者則韻語也。』又謂『人類文化漸進之後，其所受之傳說日豐日賾，勢難悉記，思用簡便易誦之法以永其傳；一方面則愛美的觀念日益發達，自有長於史學之人，將傳說之深入人心者，播諸詩歌以應社會之需，於是乎有史詩。』(中國歷史研究法第二章)吾人今觀希臘荷馬所作之易利亞德、奧德賽諸詩，則上古史事之以詩歌紀述，說更足徵。吾國古詩之留傳於今者，以詩經爲最早。詩經中如長發篇之『洪水芒芒，禹敷下土方。外大國是疆。』『有娀方將，帝立子生商。』『玄王桓撥』，『率履不越』。『相士烈烈，海外有截。』『武王載旆，有虔秉鉞。』『韋顧既伐，昆吾夏桀。』玄鳥篇之『天命玄鳥，降而生商。宅殷土芒芒。古帝命武湯，正域彼四方。』殷武篇之『撻彼殷武，奮伐荊楚，冞入其阻。』『昔有成湯，自彼氐羌，莫敢不來享，莫敢不來王。』生民篇之『厥初生民，時維姜源。』『履帝武敏歆，攸介攸止，載震載夙，載生載育，時維后稷。』公劉篇之『篤公劉，匪居匪康。』『迺裹餱糧，于橐于囊。』『干戈戚揚，爰方啓行。』『篤公劉，于豳斯館，涉渭爲亂，取厲取鍛，止基乃理。』六月篇之『六月棲棲，戎車既飭。』『玁狁孔熾，我是用急。』『玁狁匪茹，整居焦穫。侵鎬及方，至於涇陽。』『薄伐玁狁，至於太原。文武吉甫，萬邦爲憲。』崧高篇之『維申及甫，維周之翰。四國于蕃，四方於宣。亹亹申伯，王纘之事，于邑于謝，南國是式。』『申伯信邁，王餞于郿』等，皆以詩歌之體裁，紀當時之史實。詩經中似此者尚多，上述聊舉其一斑。此種史詩，不僅可以證史，其本身實即一最好之史料也。顧頡剛先生古史辨第一冊中，以詩經說史，獲得創闢之見解，即其明證。

(丑)楚辭

詩經爲北方文學，其所述史詩部分，足以代表北方(包含西北)人民對於古代史事之紀述。其在南方，則有楚辭爲之代表。天問一章，亦古代最好之史詩。王逸謂『屈原放逐，憂心愁瘁，彷徨山澤，經歷陵陸，嗟號昊旻，仰天歎息。見楚有先王之廟及公卿祠堂，圖畫天地山川神靈，琦瑋僑佹，及古賢聖怪物行事，周流罷倦，休息其下，仰見圖畫，因書其壁，呵而問之，以渫憤懣，舒瀉愁思。楚人哀屈原，因共論述。』據此，則天問非一人之所作，實爲當日南方民衆對於古史之總紀述，審矣。

天問中所述古代之史實可與正史相印證者，爲數極多。如言堯舜之事績，有『舜閔在家，父何以鱞？堯不姚告，二女何親？』『舜服厥弟，終然爲害，何肆犬豕，而厥身不危敗？』言鯀禹之治水，有『不任汨鴻，師何以尙之？僉曰何憂，何不課而行之？鴟龜曳銜，鯀何聽焉？順欲成功，帝何刑焉？永遏在羽山，夫何三年不施？伯禹腹鯀，何以變化？纂就前緒，遂成考功；何續初繼業，而厥謀不同？』『禹之力獻功，降省下土方，焉得彼嵞山女，而通之於臺桑？』言夏之起滅，有『啓代益作后，卒然離蠥，何啓惟憂，而能拘是達？』『帝降夷羿，革孽夏民。』浞娶純狐，眩妻爰謀，何羿之䠶革，而交吞揆之？』『惟澆在戶，何求於嫂？何少康逐犬，而顚隕厥首？』『覆舟斟尋，何道取之？桀伐蒙山，何所得焉？妹嬉何肆，湯何殛焉？』言商之興廢，有『成湯東巡，有莘爰極，何乞彼小臣，而吉妃是得？』『湯出重泉，夫何辠尤？不勝心伐帝，夫誰使挑之？』『何條放致罰，而黎服大說？』『該秉季德，厥父是臧；胡終弊於有扈，牧夫牛羊？』『有扈牧豎，云何而逢？擊牀先出，其命何從？恆秉季德，焉得夫朴牛？何往營班祿，不但還來？昬微遵迹，有狄不寧，何繁鳥萃棘，負子肆情？』（該秉季德，恆秉季德一節，顧頡剛先生據王靜安氏的硏究，綜合甲骨卜辭山海經及郭注所引竹書紀年幷周易卦爻辭，以斷證此節實紀殷王亥、王恆及上甲微三世之事。原文見古文辨第三册上編。）『彼王紂之躬，孰使亂惑？何惡輔弼，讒諂是服？比干何逆，而抑沈之？雷開何順，而賜封之？何聖人之一德，卒其異方？梅伯受醢，箕子佯狂。』言周之盛衰，有『師望在肆，昌何識？鼓刀揚聲，后何喜？武發殺殷，何所悒？載尸集戰，何所急？』『列擊紂躬，叔旦不嘉。』『昭后成遊，南土爰底？厥利維何？逢彼白雉。穆王巧梅，夫何爲周流？環理天下，夫何索求？妖夫曳衒，何號于市？周幽誰誅，焉得夫褒姒？』則其歷史之價值可見。

吾國古史之眞相，本不可知，在孔子時已感夏殷史實之太少；韓非尤慨然以『明據先王，必定堯舜者，』爲『非愚則誣』。然吾人今日所見之古代史實，則燦然完備，爲孔韓所想像不到者。顧頡剛先生以爲此種古史本層累造成，其始之簡陋，原眞正古史之面目。厥見甚卓。據此，則詩經楚辭中所述之事實，其在未被層累造成之前乎？於以知以詩歌體裁紀載史實，爲初民之通例，蓋無間東西也。

第二節　古史之一斑

（子）尙書與春秋

詩經楚辭中雖紀述古代之史事，然究非眞正之史籍，其能謂爲眞正之史籍，當推尙書與春秋，國語與戰國策。

尙書一書，『事總萬幾』，『義非一揆』，『或設教而馭下，或展禮以事上，或宣威以肅震曜，或敷和以散風雨。』（尙書正義序）自堯舜以來，迄於成周，其典謨訓誥誓命之文，篇數幾何，後世已無能考定。（伏生所傳之經，爲二十八篇，漢志益以泰誓爲二十九篇。劉歆班固謂孔子曾纂書百篇，而爲之序，言其作意。宋蔡沈書集傳則疑其僞。淸康有爲新學僞經考，及崔適史記探原，更考定卽劉歆所僞造。至孔安國所獻孔壁尙書，亦經康崔證斷亦劉歆之僞。）今所傳者，僅東晉梅賾所獻之尙書五十九篇而已。中二十五篇，如大禹謨、五子之歌、胤征、仲虺、湯誥、伊訓、太甲三篇、咸有一德、說命三篇、泰誓三篇、武成、旅獒、微子之命、蔡仲之命、周官、君陳、畢命、君牙、冏命等，自宋吳棫以來，遞有論辨，至淸閻若璩始考定其爲僞，（今謂之僞古文尙書）證據確鑿，灼然可從。（詳見閻若璩古文尙書疏證）其餘三十四篇，如堯典、舜典、皋陶謨、益稷、禹貢、甘誓、湯誓、盤庚三篇、高宗肜日、西伯戡黎、微子、牧誓、洪範、金縢、大誥、康誥、酒誥、梓材、召誥、洛誥、多士、無逸、君奭、多方、立政、顧命、康王之誥、呂刑、文侯之命、費誓、秦誓、書序等（內舜典係自堯典拆出，而堯典經顧頡剛先生考證，斷爲西漢出品。書序一篇，亦經康有爲崔適考定，係劉歆僞作。）所包唐、虞、皋陶、益稷、夏、商、成周之典章辭命，因事成篇，自具首末，足爲後人參究之資。（關於尙書篇目問題，可參閱拙作尙書篇目考。）

此外又有逸周書六十篇，（原爲七十一篇，後亡十一。）亦足以考見當時之典章辭命。其書七略始著錄，隋唐志繫之汲冢，清孫詒讓以爲非是。（見孫著周書斠補自序）朱右曾舉三證以爲『此書雖未必果出文、武、周、召之手，要亦非戰國、秦、漢間人所能僞託。』（見朱著逸周書集訓校釋自序）近人郭沫若著中國社會研究，謂逸周書中史料多有可信。則逸周書之足輔尙書明矣。

春秋本魯史之名，其書曾經孔子之裁定者。（後人頗疑孔子與春秋無關，但予以爲孔子當有裁定其書者。說詳本章第四節。）其所記偏重於祀戎盟會及君臣之婚喪，時令之常變。其書『以事繫日，以日繫月，以月繫時，以時繫年，』（春秋序）爲後世編年史之祖。起於魯隱公元年，（周平王四十九年，公元前七二二。）迄魯哀公十六年，（周敬王四十一年，公元前四七九）凡二百四十二年。自孟子以來，皆以爲孔子褒貶之義存於其間，信者固多，而非之者亦不鮮。然史家之作史，遇有美刺，幾無不自命仿春秋之書法。實則春秋之文字，簡略已甚，王安石所譏爲『斷爛朝報』者，非藉傳以明之，不僅褒貶不可知，即事蹟亦不能曉。傳有三，曰左氏，曰公羊，曰穀梁。左氏傳爲左丘明撰，（康有爲謂左傳出於國語，而國語據司馬遷謂爲左丘所作，非「丘明」也。）其載春秋事蹟之始末，於三傳中最爲詳明博贍。惟自唐以來，輒有人疑其不傳春秋者，及清末而其說尤盛。（唐趙匡以左氏非丘明，謂不傳春秋。宋元諸儒頗有信其說。清劉逢祿左氏春秋考證，更斷言左氏不傳春秋。康有爲新學僞經考，則謂劉歆割截國語爲之，說比劉逢祿爲進。崔適史記探原，春秋復始原本康說，亦多可採。）公羊傳爲公羊壽撰，（此從四庫提要說）穀梁傳爲穀梁赤撰。（穀梁傳亦據後人考證爲漢人所作，詳見崔適春秋復始，張西堂穀梁眞僞考。）公穀二傳，則尠詳事實，僅致力於書法，以發明孔子褒貶之義，頗嫌穿鑿附會之非，然影響後世史家之書法則甚大。

（丑）國語與戰國策

國語一書，據司馬遷定爲左丘之作。（遷有『左丘失明，厥有國語』之言。見史記太史公自序。）其書經劉向之考校，今存者爲二十卷，起『周穆王以來，下訖魯悼智伯之誅。』（韋昭國語解敍）計周語三卷，魯語二卷，齊語一卷，晉語九卷，鄭語一卷，楚語二卷，吳語一卷，越語二卷，蓋一頗完備之古代國別史。左傳相傳，爲左丘明所作，以傳春秋者；惟自唐以來，已有人謂其不傳春秋，清康有爲崔適等更考定左傳卽國語之一部。今按漢書律曆志稱國語爲『春秋外傳』；王充論衡案書篇則以國語爲『左氏之外傳』，謂左氏傳經，詞語尙略，故復選錄國語之詞以實之。』四庫提要亦謂國語『所記之事，與左傳俱迄智伯之亡，時代亦復相合。』（史部雜史類）綜此，則左傳與國語爲一物而兩分，當無疑義。梁啓超氏舉三點以說明左氏書之特色，謂：『第一，不以一國爲中心點，而將當時數個主要的文化國平均敍述；』『第二，其敍述不局於政治，常涉及全社會之各方面；』『第三，其敍事有系統有別裁，確成爲一種「組織體」的著述。』因稱其爲『商周以來史界之革命』，『秦漢以降史界不祧之大宗』，（中國歷史研究法第二章）則國語左傳之價值，可以想見矣。

戰國策不詳作自何人，其書名亦未定，劉向考校之餘，斷爲『戰國時游士輔所用之國爲之策謀』，因名之曰戰國策。『其事繼春秋以後，訖楚漢之起，』凡『二百四十五年』。（劉向戰國序）共三十三篇，『崇文總目稱十一篇者闕』，經曾鞏訪得始復完。（曾鞏戰國策序）計分西周一篇，東周一篇，秦五篇，齊一篇，楚四篇，趙四篇，魏四篇，韓三篇，燕三篇，宋衞一篇，中山一篇。其書之體裁，蓋與國語相似，亦國別史之一種；惟多偏於從橫捭闔之謀爲不同耳。劉勰文心雕龍史傳篇，劉知幾史通六家篇皆以爲其書『錄而不序，故即簡以爲名。』據此，則此書所保藏皆爲當時直接之史料矣。

在國語戰國策之外，尚有一部史書，今日已佚而當日則馨名籍甚者，即世本是。世本與國語戰國策均曾經司馬遷作史記時之參考，而世本尤予史記以最大之影響。梁啓超氏謂，『今據諸書所徵引，知其內容篇目，有帝系，有世家，有傳，有譜，有氏姓篇，有居篇，有作篇。帝系世家及氏姓篇，敍王侯及各貴族之系牒也。傳者，記名人事狀也。譜者，年表之屬，史注所謂旁行斜上之周譜也。居篇，則彙紀王侯國邑之宅都焉。作篇，則紀各事物之起原焉。吾儕但觀其篇目，即可知其書與前史大異者兩點：其一，開後此分析的綜合的研究之端緒；』『其二，特注重於社會的事項。』（中國歷史研究法第二章）據此，則世本在古史中之體制，亦可謂別開生面者矣。（梁氏附注謂世本原書，宋鄭樵王應麟尚見及，其佚當在宋元之交。又清人曾有輯本。）

第三節　紀言紀事體之傳說及其合流

古史在昔，有紀言紀事二體之說。以為『天子玄端而居，動則左史書之，言則右史書之。』（禮記玉藻）漢書藝文志更謂『古之王者，世有史官，君舉必書，所以慎言行昭法式也。左史紀言，右史紀事，事為春秋，言為尙書。』劉知幾深信此說，且舉例以證明之。謂，『桓文作霸，糺合同盟，春秋之時事之大者也，而尙書闕紀。秦師敗績，繆公誡誓，尙書之中言之大者也，而春秋靡錄。此則言事有別，斷可知矣。』（史通載言）然章學誠則不以為然，謂『春秋不能舍傳而空存其事目，則左氏所記之言不啻千萬矣。尙書典謨之篇，紀事而言亦具焉；訓誥之篇，記言而事亦見焉。古人事見於言，言以為事，未嘗分言事為二物也。』（文史通義書敎上）平心論之，劉章所言，皆有所蔽。學誠以尙書言事不分允矣，顧以左氏為傳春秋，因謂『春秋亦未嘗無言』。惟據淸今文家所推斷，則左氏不傳春秋，實劉歆割裂國語而為之，故若卽以『左氏所記之言』可代春秋，於理殊有未安。知幾以『尙書闕紀』桓文霸迹，『春秋靡錄』秦伯誓詞，斷為『言事有別』，則亦知其然而未識其所以然。竊以為我國古代史書，必具有二體，其一為純粹之紀事，以年月為經，以事跡為緯，按時序而書焉，所以備遺忘供考溯也；其一為不純粹之紀事，無時間之限制，有伸縮之自由，或因事以及言，或載言以見事，不關時日，只問篇章，所以垂訓誡昭功烈也。兩者之體用判然兩途，故春秋絕不紀言，而尚書乃言事兩紀。明乎此，則知左史紀言右史紀事之說之不足信，同時亦可知尚書非爲例之不純，（知幾以尚書爲例不純，見史通六家。）而春秋亦無庸以左氏爲之曲解也。

惟史之爲書，不能不顧及時間；時間不僅可以示天時之運行，且可以見人事之演化。春秋紀事，偏重時間，故較之尚書實爲嚴格之史籍。觀劉略班志皆以春秋爲古史之代表，可證。時間旣爲史書之脈絡，而尚書則不受其拘束，雖可昭功烈而未足供考溯，可垂訓誡而不能備遺忘，故不久遂廢而折入於春秋。然春秋僅記事而不紀言，義例太嚴，亦不能盡社會之情相，使人滿意。於是乃有國語世本之書，合春秋尚書而一之，別開體例，斟酌於兩者之間。及司馬遷出，乃恢宏而光大之，冶言事於一爐，而本紀中又儼然存編年之迹，典謨訓誥旣散見於紀傳，貢範誓刑又偏收於書志，至此而尚書春秋之體用，乃見合之雙美而不離之兩傷也。後世史家，尠明此理，知幾知之而未深，故一面謂『左氏爲書，不遵古法，言之與事，同在傳中，然而言事相兼，煩省合理，故使讀者尋繹不倦，覽諷忘疲；』一面乃以史漢『方述一事，得其綱紀，而隔以大篇，分其次序，遂令披閱之者有所懵然。』（史通載言）是不知此直甄擇之未當，採撰之未工耳，而非紀事之體絕不可以紀言也。左氏卽其明證。紀傳史旣匯合尚書春秋兩支流而一之，於是古人理想中之史書，乃得以實現，而史遷亦因此成一家之言，而享受『史界太祖』之名。（梁啓超語）史遷以後，代有繼作，且寖假而成爲史書之正統焉。

第四節　孔子與春秋之關係及春秋之義例

自孟子謂『世衰道微，邪說暴行有作，臣弒其君者有之，子弒其父者有之。孔子懼，作春秋。春秋，天子之事也。是故孔子曰：「知我者其惟春秋乎！罪我者其惟春秋乎！」』之後，於是『孔子作春秋，而亂臣賊子懼；』『筆則筆，削則削，游夏之徒不能贊一辭；』及『一字之褒榮於華袞，一字之貶嚴於斧鉞；』『孔子死而微言絕』一類之言：亙千年而不絕。而褒貶之義乃深中於一般史家之腦。其實孔子有無作春秋，在今日已成為聚訟之問題。平心論之，春秋本魯史之舊稱，當時各國皆有史官以記載事實，孟子所謂『晉之乘，魯之春秋，楚之檮杌；』（孟子離婁）管仲所謂『諸侯之會，其德刑禮義，無國不記；』（左傳僖七年）均可為證。孔子既非史官，自無權以記載當時之史事，是孔子不作春秋也。惟孔子雖不作春秋，而不能與春秋無關係。孔子固嘗贊稱史書之記載，謂『吾猶及史之闕文』；固極提倡『正名』之必要，謂『必也正名乎！名不正，則言不順，』又曰，『君子於其所不知，蓋闕如也。』又曰『述而不作，信而好古，竊比於我老彭。』（孟子何休所引孔子之言，『其事則齊桓晉文，其文則史，其義則丘竊取之矣；』及『吾志在春秋，行在孝經』等此處嫌非直接，不以為據。）春秋為魯史所述，皆本國之故實與國際之時事，足供政治活動者之參考，且因其係官書，紀自史官，必有若干之義例，以見其紀載之用意。故以韓宣子遠道之人，一旦來魯，觀書於太史氏，即對於春秋有甚深之好感。（見左傳昭三年）孔子本魯人，且負有用世之願望，晚年抑鬱不得志，既歎人心之不古，復惜吾道之日非，而春秋一書正中其隱衷，於是觀摩之餘，或加以裁定，以寄其孤懷，以消其塊壘，自在情理之中。吾人今按董狐書趙盾弒其君，孔子稱之爲古之良史；（左傳宣二年）陳恆弒君，孔子沐浴而朝請行討伐；（論語憲問）則可知此老之心性與春秋之關係矣。

然孔子雖與春秋發生關係，惟因孔子非史官，不諳史事，且爲盛贊『史之闕文』及『述而不作』之人，故對於春秋內容似無若何之改正，當仍襲魯史之舊文，裁定云者，當只整齊編錄，間就所知，偶寄一二正名之意而已。故其書每多疏漏，劉知幾史通惑經有嚴密之指摘，即可爲證。因裁定春秋而傳爲『作春秋』，寖假而有『知我罪我』之言，寖假而有『筆削』之義，此則古代傳說演變之通例，無足怪也。

因此之故，吾人在春秋本身，實不易求其義例之所在，尤其褒貶之方式。而後人之豔稱之者，則皆爲春秋傳之發明。紀昀所謂，『苟無事蹟，雖聖人不能作春秋；苟不知其事蹟，雖以聖人讀春秋，不知所以褒貶。儒者好爲大言，動曰舍傳以求經。此其說必不通。其或通者，則必私求諸傳詐稱舍傳云爾。』（四庫提要史部總敍）即可證春秋本身之費解，及春秋與傳之關係。三傳中左傳雖不傳春秋，然當其未經考定不傳之前，固儼然被認爲春秋之一傳。劉知幾尤極稱之。（見史通申左）惟左氏偏於敍事，不重於求義，其專以發明春秋之義者，則公羊與穀梁二傳是已。而穀梁又據後人之考證，謂爲漢人僞作，欲以奪公羊之席，（見崔適春秋復始，張西堂穀梁眞僞考。）則眞正可謂春秋傳者僅公羊已耳。茲以魯隱公元年公羊傳爲例，附以穀梁左氏兩傳以資參較，以見春秋之義例究爲如何，同時亦足以見穀梁左氏所受公羊之影響。

魯隱公元年，（公元前七二二）爲春秋開始之第一年。公羊傳於此短短一年中，卽有甚多之義例發明。春秋：『元年，春，王正月。』公羊傳解之曰：『元年者何？君之始年也。春者何？歲之始也。王者孰謂？謂文王也。曷爲先言王而後言正月？王正月也。何言乎王正月？大一統也。公何以不言卽位？成公意也。何成乎公之意？公將平國而反之桓。曷爲反之桓？桓幼而貴，隱長而卑，其爲尊卑也微，國人莫知，隱長又賢，諸大夫扳隱而立之；隱於是焉而辭立，則未知桓之將必得立也。隱長而賢，何以不宜立？立適以長，不以賢；立子以貴，不以長。桓何以貴？母貴也。母貴則何以貴？子以母貴，母以子貴。』穀梁傳之曰：『雖無事必舉正月，謹始也。公何以不言卽位？成公志也。焉成之？言公之不取爲君也。公之不取爲君，何也？將以讓桓也。讓桓正乎？曰不正。春秋成人之美，不成人之惡，隱不正而成之，何也？將以惡桓也。其惡桓，何也？隱將讓而桓弑之，則桓惡矣。桓弑而隱讓，則隱善矣。善則其不正焉，何也？春秋貴義而不貴惠，信道而不信邪，孝子揚父之美不揚父之惡，先君之欲與桓，非正也，邪也。雖然旣勝其邪心以與隱矣，已探先君之邪志，而遂以與桓，則是成父之惡也。

兄弟天倫也，爲子受之父，爲諸侯受之君，已廢天倫而忘君父，以行小惠，曰小道也。若隱者可謂輕千乘之國，蹈道則未也。』左氏傳解之曰，『元年，春，王周正月，不書卽位，攝也。』

其次，春秋：『三月，公及邾婁儀父盟於眛。』公羊傳解之曰，『及者何？與也。會、及、暨皆與也，曷爲或言會？或言及？或言暨！會猶最也，及猶汲汲也，暨猶暨暨也。及，我欲之；暨，不得已也。儀父者何？邾婁之君也，何以名？字也。曷爲稱字？褒之也。曷爲褒之？爲其與君盟也。爲君盟者衆矣，曷爲獨褒乎此。因其可褒而褒之。此其爲可褒奈何？漸進也。眛者何？地期也。』穀梁傳解之曰，『及者何？內爲志焉爾。儀，字也。父猶傅也，男子之美稱也。其不言邾子，何也？邾之上古微，未爵命於周也。不曰，其盟渝也。眛，地名也。』左氏傳解之曰，『邾子，克也。未王命，故不書爵；曰儀父，貴之也。公攝位而欲求好於邾，故爲蔑（公穀作眛）之盟。』

其次，春秋：『夏五月，鄭伯克段於鄢。』公羊傳解之曰，『克之者何？殺之也。殺之，則曷爲謂之克？大鄭伯之惡也。曷爲大鄭伯之惡？母欲立之，已殺之，如勿與而已矣。段者何？鄭伯之弟也。何以不稱弟？當國也。其地何？當國也。齊人殺無知，何以不地？在內也，在內，雖當國，不地也；不當國，雖在外，亦不地也。』穀梁傳解之曰，『克者何？能也。何能也？能殺也。何以不言殺？見段之有徒衆也。段，鄭伯弟也。何以知其爲弟也？殺世子母弟目君；以其目君，知其爲弟也。段，弟也，而弗謂弟；公子也，而弗謂公子；貶之也。段失子弟之道矣。賤段而甚鄭伯也。何甚乎鄭伯？甚鄭伯之處心積慮成於殺也。於鄢遠也，猶曰取之其母之懷中而殺之云爾，甚之也。然則爲鄭伯者宜奈何？緩追逸賊，親親之道也。』左氏傳解之曰，『段不弟，故不言弟。如二君，故曰克。稱鄭伯，譏失敎也。謂之鄭志。不言出奔，難之也。』

復次，春秋：『秋七月，天王使宰咺來歸惠公仲子之賵。』公羊傳解之曰，『宰者何？官也。咺者何？名也。曷爲以官氏？宰士也。惠公者何？隱之考也。仲子者何？桓之母也。何以不稱夫人？桓未君也。賵者何？喪事有賵。賵者蓋以馬以乘馬束帛。車馬曰賵，貨財曰賻，衣被曰襚。桓未君，則諸侯曷爲來賵之？隱爲桓立，故以桓母之喪告於諸侯。然則何言爾？成公意也。其言來何？不及事也。其言惠公仲子何？兼之；兼之，非禮也。何以不言及仲子？仲子微也。』穀梁傳解之曰，『母以子氏，仲子者何？惠公之母，孝公之妾也。（此與公羊說異）禮賵人之母則可，賵人之妾則不可，君子以其可辭，受之，其志不及事也。賵者何也？乘馬曰賵，衣衾曰襚，貝玉曰含，錢財曰賻。』左氏傳解之曰，『緩，且子氏未薨，（此又與公穀異）故名。天子七月而葬，同軌畢至；諸侯五月，同盟至；大夫三月，同位至；士踰月，外姻至。贈死不及尸，弔生不及哀，豫凶事非禮也。』

復次，春秋：『九月，及宋人盟於宿。』公羊傳解之曰，『孰及之？內之微者也。』穀梁傳解之曰，『及者何？內卑者也。宋人，外卑者也。卑者之盟，不日。宿，邑名也。』左氏傳解之曰，『惠公之季年，敗宋師於黃，公立而求成焉。九月，及宋人盟於宿，始通也。』

復次，春秋：『冬十有二月，祭伯來。公子益師卒。』公羊傳解之曰，『祭伯者何？天子之大夫也。何以不稱使？奔也。奔則曷爲不言奔？王者無外，言奔則有外之辭也。』『卒何以不日？遠也。所見異辭，所聞異辭，所傳聞異辭。』穀梁傳解之曰，『來者來朝也，其弗謂朝，何也？寰內諸侯非有天子之命，不得出會諸侯，不正其外交，故弗與朝也。聘弓鍭矢不出竟場，束脩之肉不行竟中，有至尊者不二之也。』『大夫日卒，正也；不日卒，惡也。』左氏傳解之曰，『非王命也』。『公不與小斂，故不書日。』

在上列短短一年之中，吾人可以考見穀梁左氏頗有模仿公羊之處。就公羊言之，則所謂『義例』者，蓋有九焉。其一，以『王正月』爲『大一統』尊王之義。其二，以『不書卽位』，爲『隱爲桓立』明『立嫡』『立貴』及『子以母貴』之義。其三，以儀父『稱字』爲褒與之義。其四，以『及』『暨』『會』爲自動被動之義。其五，以『克段』爲『大鄭伯之惡』之義。其六，以『咺』上書『宰』，爲卿大夫書官之義；以仲子『不稱夫人』爲『桓未君』有『母以子貴』之義。其七，以『執及之』爲『內微』之義。其八，以『來』爲非『使』之義；以不書『奔』爲『王者無外』之義。其九，以『卒不以日』，明『所見異辭，所聞異辭，所傳聞異辭』之義。卽此一年，而所見之義已有九，若合二百四十二年而計之，則其義當不知若何也。

然吾人一平心論之，則此上列九義，皆不成其爲義。一則周爲天子，魯爲諸侯，諸侯用本國之紀年，奉天子之月日，實爲當時國際之制度，（按漢初各侯國尚各自紀年，甚且以侯國之年紀天子之事。趙翼廿二史劄記卷二考之甚詳，可參證。）無所謂『尊王』，否則『元年』之意又何解焉？二則『隱爲桓立』，說本無稽，『不書卽位』，當爲闕文。此節前人辨之甚多，公羊之說絕不能成立。三則『稱字』爲褒，則稱爵稱名爲貶乎？四則辨自動與被動，殊有望文生義之嫌，且未合於事實。五則以克段爲大鄭伯之惡，亦義所未安。鄭伯克段爲當時大事，春秋聞而載之，無所謂大鄭伯之惡也。六則『書官』與不稱『夫人』，當爲史官記載明順之筆，絕無他義。七則據左氏，則主盟者爲隱公，而『內微』之義亦不能附麗。八則『來』與『使』固不同，而與『奔』亦大異，二者絕不能混作一談。（襄三十年，王子瑕奔晉。昭二十六年冬，尹氏、召伯、毛伯以王子朝奔楚。成十二年春，周公出奔晉。皆言『奔』可證。）則『王者無外』之言，殊覺無的放矢。九則春秋非成於一人，亦非作於孔子，『所傳聞異辭』之義，亦不合事實。綜上所述，則公羊傳或穀梁傳左氏傳所謂之義例，特公羊傳或穀梁傳左氏傳之義例，而非春秋之義例也。

然則春秋果無義例乎？是又不然。彼三傳者皆以經視春秋，而不以史視春秋，故其所謂義例者，非穿鑿附會，卽深文周納，終之不過流於瞎子斷扁之笑語而已。（瞎子斷扁例爲顧頡剛先生引崔述考信錄提要改稱以說詩者，文見古文辨第三册下編。）三傳以後之人，深中三傳之毒，而尠能自拔。（間有利用傳義以託古改制者）故如左氏所謂『春秋之稱，微而顯，志而晦，婉而成章，盡而不汙，懲惡而勸善』之言，尤爲後人所樂道，此皆以經視春秋而不以史視春秋也。吾人以史視春秋，則春秋之義例雖不易尋，然亦可按見其一二。

第一，春秋爲魯史，史之紀載，首重忠實，故『史之闕文』，爲史應有之常事。春秋中有字句遺佚者，皆闕文之義。

第二，魯國爲周公之後，自命爲守禮之國，而『爲尊者諱』，亦禮之一種。此則孔子答陳司敗昭公『知禮』之問，可以爲證。（見論語述而）春秋每諱魯國之惡事，即其隱諱之義之實行。

第三，春秋所注意者，爲天道之運轉，與人事之變化，典禮之舉行，及國際之大事。天道原與歷史無涉，徒以古人心目中以天道與人事息息相關，故星象節候災祥等等，亦爲春秋所記載。此可以明春秋採記之標準。

第四，春秋記國際之大事，除聽聞外，多憑來告之辭而書。故對於國際之事，每多疏誤，而採訪亦多不實。此可見魯史載筆，原無成心，本有聞必錄之旨，爲提綱挈領之書，後世所謂之曲筆直言，都非事實。

第五，春秋包含二百四十二年之事，爲時既久，則史官亦當歷幾代，故其前後文字每多牴悟。此則作風技術見解思想，皆有不同，旣不能識其體例之疏，亦無須爲之彌縫掩護。
第六，孔子與春秋發生關係後，容有『正名』及示誡之義，惟以史蹟太略，史文太簡，而孔子又主張『史之闕文』，故其義亦不易考見。
上列六端，蓋吾人今日以史視春秋，於不易尋求義例之中，而按見其一二，世之學者以爲然乎？

第二章　兩漢之史學

第一節　史漢與紀傳體

（子）史記

紀傳一體，完成於漢代，史記其首作，漢書其繼起也。史記，前漢司馬遷作，褚少孫補。遷之作此書，蓋述其父談之遺志。其書上始黃帝，下訖天漢，（約公元前九七—前二六九七）爲時約二千六百年。凡一百三十卷，計分十二本紀，十表，八書，三十世家，七十列傳，共爲百三十篇。『本紀詳帝王興廢，世家著君國存亡，書贊陰陽禮樂，表定代系年封，列傳備忠臣孝子之誠。』（張守節史記正義序）此種部居，世本雖已開其端，而完成之者，實自遷始。自時厥後，凡紀傳史之作，均無能越出其範圍；雖名目稍有異同，而內容則仍一致。今按其本紀所列可分四類：一五帝、夏、殷、周一代各爲一卷，二秦諸帝分爲二卷，三項羽爲一卷，四漢諸帝人各一卷，而呂太后亦另爲一卷。表所列爲十類：一三代世表，二十二諸侯年表，三六國年表，四秦楚之際月表，五漢興以來諸侯年表，六高祖功臣侯年表，七惠景間侯者年表，八建元以來侯者年表，九建元以來王子侯者年表，十漢興以來將相名臣年表。書所列爲八類，一禮，二樂，三律，四歷，五天官，六封禪，七河渠，八平準。世家所列可分四類：一春秋戰國之諸侯，如齊魯；二漢初之功臣侯，如蕭何曹參；三當時影響社會最深之人物，如孔子陳涉；四對國家有特殊之關係者，如外戚宗族。列傳所列可分二類：一通常而不特標篇目者，此可分爲五：甲割據之羣雄，乙帝室之侯王，丙卿大夫及武人，丁學者及文士，戊藩服及四裔；二特標篇目者，如仲尼弟子、刺客、循吏、儒林、酷吏、游俠、佞幸、滑稽、日者、龜策、貨殖等。篇之前後，多用『太史公曰』以引起下文，或以咏歎上事，爲後之作史者所取法。列傳之末篇爲太史公自序，自述家世及著史之動機與目的，並所持之態度，編制之凡例。後世私家著述之書，多有『自敍』即受遷之影響。此百三十篇，漢書司馬遷傳稱其十篇闕，有錄無書。據張晏注，知所闕者爲景帝紀、武帝紀、禮書、樂書、兵書、漢興以來將相年表、日者列傳、三王世家、龜策列傳、傅靳列傳。此即褚少孫補續之作，後人以別於遷著，而題以『褚先生曰』。然史記非惟有所闕佚，且兼有所竄易。四庫提要據周密齊東野語，焦竑筆乘，王懋竑白田雜著所引以爲證；而康有爲新學僞經考，崔適史記探原，亦曾有較詳之考證。其實『字句竄亂，誠不能無，至其全書，則仍遷原本。』（四庫提要語）則無可疑之事也。卷末附有三皇本紀，爲唐司馬貞所補。

（丑）漢書

漢書，後漢班固撰，其妹班昭續成之。其書起漢高祖元年，（公元前二〇六）迄王莽地皇四年，（公元二二）合二百二十九年。（此以一代始終計，後仿此。）共一百二十卷，計帝紀十二卷，表八，志十，（卽史記之書）列傳七十。（世家併於列傳）其間帝紀除每代皇帝分列外，高后亦另列爲一紀。表分八類：一異姓諸侯王表，二諸侯王表，三王子侯表，四高惠高后孝文功臣表，五景武昭宣元成哀功臣表，六外戚恩澤侯表，七百官公卿表，八古今人物表。志分十類：一律歷，二禮樂，三刑法，四食貨，五郊祀，六天文，七五行，八地理，九溝洫，十藝文。列傳除通常外，其特標篇目者，有宗族、儒林、循吏、酷吏、貨殖、游俠、佞幸、外戚等。篇後各附以贊，卽仿史記篇末『太史公曰』之例。又仿太史公自序之意，作敍傳，述班氏之先德，及編纂之凡例。史記所述，年止漢武，太初巳後，闕而不錄，因而撰續之者甚多，如劉向父子、及馮商、衞衡、揚雄、史岑、梁審、肆仁、晉馮、段肅、金丹、馮衍、韋融、蕭奮、劉恂等皆有述作；（史通古今正史）然多鄙俗，不足以踵繼遷史。班彪有志續爲，未竟而卒，（後漢書班彪傳）及班固乃紹父之業，著爲此書。自永平（明帝年號）受詔撰修，至建初中（章帝年號）告成，惟八表及天文志未就而固於永元四年（公元九二）死獄中；和帝詔固妹昭就東觀藏書踵成之。（後漢書列女傳）司馬遷史記自黃帝以迄天漢，中歷五帝、夏、殷、周、秦，事匪一代，固之漢書以有史記在前，故僅就前漢一朝言之，時短事約，易於編成。於是此斷代爲史之法，遂爲歷代史家所採取，而作爲正史體裁焉。

第二節　紀傳體成立後之二問題

（甲）正史

紀傳體自漢書以後代有作者，相續不斷，離之可見一朝之興廢，合之卽通今古之沿革。系統既明，敍述自專，而正史之說乃起。正史之說定，而史漢之體裁亦藉以尊矣。

正史之名始見於隋書經籍志，略謂『古者天子諸侯，必有國史以紀言行；』『其後陵夷衰亂，史官放絕。』至司馬遷作史記，班固成漢書，『自是世有著述，皆擬班馬，以爲正史。』（隋志正史敍）考其命意，厥有二點：一則以國史爲正史，二則正史之體必仿班馬，蓋至是紀傳體已隱然居正統之地位焉。

然此時正史之名雖立，而正史之額尙未定。故當日凡擬史漢之體而作之史書，皆歸之於正史。如隋書經籍志，舊唐書經籍志及新唐書藝文志，所列正史之目，至於數十，卽可爲證。自宋以來，始有刊定正史額數之舉。紀昀所謂『至宋而定著十有七；明刊監本，合宋、遼、金、元四史爲二十有一。皇上欽定明史，又詔增舊唐書爲二十有三；近蒐羅四庫，薛居正舊五代史得裒集成編，與歐陽書並列，共爲二十有四。』（四庫提要史部正史類敍）則正史定額之沿革可見。紀昀又謂『凡未經宸斷者，則悉不濫登。蓋正史體尊，義與經配，非懸諸令典，莫敢私增，所由與稗官野史異也。』（見同上）則正史之地位益明。民國十一年，北京政府又公佈柯紹忞新元史一種，至是坊間乃有二十五史之名。

正史之範圍，僅限紀傳，而不及編年，劉知幾殊不以爲然。其著史通也，分敍六家，統歸二體，於古今正史一篇，卽以春秋與史漢等書並列，對編年紀傳一視同仁，其見甚卓。然編年之不列爲正史，亦自有故。紀昀以爲『班馬舊裁，歷朝繼作，編年一體，則或有或無，不能使時代相續，故姑置焉，無他義也。』（史部編年類敍）解釋既明，語亦中肯。

正史之說既定，於是凡被列爲正史之書，皆一躍而登特殊之地位。正史內容編制，若以首創之史記言之，則爲本紀、世家 列傳 表 志五者。漢書併世家於列傳，自是紀傳四志四者，成爲一般正史之體制。（晉書以下間有載記之目，則仿世家之例。）惟紀傳易爲，而表志難作，（此據江淹語）故二十五史中頗有全無表志者，而有而不全者亦不少；至有志無表者更多。後世史家以正史表志之未備，輒加以補作，精詳處或突過前人。觀二十五史補編，卽知補史諸家之功力爲不淺矣。

（乙）通史與斷代史

紀傳體在前漢有司馬遷之史記，在後漢有班固之漢書。史記上起黃帝下迄天漢，漢書則自漢興而至於漢亡，二者斷限不同，無形中成爲通史斷代史之兩家。其後梁武帝詔吳均作通史六百二十卷，以繼史記，惟不久卽已散佚。宋鄭樵奮然以繼武史遷自命，其通志二百卷，卽用史記之體以總述歷代之事。然通志紀傳惟『刪略諸史稍有移掇，大抵因仍舊目，爲例不純；』其表略亦諸多疎舛，殊不能副其所言。至漢書之後，則作者相續，累世不斷，一朝纂履，代有成書。於是通史斷代史之爭議益烈。劉知幾深美班固，謂『其包舉一代，撰成一書，學者尋討，易爲其功。』（史通六家）鄭樵則極斥之，謂『善學司馬遷者莫如班彪；彪續遷書，自孝武至於後漢，欲令後人之續己，如己之續遷，既無衍文，又無絕緒。』『固爲彪之子，不能傳其業，』『斷代爲史，無復相因之格，』『會通之道，自此失矣。』（通志總序）章學誠雖不薄班書，然亦力主通史。其文史通義釋通篇，謂通史之修，其便有六，其長有二。申鄭篇盛贊鄭樵之通志，以爲『獨取三千年來遺文故册，運以別識心裁，蓋承通史家風而自爲經緯成一家言者也。』沿至今日，此議猶在。梁啓超何炳松諸氏，亦提倡通史。梁說見於中國歷史研究法，惟恢張鄭說，尠所發明。何說見於通史新義，對通史有新闢之見解。平心論之，史記漢書體制相同，惟斷限有異，此則時代使然，非關學力。史記之前無斷代完備之史，故史記不能不上起於黃帝；漢書既有史記，自無妨就一代之始終而加以纂輯。二書皆負有時代之使命，有莫之爲而爲之者。通史斷代之體裁云云，馬班殊無意屑屑於此也。漢書以後，代有述作，無不以漢書之斷限爲法，則其故益可知矣。

鄭樵列舉斷代史之弊，以爲『遷法既失，固弊日深。』（說詳本書下編第七章鄭樵）梁啓超氏和之，且謂『雖以私淑孔子自命維持名教之歐陽修，其新五代史開章明義第一句，亦不能不對於積年劇盜朱溫其人者，大書特書稱爲「太祖神武元聖孝皇帝」也。』因從而斷之曰，『斷代史之根本謬誤在此』。是不知此乃史家之態度問題，而非史書之體裁問題也。蓋吾國一般史家自漢以來，腦中漸充滿正統僭竊及帝運相承（其源起於五德三統說詳見本章第五節）之觀念，重以入主出奴之見又爲『本朝臣子義所應爾』故雖卽以通史之體裁，記前朝之事實，亦不能不有所揚抑，其勢然也，於斷代史又何尤焉。

今者民國成立，苟洪憲之民賊不再見，則天下爲公，無一姓廢興之事，於是上可以結斷代史之局，下可以開通史之端；而過去公正通史之纂修，亦爲當代史家應有之工作。梁何兩君皆提倡通史者，今梁君下世，何君之責又加重矣。

第三節　司馬遷與班固

（甲）司馬遷

司馬遷與班固在吾國史學界之名望與地位，幾於家喻戶曉。玆請略述其關於史學著作之情況，以見一斑。

司馬遷字子長，以漢景帝五年（公元前一五二）生於龍門，（在今山西河津陝西韓城之間）卒年無可考，當在漢武帝之末。（見王國維所著太史公繫年考略）『司馬氏世典周史』，其後『去周適晉，分散，或在衞，或在趙，或在秦，』遷蓋爲在秦之一系。遷父談。『談爲太史公』『學天官於唐都，受易於楊何，習道論於黃子。對六家之旨有深切之論斷。及卒，執遷手而泣，』以纂載史記爲囑。談『卒三年，而遷爲太史令。』此遷之家學淵源也。

遷幼『耕牧河山之陽，年十歲而誦古文，二十而南遊江淮，上會稽，探禹穴，闚九疑，浮於沅湘，北涉汶泗，講學齊魯之都，觀孔子之遺風，鄉射鄒嶧，厄困鄱薛彭城，過梁楚以歸。』又嘗『奉使西征巴蜀以南，南略邛筰昆明。』此遷史學之修養也。

遷旣嗣父職，乃『紬史記石室金匱之書』，『論次其文』，欲以上繼孔子，有『自周公卒五百歲而有孔子，孔子卒後至於今五百年，有能紹明世，正易傳，繼春秋，本詩、書、禮、樂之際，意在斯乎！意在斯乎！小子何敢讓焉』之語。書未成，而遷『遭李陵之禍』，（事在天漢三年，公元前九八。）受腐刑之辱，發憤自傷，以爲『昔西伯拘羑里演周易；孔子厄陳蔡作春秋；屈原放逐著離騷；左丘失明，厥有國語；孫子臏脚，而論兵法；不韋遷蜀，世傳呂覽；韓非囚秦，說難孤憤；詩三百篇大抵賢聖發憤之所爲作也：此人皆意有所鬱結不得通其道也，故述往事思來者。於是卒述陶唐，至於麟止。』（集解引張晏謂武帝獲麟，遷以爲述事之瑞。今按漢書武帝紀太始元年有『往者朕郊見上帝西登隴首獲白麟以饋宗廟』等語，當卽遷之所指。）此遷作史記之原因也。（以上均見史記太史公自序，漢書司馬遷傳載遷報任安書可以互參。）

上繼孔子之春秋，下發一己之憤鬱，旣爲遷作史記之兩原因，故遷對作史之態度，亦分兩面：其一，爲『協厥六經異傳，整齊百家雜語，』究『天人之際』，『協古今之變』，欲以

「成一家之言」。其義發之於本紀表書世家列傳之總體，所謂「王迹所興，原始察終，見盛觀衰，論考之行事，略推三代錄秦漢上記軒轅，下至於茲，著十二本紀。」「並時異世，年差不明，作十表。禮樂損益，律曆改易，兵權山川鬼神天人之際，承敝通變，作八書。二十八宿環北辰，三十輻共一轂，運行無窮，輔拂股肱之臣配焉。忠信行道以奉主上，作三十世家。扶義俶儻，不令已失時，立功名於天下，作七十列傳。」（見同上）則遷所以計劃其書，以蘄「成一家之言」之意可見。其二，爲受環境之刺激，察社會之風漸，欲以著時代之特徵，表作者之微尚，其意見之於列傳第一篇之伯夷列傳及最後篇之貨殖列傳。伯夷列傳所謂「或曰天道無親，常與善人，若伯夷叔齊可謂善人者非耶？積仁絜行如此而餓死。且七十子之徒，仲尼獨薦顏淵爲好學，然回也屢空，糟糠不厭，而卒早夭。天之報施善人其何如哉！盜跖日殺不辜，肝人之肉，暴戾恣睢，聚黨數千人，橫行天下，竟以壽終，是遵何德哉？此其尤大彰明較著者也。若至近世，操行不軌，專犯忌諱，而終身逸樂，富厚累世不絕；或擇地而蹈之，時然後出言，行不由徑，非公正不發憤，而遇禍災者不可勝數也。余甚惑焉，儻所謂天道是邪非邪？」「君子疾沒世而名不稱焉」，「伯夷叔齊雖賢得夫子，而名益彰，顏淵雖篤學附驥尾而行益顯，巖穴之士趨舍有時，若此類名湮沒而不稱，悲夫！閭巷之人，欲砥行立名者，非附青雲之士，惡能施於後世哉！」則感憤自傷與牢騷抑鬱之意溢於言表，而作者之微尚亦可藉而見。至貨殖列傳所謂「詩書所述，虞夏以來，耳目欲極聲色之好，口欲窮芻豢之味，身安逸樂而心誇矜勢能之榮，使俗之漸民久矣。雖戶說以眇論，終不能化。故善者因之，其次教誨之，其次整齊之，最下者與之爭。』凡『人民所喜好謠俗被服飲食奉生送死之具』，『皆待農而食之，虞而出之，工而成之，商而通之，此寧有政教發徵期會哉！人各任其能，竭其力，以得所欲，故物賤之徵貴，貴之徵賤，各勸其業樂其事，若水之趨下，日夜無休時，不召而自來，不求而民出之，豈非道之所符而自然之驗耶？』『故曰，倉廩實而知禮節，衣食足而知榮辱，禮生於有而廢於無，故君子富好行其德，小人富以適其力，淵深而魚生之，山深而獸往之，人富而仁義附焉。』『天下熙熙皆爲利來，天下攘攘皆爲利往。』則着眼當時社會經濟之情形，以著時代之特徵。卓見巨識，『爲世宗師』，誠可謂『擅制作之規模』矣。

（乙）班固

班固字孟堅，生於後漢光武建武八年，（公元三二）卒於和帝永元四年。（公元九二）曾祖『況成帝時爲越騎校尉』。祖『稚哀帝時爲廣平太守』。父彪字叔皮，後漢初名士，『家有賜書，內足於財，好古之士自遠方至，父黨揚子雲以下，莫不造門。』（漢書敘傳）故彪父子家庭中，輒充溢學術之空氣。『彪才高而好述作，遂專心史籍之間。』武帝時司馬遷著史記，自太初以後闕而不錄，』『彪乃繼採前史遺事，傍貫異聞，作後傳數十篇。』（後漢書班彪傳）

班固年九歲，即『能屬文誦詩賦，及長遂博貫載籍，九流百家之言無不窮究。』『彪卒，固歸鄉里，以彪所續前史未詳，乃潛精研思，欲就其業。旣而有人上書顯宗，告固私改作國史者，有詔下郡收固繫京兆獄。』固弟超馳詣闕上書爲固辯白，顯宗乃使固終成前所著書。固遂『採撰前紀，綴集所聞，以爲漢書，起元高祖，終於孝平王莽之誅。』『自永平中始受詔，潛精積思，二十餘年，至建初中乃成，』（後漢書班固傳）惟八表及天文志未就。永元四年，固死獄中。後和帝乃詔固妹昭就東觀藏書踵成之。（後漢書列女傳）

班固父子對於史實之觀察見解，與司馬遷顯有不同。司馬遷雖感傷身世，語多憤鬱，然頗能認識時代之特徵。班固父子則不然。其論史記，謂『採經摭傳，分散百家之事，甚多疏略，不如其本；務欲以多聞廣載爲功，論義淺而不篤。論術學則崇黃老而薄五經，序貨殖則輕仁義而羞貧窮，道游俠則賤守節，而貴俗功。』（後漢書班彪傳）持論如此，於是班固於漢書貨殖列傳遂有『周室衰，禮法墮，諸侯刻桷丹楹，大夫山節藻棁，八佾舞於庭，雍徹於堂，其流至於士庶人莫不離制而棄本，稼穡之民少，商旅之民多，穀不足而貨有餘；陵夷至乎桓文之後，禮誼大壞，上下相冒，國異政，家殊俗，耆欲不制，僭差亡極。』『富者木土被文錦，犬馬餘肉粟，而貧者短褐不完，哈菽飲水。其爲編戶齊民同列，而以財力相君，雖爲僕虜猶亡慍色。』『其教自上興，繇法度之無限也。』是不知商業發達爲當日時代潮流之所趨，而顧欲以禮法爲遏制之具，較之司馬遷之『善者因之，其次教誨之』之說，其識見之差別，當不僅上下床之分矣。

司馬遷盛贊游俠，至謂『何知仁義，已嚮其利者爲有德。故伯夷醜周，餓死首陽山，而文武不以其故貶王；跖蹻暴戾，其徒誦義無窮。由此觀之，竊鉤者誅，竊國者侯，侯之門仁義存，非虛言也。』（史記游俠列傳）而班固亦力詆之，以爲『以匹夫之細，竊殺生之權，其辠已不容於誅矣。觀其溫良泛愛，振窮周急，謙退不伐，亦皆有絕異之姿，惜乎不入於道德，苟放縱於末流，殺身亡宗，非不幸也。』『非明王在上，視之以好惡，齊之以禮法，民曷繇知禁而反正乎？』（漢書游俠列傳）亦以禮法爲禁止游俠之道，不復知游俠產生之社會原因，殊未爲得。

其尤謬陋者，爲班固父子以司馬遷此種見解爲『大蔽傷道，所以遇極刑之咎。』（班彪傳）審若是，則班固匡正史遷宜可以無禍矣，而又何以竟死獄中耶？

第四節　疑古風氣之初開及其影響

自子貢有『紂之不善不如是之甚也』，（論語子張）孟子有『盡信書則不如無書，吾於武成取二三策而已』（孟子盡心章）之言，而疑古之端以啓。韓非不滿儒墨之託古改制，謂『孔子墨子俱道堯舜而取捨不同，皆自謂眞堯舜，堯舜不復生，將誰使定儒墨之誠乎？』『不能定儒墨之眞，今乃欲審堯舜之道於三千年之前，意者其不可必乎？無參證而必之者，愚也；弗能必而據之者，誣也。故明據先王必定堯舜者，非愚卽誣也。』（韓非子顯學）以愚誣爲不能懷疑之故，則疑古之精神，已非時人所可及。

司馬遷作史記，起自黃帝，不從荒遠無稽之說。其五帝本紀以爲『百家言黃帝其文不雅馴，搢紳先生難言之。』因據其少日之行蹤，參以軼說，加以論次，擇其言尤雅者著爲本紀。『自謂非好學深思，心知其意，固難爲淺見寡聞道也。』則其疑愼之態度可見。

劉歆欲立左氏傳及古文尙書等於學官，諸儒疑不肯從，歆因移書責讓之，『其言甚切，諸儒皆怨恨。是時名儒光祿大夫龔勝以歆移書，上疏深自罪責，願乞骸骨罷。及儒者師丹爲大司空，亦大怒，謂歆改亂舊章，非毀先帝所立。』（漢書楚元王傳末）及歆佐王莽篡漢封爵嘉新公後，故左將軍公孫祿尙言『國師嘉新公顚倒五經，毀師法，令學士疑惑；』『宜誅此數子以慰天下。』（漢書王莽傳）諸儒之反對劉歆，雖不能無『黨同門妬道眞』之處，然其對左氏傳及古文尙書之不信任，則爲灼然之事實。龔勝師丹皆當時之名儒，其怒歆當非爲靳惜多立一二區區博士位置之故，其必有見左氏傳等來歷之不明，因懷疑而愼重，而排斥，亦顯而易見。

後漢之初，班彪父子作後漢書，頗疑史記之非聖無法。謂其『先黃老而後六經，退處士而進姦雄。』吾人於此，可知疑古風氣在此時已有相當之開展。其後王充著論衡以譏評今古事蹟，對於古書之虛誕，尤有嚴密之指摘。謂『世信虛妄之書，以爲載於竹帛上者皆賢聖所傳，無不然之事，故信而是之，諷而讀之。睹眞實之傳與虛妄之書相違，則併謂短書不可信用。』『夫世間傳書，諸子之語，多欲立奇造異，作驚目之論以駭世俗之人，爲譎詭之書以著殊異之名。』又謂『言語之次，空生虛妄之美；功名之下，常有非實之加。』因列舉諸例以證之。（論衡書虛篇）剖析鋒芒，有益於史學者匪尠。

經書爲吾國人所崇奉，認爲聖人王道之所寄者，王充亦疑其多所增溢，頗有不可信者。謂『世俗所患，患言事增其實，著文垂辭，辭出溢其眞，稱美過其善，進惡沒其罪。何則？俗人好奇，不奇，言不用也。故譽人不增其美，則聞者不快其意；毀人不益其惡，則聽者不愜於心。聞一增而爲十，見百益而爲千，使乎純樸之事十剖百判，審然之語千反萬畔。墨子哭於練絲，楊子哭於歧道。蓋傷失本悲離其實也。蜚流之言，百傳之語，出小人之口，馳閭巷之間，其猶是也。』『經藝萬世不易，猶或出溢，增過其實。』今『略舉較著，令悅感之人，觀覽採擇，得以開心通意，曉解覺悟。』（藝增篇）因亦歷舉諸例，以見增溢之事，視孟子之疑武成爲加詳加密，疑古能力之進步，又非前人之所得及矣。

論衡又有譏評孔孟之作，（見問孔刺孟兩篇）雖所指多偏於孔孟之語言行止，無與於史學，然而疑及聖人，則膽識亦自可觀。唐劉知幾史通惑經實受其影響。至論衡中之儒增語增諸篇，尋章摘句，實開後人考據之先河。蓋兩漢初開之疑古風氣，至王充遂儼然有承先啓後之意矣。

唐代以後，史評之盛張，推其根因，則出於闕疑辨妄之態度，而兩漢初開之疑古風氣實爲其胚胎。故本節特略述其情形，以見其事之影響焉。

第五節　五德三統說下之歷史觀及其影響

（甲）五德三統說之起源

尚書中有五行之說。甘誓謂『有扈氏威侮五行，怠棄三正。』洪範謂『我聞在昔，鯀堙洪水，汩陳其五行。』『五行，一曰水，二曰火，三曰木，四曰金，五曰土。』甘誓與洪範之年代，今日雖有人懷疑爲戰國作品，（顧頡剛先生疑甘誓，劉節疑洪範）然吾人證以墨子經下及經說下之『五行毋常勝，說在宜。五：合水土火，火離然。火鑠金，火多也。金靡炭，金多也。合之府水，木離木。』及荀子非十二子篇之『案往舊造說，謂之五行，甚僻違而無類，幽隱而無說，閉約而無解；案飾其辭而祇敬之曰，此眞君子之言也。』則可斷定五行說在戰國已爲凝固之學說，其起源必遠在戰國之前，已無疑義。左傳雖不傳春秋，然固國語之一部，昭二十五年，鄭子太叔與晉趙簡子言，有『吉也聞諸先大夫子產曰，天地之經而民實則之，』『用其五行，氣爲五味，發爲五色，章爲五聲。』亦益可證五行說之不自戰國始。

至五行說之與歷史發生關係者，則當首推鄒衍。史記孟子荀卿列傳謂『鄒衍乃深觀陰陽消息，而作迂怪之變終始大聖之篇十餘萬言。』『稱引天地剖判以來，五德轉移，治各有宜，而符應若茲。』於是漢人受其影響，大唱五德相勝相生之說，妄定古來帝運之系統，流波所及，亙二千年而未已。

繼五德之說而亦與帝運有關者，有三統說。其說起於董仲舒，略謂『王者改制作科奈何？曰當十二色，歷各法而正色，逆數三而復，絀三之前曰五帝，帝迭首一色，須數五帝相復。禮樂各以其法象其宜，順數四而相復。咸作國號，遷宮邑，易官名，制禮作樂。』（春秋繁露三代改制質文）以朝代之遞嬗歸之於白赤黑三統之循環，與五德說之五德轉移，計算法雖不同，而根本之思想則一。藉此可見三統說蓋欲於五德說之外別樹一幟者。

（乙）五德三統說下之歷史觀

自鄒衍五德轉移之說起，秦始皇帝卽從齊人之言，『推終始五德之傳，以爲周得火德，秦代周，德從所不勝，方今水德之始。』因而更改制度，實行五德之學說。漢高祖以流氓得天下，一切建置未遑，故初年『亦自以爲獲水德之瑞』，『立黑帝祠，命曰北畤，』『襲秦正朔服色』。（見史記曆書及封禪書）漢文帝時，公孫臣賈誼先後上書，請改制。謂秦爲水德，漢代秦，當爲土德。（見史記賈生列傳）惟其說被阻。漢武帝好大喜功，於是土德之說又起。而改制易服之事，終見於實行。漢書郊祀志贊所謂『張蒼據水德，公孫臣賈誼更以爲土德，卒不能明，孝武之世，文章爲盛，太初改制，而兒寬司馬遷等猶從臣誼之言，服色度數，遂順黃色。彼以五德之傳，從所不勝，秦在水德，故謂漢據土德而克之。』是也。

漢由水德而定爲土德，經見諸法典，成爲事實矣。然及西漢末，則土德之說又被推翻。劉歆作三統歷，引世經以說明五德終始之運。略謂『太昊帝德始於木』。『共工氏雖有水德，在火木之間，非其序也。』『炎帝以火承木』。『黃帝火生土，故爲土德。』『少昊帝土生金，故爲金德。」『顓頊帝金生水，故爲水德。』『帝嚳水生木，故爲木德。』『唐帝木生火，故爲火德。』『虞帝火生土，故爲土德。』『伯禹土生金，故爲金德。』『成湯金生水，故爲水德。』『武王水生木，故爲木德。』『漢高祖皇帝代秦繼周，木生火，故爲火德。』則以秦爲不足數，以漢逕繼成周，作爲火德，不從張蒼水德賈誼土德之說，影響所及，自皇甫謐帝王世紀至吳承權綱鑑易知錄，對古帝之世運，無不採三統曆之序法，其勢力亦可謂大矣。（顧頡剛先生有五德三統說下之政治與歷史，敍述甚詳，請參閱。）

（丙）五德三統說對於史學之影響

此五德三統之說，雖其本身非史學，而僅爲一種政治之策略，然其影響史學者則甚大。綜其宏綱，約有三點：

第一，感天受命說之盛行。自五德三統之說行，凡創業之帝王，無不感天而生，受命而王。履武呑卵無論已，而劉邦之孕，劉媼有雷電晦明大陂龍交之感；劉秀之生，室中有赤光之照，縣界有嘉禾之瑞。自是以後，開基之君，幾無不有類似此種之傳說，且輒見之於正史之記載。其甚者，歷史上所認爲流芳百世之賢忠與遺臭萬年之奸雄，亦多有上述之徵兆。此感天之說也。龍師火帝鳥官人皇無論已，而劉邦起兵有斬蛇之事，即位有五星聚井之祥；劉秀聚義有火光屬天之瑞，即位有赤伏符之應。自是以後，開基之君亦幾無不有此類之記載。此受命之說也。

第二，禨祥災異之重視。春秋對天時之常變已深加注意，及五德三統之說行，而禨祥災異更起時人之重視，認爲天時人事無一非息息相關者。其甚者，則日蝕而宰臣自殺，牛喘而宰臣惶惑，如斯之事，不勝枚舉。雖具戒懼之意，實多滑稽之行。史家尠明此理，從而記載之，或更加以附會，視爲當然。吾人今觀漢書五行志，覺其連篇累牘，不出禨祥災異之辭，深覺五德三統說勢力之廣大。二千年來，影響所及，普遍於朝野上下，其惡果不僅使史家歷史觀囿於命定之說，而科學之不發達，亦其一也。

第三，正統僭僞之妄爭，三統曆以漢爲火德，欲以上繼成周之木德，竟不憚推翻嬴秦一代之系統。此種任意序列帝王之世運，實開三國以來正統僭僞之紛爭。史家見解既有所蔽，斯記載亦不得其平。陳壽三國志以魏承漢統，卽啓後人之非議。習鑿齒漢晉春秋因反其說，而以蜀爲正。司馬光資治通鑑書『蜀入寇』，而朱熹綱目改爲『丞相伐魏』。此種妄爭，代所恆有。雖其動機，每出於史家時代之需要，（如陳壽帝魏爲晉之代魏，習鑿齒朱熹皆因東晉南宋偏安一偶，情勢有同於蜀漢，司馬光以宋周禪讓，無異漢魏之授受等是。）惟其內在根因，則實受五德三統說之影響。此吾人不可不知者也。（本段請參閱下章第四節）

第三章　三國兩晉南北朝之史學

第一節　前代史之續修與本朝史之編纂

（甲）前代史之續修

後漢以降迄於南北朝，前代史之續修，不下數十家，其詳將於下節述之。茲就當日之勒成定書而爲今日通行之正史者言之，依作家之先後，則有晉陳壽之三國志，宋范曄之後漢書，南齊沈約之宋書，梁蕭子顯之南齊書，北齊魏收之魏書等五史。錄其內容於下，以見一斑：

（子）三國志

三國志，晉陳壽撰，宋裴松之注。其書起自後漢之末，迄於吳亡，（約公元一六八至二八〇）約一百十餘年。凡魏志三十卷，蜀志十五卷，吳志二十卷，共六十五卷。內容僅有本紀與列傳而無表志，殊非完璧。本紀分帝紀與后妃，（吳志孫權等不稱「主」，而孫權夫人等亦不稱「后」。）列傳除宗室、二牧、方伎外，無有特標篇目者。裴松之注此書，雖『爲例不純，頗傷蕪雜，』然『網羅繁富，凡六朝舊籍今所不傳者，尙一一見其厓略。』（四庫提要史部正史類）在陳壽之前，著三國史書者頗不乏人，如王沈之魏書，韋曜之吳書等是。陳壽此書當卽

王韋之作而撰成；及壽卒，其書始顯於世，蓋與史記同一運遇焉。（詳史通古今正史）

（丑）後漢書

後漢書，宋范曄著，梁劉昭補志，唐李賢注。其書起光武元年，（公元二五）迄獻帝建安二十五年，（公元二二〇）合一百九十五年。凡一百二十卷，分帝后紀十，志三十，列傳八十。志未成，而范曄死，至梁劉昭乃取司馬彪所作之志加注而補成之。（此從陳振孫書錄解題說，四庫提要主之。劉昭自序雖有『迺借舊志注以補之』之言，但未提及卽爲彪作。）史記前漢書僅有帝紀，（呂后因臨朝執政已被認爲帝）後漢書乃增入后紀。（三國志所分極爲含混）志分八類：一律曆，二禮儀，三祭祀，四天文，五五行，六郡國，七百官，八輿服。列傳除通常外，其特標篇目者，有黨錮、循吏、酷吏、宦者、儒林、文苑、獨行、方術、逸民、列女等。案後漢史自後漢時已有撰修之者，如劉珍、李充等之東觀記，邊韶、崔實等之漢紀，馬日磾、蔡邕等之東觀漢紀是。三國時，吳謝承作漢書；及晉，薛瑩作後漢紀，司馬彪作續漢書，華嶠刪定東觀記爲漢後書，謝沈與袁山松亦各作後漢書。至曄乃益集諸家，勒成定書，以傳於今。（見後漢書景佑刊正劄子）

（寅）宋書

宋書，齊沈約撰。齊武帝永明中，（公元四八三—四九三）沈約奉詔爲是書，以何承天、山謙之、蘇寶生、徐爰諸家之書爲原本，而合併損益之。（郡齋讀書記及書錄解題）起元興末舉義，迄昇明亡國，（約公元四〇四—四七九）凡七十餘年。全書一百卷，計帝紀十，志三十，列傳六十。志分八類：一律曆，（此從四庫提要說）二禮，三樂，四天文，五五行，六符瑞，七州郡，八百官。列傳除通常外，其特標篇目者，有后妃、宗室、孝義、良吏、隱逸、恩倖、二凶、夷蠻等；又有索虜傳以敍北魏，此則入主出奴之見，勢限之也。卷末有自序，爲沈約自述家世及撰修此書之經過。

（卯）南齊書

南齊書，梁蕭子顯撰。初江淹已著十志，沈約又有齊紀之作，子顯自表別修，（見郡齋讀書記）以見異於江沈。全書卷帙，據梁書及南史子顯本傳，俱作六十卷，今所存者僅五十九卷，其所亡之一卷，當係敍傳，（此從四庫提要說）故自唐以來鮮知其有闕佚焉。（史通已言其爲五十九卷，不及其闕佚。）計紀八，志十一，列傳四十。志分八類：一禮，二樂，三天文，四州郡，五百官，六輿服，七祥瑞，八五行。列傳除通常外，其特標篇目者，有皇后、宗室、文學、良政、高逸、孝義、倖臣等。又有魏虜傳以敍北魏，則亦同宋書之有索虜。所經時間，起於齊高帝建元元年，（公元四七九）迄於和帝中興二年，（公元五〇二）凡二十四年。

（辰）魏書

魏書，北齊魏收撰。初魏崔浩奉命撰國書，務從實錄，怨者衆多，浩竟坐此夷三族；（魏書崔浩傳）自是厥後，作者雖多，都無成就。齊天保二年，（公元五五一）敕魏收勒成此書，更令辛元植刁柔等助其編次。收志在直筆，故書方成而衆口讙然，抗議蠭起。（見北齊書魏收傳）其後隋魏澹，唐張太素撰魏書，今皆不傳。四庫提要列舉謗者之言而加以辨正，謂『未甚遠於是非』；且以『收書終列於正史』，有『恩怨併盡而後是非乃明』之論。千載諍言，爲之一洗。全書一百三十卷，計帝紀十四，列傳九十六，志二十。惟其卷帙間有闕佚與不全，宋范祖禹等乃雜採魏澹魏書李延壽北史補綴成之。（此據四庫提要說）其書上自魏道武帝登國元年，（公元三六八）迄孝靜帝武定八年，（公元五五〇）凡一百八十三年。道武帝紀之前，先列述有魏一代之祖先；而自出帝以後，於西魏之文帝、廢帝、恭帝，則不爲之立紀，（孝武帝——卽出帝——入關後事實亦不載；文帝寶炬則附見於京兆王愉傳下寥寥數語，且謂其僭號。）此蓋以北齊上接東魏之統，收爲齊臣，故以西魏爲僭竊也。（隋文帝命魏澹所撰之魏書，則以西魏爲正，東魏爲僭，此因隋繼北周之統之故。其書今不傳。——見魏書目錄）列傳除通常外，其特標篇目者，有后妃、外戚、儒林、文苑、孝感、節義、良吏、逸士、術藝、列女、恩倖、閹宦。其雖非特標篇目，而於其姓氏之上冠以異名而表主奴之見如宋書之索虜者，如以東晉爲『僭晉』，宋、齊、梁爲『島夷』，前涼張茂等爲『私署』，是也。志可分十類：一天象，二地形，三律曆，四禮，五樂，六食貨，七刑罰，八靈徵，九官氏，十釋老。

（乙）本朝史之編纂

所謂本朝史者，係本朝人所編　之本朝史書之謂。其起源甚遠。古者天子諸侯必有國史以紀言行，晉之乘，魯之春秋，楚之檮杌，卽爲本朝人紀述本朝史最早之實例。史記一書，述及漢高以下事蹟，當爲本朝人編纂本朝史實以爲史書者之祖。後漢明帝命班固與陳宗、尹敏、孟異共作世祖本紀幷撰功臣及新市平林公孫述事作列傳載記二十八篇，此當爲後世帝王命朝臣正式修實錄國史者之祖。統計兩漢時代，本朝人編纂本朝史者爲數頗多，雖無若何之大成就，然裨益後代人之修前代史者則不尠。（可參閱史通古今正史）

三國兩晉南北朝爲私家著述最盛時期，故本朝史之編纂，在此期中亦相當努力。魏黃初太和中，（公元二二〇—二三二）衛顗奉勅草創紀傳，累載不成。又命韋誕、應璩、王沈、阮籍、孫該、傅玄等復共撰定。其後王沈獨就其業，勒成魏書四十四卷；『其書多爲時諱，殊非實錄。』又有魚豢私撰魏略，事止明帝。吳大帝之季年，始命丁孚項峻撰吳書，至少帝時更詔韋曜、周昭、薛瑩、梁廣、華覈，訪求往事，相與記述。當歸命侯時，昭廣先亡，曜瑩徙黜，史官久闕，書遂無聞；覈表請召曜瑩續成國史。其後曜獨終其書，定爲五十五卷。『蜀不置史，注記無官，是以行事多遺，災異靡書。』（此據陳壽蜀後主評。劉知幾雖言蜀有史職，但古今正史篇，無蜀自撰之史書與陳壽同。）此魏吳本朝史之編纂也。

晉初，陸機始依編年體撰三祖紀。後束皙又撰十志，會中朝喪亂，其書不存。又有王詮私錄晉事及功臣行狀，有志著述，未就而卒。子隱能繼父業，過江爲郎，受詔撰晉史，坐事免官，庾亮給其紙筆，始獲成書，凡八十九卷，（此據史通說，隋志作九十三卷，）咸康六年，（公元三四〇）詣闕奏上，王隱之同僚虞預亦撰有晉書四十四卷；朱鳳亦有所撰，惟僅成十四卷。時干寶亦撰有晉紀，爲編年之體，自宣迄愍，七帝，五十三年，凡二十卷。過江以後，作者亦多，惟均爲編年史，如曹嘉之撰晉紀十卷，鄧粲撰晉紀十一卷，孫盛撰晉陽秋三十二卷等皆是，其所述多爲東晉之史實。此兩晉本朝史之編纂也。

宋元嘉中，（公元四二四—四五三）何承天草創紀傳，其後山謙之，裴松之續之。孫沖之亦有所作。孝建初年，蘇寶生又續造諸傳，元嘉名臣皆其所撰。大明六年，（公元四六二）徐爰奉命因何、孫、山、蘇所述，勒爲一書，凡六十五卷。此劉宋之本朝史也。齊史則江淹始受詔著述，淹以爲史之所難無出於志，故先著十志以見其才。後沈約復著齊紀二十卷。此蕭齊之本朝史也。梁史，武帝時，沈約與周興嗣、鮑行卿、謝昊相承撰錄，已有百篇，值江陵淪陷，並從焚蕩。此蕭梁之本朝史也。陳初顧野王傅縡曾撰武文二帝紀。大建中，（公元五六九—五八二）陸瓊續撰諸篇，勒爲一書，凡四十二卷。惟事傷蕪雜，姚察就加删改，粗有條貫，陳亡持以入關，荏苒未就。此陳之本朝史也。

魏道武時，鄧淵始著國記，唯爲十卷，而條例未成。神䴥二年，（公元四二九）崔浩、崔覽、高讜、鄧穎、晁繼、范亨、黃輔等奉詔撰國書三十卷。尋又命浩總監史任，務從實錄，並以高允張偉同參著作，續成前書。書成刊石，以示行路，浩坐此夷三族，同作死者百二十八人，（詳可參閱魏書崔浩傳）極文字獄之慘禍。自是遂廢史官，至和平元年（公元四六〇）始復其職。其後高允、劉模復有所作。以上皆爲編年之體。太和十一年，（公元四八七）李彪、崔光始奉命爲紀傳，其後邢巒、崔光、王遵業、温子昇等俱有所續，惟均無若何之成就。此元魏之本朝史也。高齊天統中，（公元五六五—五六九）祖孝徵述獻武起居，名曰黄初傳天錄，時陸元規亦有所作。武平後，（公元五七〇—五七六）陽休之、杜臺卿、祖崇儒、崔子發等相繼注記。此高齊之本朝史也。惟宇文周之本朝史，則未有若何之撰作。

在上述外，如實錄起居注等足爲本朝史之藍本者，此期中撰述亦多。尤其起居注，數量更爲可觀。隋書經籍志史部特闢起居注一類以居之，讀者可參閱焉。

第二節　私家著述之蓬勃

三墳五典不可考矣，尙書紀堯舜三代之迹，當時學在王官，典謨訓誥之言，誓命官刑之旨，當爲史氏之筆錄無疑。下迨周室，諸侯國自有史，魯之春秋，晉之乘，楚之檮杌，皆其史官之所書。孟子謂孔子作春秋，使其言然，則孔子當爲千古私家著史之祖。其後國語、世本、戰國策出，而私家著史之風氣以啓。及司馬遷父子撰史記，竊自比於孔子之作春秋，欲藏之名山傳之其人，蘄成不朽之書。於是私家著史之業，隨史記而蓬蓬勃勃，風起雲湧，而極其盛於三國兩晉南北朝之際。

史記後續史記者，如褚少孫、劉向父子、馮商、衞衡、揚雄、史岑、梁審、肆仁、晉馮、段肅之徒，多爲私家之著述。漢書先爲班彪父子所私撰，後方奉詔成書，是亦私家盛業也。東京一代，官府纂修，代不絕書，而亂離之後，史臣廢棄，舊文散佚，自漢迄魏，後漢書竟無所成。及晉泰始中，（公元二六五——二七四）司馬彪始勒成定書，起元光武終於孝獻，號曰續漢書。同時華嶠亦删定東觀記爲後漢書，尤爲時所稱。至宋范曄乃删輯前作，爲後漢書百卷，其十志亦未成而死，梁劉昭乃以司馬彪舊志注以補之。彪、嶠、曄三家之書，又皆私家之著述。上皆爲紀傳體者，至編年體則晉袁宏著有後漢紀三十卷，亦私家著述之可傳者。

三國史書，私家著述之者亦盛，如魚豢之魏略，孫盛之魏氏春秋，王隱之蜀紀，張勃之吳錄，而卓然可傳者則推陳壽之三國志。撰晉史者凡十有九家，（此據隋書經籍志計算）正史部八家，爲王隱晉書，虞預晉書，朱鳳晉書，何法盛晉中興書，謝靈運晉書，臧榮緒晉書，蕭子顯晉史草；編年部十一家，爲陸機晉紀，干寶晉紀，曹嘉之晉紀，習鑿齒漢晉陽秋，鄧粲晉紀，孫盛晉陽秋，劉謙之晉紀，王韶之晉紀，徐廣晉紀，檀道鸞續晉陽秋，郭季產續晉紀：幾無一非私家之著述。裴松之注陳壽三國志，所徵引魏晉間羣籍，無慮百餘種，其中史部諸書，亦多私著。十六國史書作者尤盛，（詳目可閱隋唐經籍志）及崔鴻乃『考覈衆家，辨其同異，除煩補闕，錯綜綱紀，易其國書曰錄主紀曰傳，都謂之十六國春秋。』（史通古今正史）鴻歿後，其子繕寫奏上，始行於世。是猶司馬遷之史記，陳壽之三國志，皆不能於身前見其書之傳佈，亦私家著述之憾事也。

南北朝諸史，作者亦多。隋書經籍志正史部載宋書三家，齊書三家，梁書三家，後魏書三家，陳書一家，周史一家。史通古今正史所述更詳，其言宋、齊、梁、陳、元魏、高齊、宇文周諸史撰修之沿革，亦泰半出於私家之著述。唐初所修諸史今列爲二十四史之林者，如房喬晉書，姚思廉梁書、陳書，李百藥北齊書，令狐德棻周書，李延壽南北史等，皆就前代私家之稿本而加修補。可見三國兩晉南北朝私家著述蓬勃之情狀，實爲前此所未有。自唐以後，官府纂修之制定，宋以來私史之禁又嚴，於是此號稱正史之紀傳體史書，除歐陽修五代史記外，鮮有措意之者；而私家著述亦轉移風向於編年紀事本末及政書傳記諸體史籍之作矣。（本段請與本書上編第三章第二節合看）

第三節　史籍注釋之紛起

史之有注，當濫觴於三傳。春秋一書，簡略已甚，若無傳釋，則事蹟不明，是三傳實具有注之功用。劉知幾所云『傳者轉也，轉授於無窮；注者流也，流通而靡絕。惟此二名，其歸一揆。』（史通補注）可謂諒矣。注之重要，可以一例明之。班固作漢書，固卒後，一時學者未能通曉，馬融至伏閣下從班昭受業，乃始得解，若當時漢書已有注釋，當不至此。注之爲類，其別有四：『昔詩書既成，而毛孔立傳。傳之時義，以訓詁爲主。』『降及中古，始名傳曰注。』『如裴李應晉，訓解三史，開導後學，發明先義，古今傳授。』此其一也。『史傳小書，人物雜記，』『文辭美句，列於章句，委曲敍事，存於細書。』此其二也。『思廣異聞，而才短力微不能自達，庶憑驥尾，千里絕羣，遂乃掇衆史之異辭，補前書之所闕。』此其三也。『躬爲史臣，手自刊補，雖志存該博，而才闕倫敍，除煩則意有所恡，畢載則言有所妨，遂乃定彼榛楛，列爲子注。』此其四也。（此據史通說）

此四類之史注，亦以三國兩晉南北朝爲盛，唐代特揚其流波而已。請略述之。晉徐廣以史記一書，『文句不同，有多有少，莫辨其實，而世之惑者，定彼從此，是非相貿，眞僞舛雜，』乃『研核衆本，爲作音義，具列異同，兼述訓解。』及宋裴駰恨徐廣音義之省略，遂『增演徐氏，采經傳百家並先儒之說，豫是有益，悉皆抄內，删其游辭，取其要實，或義在可疑，則數家兼列，』並旁採『漢書音義』，『號曰集解』。（史記集解序）其後南齊鄒誕生亦撰有音義，及隋唐之際，則柳顧言、劉伯莊、許子儒亦各有所述。司馬貞之索隱，張守節之正義，雖作自唐朝，而實受前代之影響。（見史記索隱正義兩序）是爲史記之注解。至漢書注解，則顏師古言之頗詳，謂初『唯服虔應劭等各爲音義，自別施行；至典午中朝，爰有晉灼，集爲一部，凡十四卷，又頗以意增益，時辨前人當否，號曰漢書集註。』『有臣瓚者莫知氏族，考其時代亦在晉初，又總集諸家音義，稍以己之所見，續厠其末。』師古更開列各注家姓氏，爲荀悅、服虔、應劭、伏儼、劉德、鄭氏、李斐、李奇、鄧展、文穎、張揖、蘇林、張晏、如淳、孟康、項昭、韋昭、晉灼、劉寶、臣瓚、郭璞、蔡謨、崔浩等二十三人，而自鄧展以下，皆魏晉南北朝人士，師古之注漢書，即就諸家舊注加以去取，間附以己見，（漢書敍例）是爲漢書之注解。此知幾所謂第一類之史注也。

晉陳壽作蜀志楊戲傳，謂戲所著季漢輔臣贊，『今不作傳者，余皆注疏本末於其辭下，可粗知其髣髴。』周處著陽羨風土記，常璩著華陽國志，皆『委曲敍事，存於細書。』陽羨風土記今佚不可得見，而華陽國志則『自先漢至晉初，踰四百歲，士女可書者四百人，』均一一注其邑里家世，有傳者並注其見某某傳。此知幾所謂第二類之史注也。（其實第二類亦係史臣自注，可合併於第四類。）

宋裴松之注三國志，『雜引諸書，亦時下己意。綜其大致，約有六端：一曰引諸家之論以辨是非，一曰參諸書之說以核譌異，一曰傳所有之事詳其委曲，一曰傳所無之事補其闕佚，一曰傳所有之人詳其生平，一曰傳所無之人附以同類。』（四庫提要史部正史類）實足補陳壽之略。齊陸澄注漢書，『多引司馬遷之書，若此缺一言彼增半句，皆採摘成注，標爲異說。』（史通補注）范曄後漢書作於劉宋，八志未成。然爲時不久，梁劉昭即取司馬彪舊志注以補之。此知幾所謂第三類之史注也。

梁蕭大圜撰淮海亂離志，魏楊衒之作洛陽伽藍記，宋孝王著關東風俗傳，隋王劭撰齊志，皆『手自刊補』，『列爲子注』。此知幾所謂第四類之史注也。（此四類史注，劉知幾僅贊第一類，對於其他三類，皆加以排擊，尤痛斥第四類之自註。章學誠反是。學誠對於自注，尤極表贊同，盡力提倡。說見本書下編第五章與第九章，可參閱。）

綜上所述，可知三國兩晉南北朝時代，不僅私家著述其業甚盛，即史注亦非常發達，爲前此之所無，流波所及，遂開顏師古、李賢、（章懷太子）司馬貞、張守節諸人集成之基，其影響蓋甚大也。

第四節　正統僭僞之見

正統僭僞之起，當始於五德三統說。劉歆作三統曆，引世經以說明五德終始之運，以共工爲非序，以秦爲不足數，以漢巡繼成周，實開後世正統僭僞之風。（詳見本編第二章）然劉歆所言，特野心政治家假陰陽五行之說以文其奸謀，尚未成史家之爭論。其啓史家爭論者，則在陳壽之三國志。曹丕篡漢，劉備以漢室之裔稱帝於蜀，孫權亦雄踞江東，成三國鼎立之勢。此時有一問題，即史家如何紀『春王正月』之書？以理論，劉備以漢裔繼漢，自合繼統之道，則正統宜蜀；以勢論，曹魏撫有中原，上結漢家之局，下開晉代之基，則正統宜魏；以事論，三國各紀其年，有關連處則互紀之，字裏行間無所軒輊，則無所謂正統，亦持平之法。陳壽三國志原採三國各紀其年之法，但因有所軒輊於其間，故居然有以魏爲正統以蜀爲僭僞之嫌。趙翼於此點考證頗詳，謂三國志中於『魏立本紀，蜀吳立傳，』『魏志稱操曰太祖，封武平侯後稱公，封魏王後稱王，曹丕受禪後稱帝，而於蜀吳二主則直書曰劉備，曰孫權，不以隣國待之也。蜀吳二志，凡與曹魏相涉者，必曰曹公，曰魏文帝，曰魏明帝，以見魏非其與國也。魏書於蜀吳三主之死與襲皆不書，如黃初二年不書劉備稱帝，四年不書劉備薨子禪卽位。太和三年不書孫權稱帝也。蜀吳二志則彼此互書，如吳志黃武二年書劉備薨於白帝城，蜀志延熙十五年，吳王孫權薨。其於魏帝之死與襲雖亦不書，而於本國之君之卽位，必記明魏之年號，如蜀後主卽位，書是歲魏黃初四年也；吳孫亮之卽位，書是歲魏嘉平四年也。此亦何與於魏而必係以魏年，更欲以見正統之在魏也。』（廿二史劄記三國志書法）趙翼之言，可謂諒矣。

歷史上正統僭僞之爭說，以今日眼光觀之，固均爲一丘之貉，無若何之價值者，惟在當時則實爲重大之問題。陳壽三國志旣以正統屬魏，爲時不久，習鑿齒卽反其所爲，著漢晉春秋，以正統予蜀。以爲『魏武雖受漢禪晉，尙爲篡逆；至文帝平蜀，乃爲漢亡。』習氏因此更進一步，仿三統曆之序法，以魏爲不足數，『晉宜越魏繼漢，不應以魏後爲三恪。』謂『今若以魏有代王之德，則其道不足；有靖亂之功，則孫劉鼎立。道不足則不可謂制當年；當年不制於魏，則魏未會爲天下之主。王道不足於曹，則曹未嘗爲一日之王矣。昔共工，伯有九州，秦政奄有區夏，鞭撻華戎，專總六合，猶不見序於帝王，淪沒於戰國，何況暫制數州之人，威行境內而已，便可推爲一代者乎？』『自漢末鼎沸，五六十年，吳魏犯順而強，蜀人杖正而弱，三家不能相一，萬姓曠而無主。夫有定天下之大功，爲天下之所推，孰如見推於闇人，受尊於微弱！配天而爲帝，方駕於三代，豈比俛首於曹氏，側足於不正！卽情而恆實，取之而無慚，何與詭事而託僞，開亂於將來者乎！是故故舊之恩可封，魏後三恪之數不宜見列，以晉承漢，功實顯然。』（晉書習鑿齒傳）不以魏爲正統，故以晉宜越魏繼漢，此與陳壽以晉繼魏故以魏爲正統，手段不同，而正晉之目的則一焉。

正統僭僞之觀念既存在於史家之心目中，適値五胡雲擾，南北對峙，自東晉偏安江左，至隋開皇統一區宇，（公元三一七—五八九）二百餘年間，立國之數，大小將及三十，可謂極亂離之致矣。於此時也，更有種族之見與國域之見以滲之，於是正統僭僞之觀念益普遍顯明於當世。南謂北爲索虜，北謂南爲島夷，不僅出之語言，且見諸載記。沈約宋書立索虜傳以記拓拔氏一朝之事。蕭子顯南齊書亦然。魏收魏書立僭晉傳以記東晉之帝，又立島夷傳以記宋、齊、梁之君。於僭晉傳謂『司馬叡之竄江表，竊魁帥之名，無君長之實，跼天蹐地，畏首畏尾，對之李雄各一方小盜，其孫皓之不若矣。』於島夷傳謂『二蕭（指蕭道成蕭衍）競塗泥之中，同蝸角之戰，或年纔二紀，或身不獲終，而僞名江徼，自擬王者，考之遂古，所未前聞。昔勾踐致貢而延世，夫差爭長而後死，兩寇方之吳越，不乃劣乎！』（魏書九十六九十八）可謂極屏斥之能事。持較邱遲與陳伯之書，所謂『霜露所均，不育異類；姬漢舊邦，無取雜種。北虜僭盜中原，多歷年所，惡積禍盈，理至燋爛。況僞孽昏狡，自相夷戮，部落攜離，酋豪猜貳，方當繫頸蠻邸，懸首藁街。』（文選丘希範與陳伯之書）則相映成趣矣。

上述皆正統僭偽說之結果，餘波及，至後世而未已。宋司馬光作資治通鑑復以正統屬魏，謂『周、秦、漢、晉、隋、唐皆嘗混一九州，傳祚於後，子孫雖微弱播遷，猶承祖宗之業，有紹復之望四方與之爭衡者皆其故臣也，故全用天子之制以臨之。』『昭烈之於漢，雖云中山靖王之後，而族屬疏遠，不能紀其世數名位，亦猶宋高祖稱楚元王交後，南唐烈王稱吳王恪後，是非難辨，故不敢以光武及晉元帝爲比，使得紹漢氏之遺統也。』（資治通鑑卷六十九）於是爭議又起。朱熹通鑑綱目乃返以歸之蜀漢，後之史家，翕然從之。王夫之雖深惡昭烈『急修關羽之怨，淫兵以逞，』『無一矢之加於曹氏』，『豈祖宗百世之讎，不敵一將之私忿？』認昭烈爲不足以當正統；但亦以後人之終以『昭烈紹漢而繫之正統者』，實史氏『爲漢而存心之厚也。』（讀通鑑論三國）四庫提要亦謂，陳壽三國志『以魏爲正統，至習鑿齒作漢晉春秋，始立異議，自朱子以來，無不是鑿齒而非壽。』『以理而論，壽之謬萬萬無辭。』（史部正史類）由此觀之，則正統僭偽之分，直史家之私昵耳。

史家之有此私昵，亦自有故。推其原因，則政治成分實重於一切。四庫提要謂『鑿齒帝漢順而易，壽欲帝漢逆而難。蓋鑿齒時晉已南渡，其事有類乎蜀，爲偏安者爭正統，此孚於當代之論者也。壽則身爲晉武之臣，而晉武承魏之統，僞魏是僞晉矣，其能行於當代哉？此猶宋太祖篡立近於魏，而北漢南唐蹟近於蜀，故北宋諸儒皆有所避而不僞魏；商宗以後，偏安江左近於蜀，而中原魏地全入於金，故南宋諸儒乃紛紛起而帝蜀。』（史部正史類）所言其直揭諸人之肺肝乎？此種政治原因，司馬光亦自言之。謂『天下離析之際，不可無歲時日月以識時事之先後。據漢傳於魏而晉受之，晉傳於宋以至於陳而隋取之，唐傳於梁以至於周而大宋承之，故不得不取魏、宋、齊、梁、陳、後梁、後唐、後漢、後周年號以紀諸國，非尊此而卑彼，有正閏之辨。』（資治通鑑卷六十九）於是光更進一步，論正統僭僞之爭之無若何意義。謂『苟不能使九州合爲一統，皆有天子之名而無其實者也。雖華夷仁暴，大小強弱，或時不同，要皆與古之列國無異，豈得獨尊奬一國謂之正統，而其餘皆爲僭僞哉！若以自上相授受者爲正邪？則陳氏何所受？拓拔氏何所受？若以居中夏者爲正邪？則劉、石、慕容、苻、姚、赫連所得之土皆五帝三王之舊都也。若以有道德者爲正邪？則蕞爾之國必有令主，三代之季豈無辟王？是以正閏之論，自古及今，未有能通其義，確然使人不可移奪者也。』（同上）光之所論可謂有理矣；光之正魏僞蜀，徒取紀年之便，『非尊此而卑彼有正閏之辨』，亦可謂非得已矣；顧何以於字裏行間妄用正統僭僞之書法，於諸葛亮之出兵攻魏也，書曰「入寇」，於魏之出兵擊漢也，書曰「伐漢」此例甚多，不勝枚舉，則無乃言行不符自相矛盾者乎？

總之，正統僭僞之觀念，兩漢開其端，魏晉揚其流，至南北朝以來已普遍深入於一般史家之腦。適此時國各有史，史家得暢弄其入主出奴之筆。影響所及，翕然從風。故雖卽以司馬光表面上宣言僅爲紀年之便事非得已無尊此卑彼之意之人，而骨子裏猶充溢正統僭僞之思想，其他更無論矣。吾人於此，可以知正統僭僞之見，在史家心中作祟，爲何如也。

第五節　不公正史書之事實與反響

司馬遷遭李陵之禍，身下蠶室，僅得免死，心不能平，故史記中頗有憤激之辭，於是後人乃有以史記爲謗書者。此風似起於東漢之初。班固典引曾述漢明帝之詔，謂『司馬遷著書成一家之言，揚名後世，至以身陷刑之故，反微文刺譏貶損當世，非誼士也。』（見嚴可均全後漢文卷二十六）可以爲證。蔡邕下獄，馬日磾爲邕向王允乞貸，令邕『續成後史』。允不從，謂『昔武帝不殺司馬遷，使作謗書流於後世。方今國祚中衰，神器不固，不可令佞臣執筆在幼主左右，既無益聖德，復使吾黨蒙其訕議。』（後漢書蔡邕傳）可見史記之被目爲謗書，已相當普遍於漢世。

班固作漢書，亦有受金之名，惜其事今不可得詳。（見北周書柳虯傳）陳壽著三國志，不爲丁儀丁廙立傳，時傳其有索米之事。晉書陳壽傳載，『丁儀丁廙有盛名於魏，壽謂其子曰，「可覓千斛米見與，當爲尊公作佳傳。」丁與之，竟不爲立傳。』雖其事之眞僞未可知，（朱彝尊杭世駿曾辨其誣，見十七史商榷卷三十九所引。）而其書之不爲一部分人滿意，則爲事實。晉書又云，『壽父爲馬謖參軍，謖爲諸葛亮所誅，壽父亦坐被髡，諸葛瞻又輕壽，壽爲亮立傳，謂亮將略非長，無應變之才；言瞻惟工書，名過其實。議者以此少之。』魏書毛修之傳載修之言，『昔在蜀中，聞長老言，壽曾爲諸葛亮門下書佐，被撻百下，故其論武侯云應變將略非其所長。』可見此說在當時傳遍之廣。

魏收著魏書，亦多不滿人意，至有穢史之目。北齊書魏收傳，載收『所引史官恐其凌逼，唯取學流先相依附者，其房延祐、辛元植、睦仲讓雖夙涉朝位，並非史才；刁柔、裴昂之以儒業相知，全不堪編輯；高孝幹以左道求進。修史諸人，祖宗姻戚，多被書錄，飾以美言。收性頗急，不甚能平，夙有怨者，多沒其善，每言「何物小子，敢共魏收作色，舉之則使上天，按之當使入地。」初收在神武時爲太常少卿，修國史，得陽休之助，因謝休之曰，「無以謝德，當爲卿作佳傳。」休之父固，魏世爲北平太守，以貪虐爲中尉李平所彈獲罪，載在魏起居注。收書云，「固爲北平，甚有惠政，生公事免官。」又云「李平深相敬重」。尒朱榮於魏爲賊，收以高氏出自尒朱，且納榮子金，故減其惡而增其善，論云「若修德義之風，則彭、韋、伊、霍夫何足數。」時論既言收著史不平，文宣詔收於尚書省與諸家子孫共加論討，前後投訴，百有餘人，云遺其家世職位，或曰甚家不見記錄，或云妄有非毀。收皆隨狀答之。范陽盧斐父同附出族祖玄傳下，頓丘李庶家傳稱其本是梁國家人，斐庶譏議云史書不直。收性急不勝其憤，啓誣其欲加屠害。帝（北齊文宣帝）大怒，親自詰責。斐曰，「臣父仕魏，位至儀同，功業顯著，名聞天下，與收無親，遂不立傳。傳陵崔綽位止本郡功曹，更無事迹，是收外親，乃爲傳首。」收曰，「綽雖無位，名義可嘉，所以合傳。」帝曰，「卿何由知其好人」？收曰，「高允曾爲綽讚，稱有道德。」帝曰，「司空才士，爲人作讚，正應稱揚。亦如卿爲人作文章，道其好者，豈能皆實！」收無以對，戰慄而已。但帝先重收才，不欲加罪。時太原王松年亦謗史，及斐庶並坐罪，各被鞭配甲坊，或因而致死。盧思道亦抵罪。然猶以羣口沸騰，勅魏史且勿施行，令羣官博議，聽有家事者入署，不實者陳牒。於是衆口讙然，號爲穢史，投牒者相次，收無以抗之。時左僕射楊愔，右僕射高德正，二人勢傾朝野，與收皆親，收遂爲其家並作傳。二人不欲言史不實，抑塞訴辭，終文宣世更不重論。』孝昭皇建中，『以魏史未行，詔收更加研審。收奉詔頗有改正。及詔行魏史，收以爲直置祕閣，外人無由得見，於是命送一本付并省，一本付鄴下，任人寫之。』『其後羣臣多言魏史不實，武成復勅更審，收又回換，遂爲盧同立傳，崔綽返更附出。』收『既緣史筆，多憾於人，齊亡之歲，收冢被發，棄其骨於外。』北齊書所載，可謂詳矣。李延壽北史所述，與北齊書全同。是收之魏書，在當時實不理於衆口。

上列皆時人對於史書不公正之事實及其反響。楊衒之洛陽伽藍記引趙逸議論，更爲深切。『趙逸云：「自永嘉已來，二百餘年，建國稱王者十有六君，皆游其都邑，目見其事。國滅之後，觀其史書，皆非實錄，莫不推過於人，引善自向。苻生雖好勇嗜酒，亦仁而不殺，觀其治典，未爲凶暴；及詳其史，天下之惡皆歸焉。苻堅自是賢主，賊君取位，妄書生惡。凡諸史官，皆是類也。人皆貴遠賤近，以爲信然。當今之人，亦生愚死智，惑已甚矣。」人問其故。逸曰：「生時中庸之人耳，及其死也，碑文墓志，莫不窮天地之大德，盡生民之能事，爲君共堯舜連衡，爲臣與伊皐等跡，牧民之官浮虎慕其清塵，執法之吏埋輪謝其梗直。所謂生爲盜跖，死爲夷齊。」』趙逸此言，一爲增惡，一爲虛美，增惡與虛美，皆不公正也。

劉知幾更慨然言之，謂『其有舞詞弄札，飾非文過，若王隱虞預毀辱相凌，子野休文釋紛相謝，用舍由乎臆說，威福行乎筆端。斯乃作者之醜行，人倫所同疾也。亦有事每憑虛，詞多烏有，或假人之美藉爲私惠，或誣人之惡持報己讎。若王沈魏錄濫述貶甄之詔，陸機晉史虛張拒葛之鋒，班固受金而始書，陳壽借米而方傳。此又記言之奸賊，載筆之凶人，雖肆諸市朝，投畀豺虎可也。』又『若漢末之董承耿紀，晉初之諸葛毋丘，齊興而有劉秉袁粲，周滅而有王謙尉迥：斯皆破家殉國，視死猶生，而歷代諸史，皆書曰逆。將何以激揚名教，以勸事君者乎？古之書事也，令賊臣逆子懼，今之書事也，使忠臣義士羞。若使南董有靈，必切齒於九泉之下矣。』（史通曲筆）鄭樵亦憤然謂，『曹魏指吳蜀爲寇，北朝指東晉爲僭，南謂北爲索虜，北謂南爲島夷。齊史稱梁軍爲義軍，謀人之國可以爲義乎？隋書稱唐兵爲義兵，伐人之君可以爲義乎？房玄齡董史册，故房彥謙擅美名；虞世南預修書，故虞荔虞寄有佳傳。甚者桀犬吠堯，吠非其主。晉史黨晉而不有魏，凡忠於魏者目爲叛臣，王凌、諸葛誕、毋丘儉之徒抱屈黃壤；齊史黨齊而不有宋，凡忠於宋者目爲逆黨，袁粲、劉秉、沈攸之之徒含冤九泉。噫！天日在上，豈可如斯！似此之類，歷世有之。傷風敗義，莫大乎此！』（通志總序）劉鄭兩氏之大聲疾呼，甚足代表一般社會對於不公正歷史之反響。

凡此不公正之事實，亦以三國兩晉南北朝之史書爲甚。雖三國志魏書有後人爲之辨護，如崔浩（說見魏書毛修之傳）王夫之（說見讀通鑑論）王鳴盛（說見十七史商榷）言三國志無譏貶武侯之意，言多實錄；四庫提要亦言魏書『未甚遠於是非，穢史之說，無乃已甚之詞。』然此兩書在當時所得不公正之名，實已相當普遍，則固事實也。

推其所以如此者，約有三因：一、則國與國間，入主出奴之見『爲本朝臣子義所應爾』，成王敗寇之念，爲一般史家通患之弊，故不能不有所諱，一有所諱則不公正矣。其有不諱者則災禍隨之，崔浩是也。此政治原因也。二、則史家以史書爲奇貨，或以謝德，或以報怨，或以詐財，凡茲數事爲上列之所述者，皆難保其必無。若其有一，則亦不公正矣。此道德原因也。（此次著者爲福建教育廳續纂陳衍之福建新通志即躬聞有似於上述之事蹟甚多，其事之眞僞未可知，然社會上固有此言也。）三、則如四庫提要所謂，『魏齊世近，著名史籍者竝有子孫，孰不欲顯榮其祖父，既不能一一如志，遂譁然羣起而攻。』因恩怨之未盡，致是非之不明，衆口鑠金，積毀銷骨，市虎起於三人，投杼由於累告。而無識之徒，因吠聲而吠影，遂人云而亦云，有一於此，則亦不公正矣。此社會原因也。是三因者，三國兩晉南北朝時代皆具有之，此三國兩晉南北朝時代史書不公正之事實與反響所以獨盛者歟？

第四章　隋唐之史學

第一節　前代史之續修與本朝史之編纂

（甲）前代史之續修

楊隋一代，爲祚至短，故修史事業無若何之成就。惟唐初所修諸史多數爲前代史家致力之舊稿，且即爲其後人之所完成。隋祚若長，則諸史未必非隋之產品也。如梁陳二史，姚察曾有志著述，『隋文帝嘗索梁陳事蹟，察具以所成每篇續奏，而依違荏冉，竟未絕筆。』魏收魏書毀者甚衆，隋文帝乃『勅著作郎魏澹與顏之推辛德源更撰魏書，矯正收失。澹以西魏爲眞，東魏爲僞，故文恭列紀，孝靜稱傳，合紀傳論例總九十二篇。煬帝以澹書猶未能善，又勅左僕射楊素別撰，學士潘徽、褚亮、歐陽詢等佐之；會素薨而止。』高齊史，『隋祕書監王邵，內史李德林，並少仕鄴中，多識舊事。王乃憑述起居注，廣以異聞，造編年書，號曰齊志，十有六卷。李在齊預修國史，創紀傳書二十七卷；至開皇初，奉詔續撰，增多齊史三十八篇，以上送官，藏之祕府。』宇文周史，『隋開皇中，祕書監牛弘，追撰周紀十有八卷，略敍紀綱。』（史通古今正史）是則隋代對於修史亦未嘗無相當之努力。隋亡唐興，武德五年，（公元六二二）詔以蕭瑀、王敬業、殷聞禮修魏史，陳叔達、令狐德棻、庾儉修周史，封德彝、顏師古修隋史，崔善爲、孔紹安、蕭德言修梁史，裴矩、祖孝孫、魏徵修齊史，竇璡、歐陽詢、姚思廉修陳史。瑀等受詔，歷數年，竟不能就而罷。貞觀三年，（公元六二九）太宗復勅修撰，以令狐德棻、岑文本修周史，李百藥修齊史，姚思廉修梁陳史，魏徵修隋史，並與房玄齡總監諸代史。且從衆議，以魏史既有魏收魏彥兩家，已爲詳備，遂不復修。德棻又奏引崔仁師佐修周史。（舊唐書令狐德棻傳）貞觀二十年，又詔房喬等撰修晉書。統計唐初，集衆官修之史，有晉、梁、陳、周、齊、隋六史，合以李延壽私撰之南史北史，共爲八種，皆列於廿四正史之林。玆錄其內容以見一斑：

（子）梁書

梁書，唐姚思廉奉勅撰。貞觀三年，（公元六二九）太宗詔思廉與魏徵同撰梁書陳書，（舊唐書姚思廉傳及藝文志）而今傳世之本惟題思廉，蓋徵本監修，不過參定其論讚，獨標思廉，不沒其秉筆之實也。（此據四庫提要引史通正史篇卽加以推定之辭。其實思廉本傳亦有徵惟裁其總論，編次筆削，皆思廉之功等語。）思廉此書多憑其父察之舊稿，故卷後間題其父名。其書起梁武帝天監元年，（公元五〇二）迄梁敬帝太平二年，（公元五五七）凡五十六年。全書五十六卷，本紀六，列傳五十。列傳除通常外，其特標篇目者，有皇后、儒林、文學、處士、止足、良吏、諸夷等。

（丑）陳書

陳書亦唐姚思廉奉敕撰。初顧野王、傅縡、陸瓊各有陳史之撰，惟事傷煩雜，姚察乃就加删改，粗有條貫，思廉卽憑此舊藁，加以新錄。（史通正史篇）今觀其書，則梁書爲察舊作者多，而陳書較少，則大部分之陳書當爲思廉所補撰。書起於陳武帝永定元年，（公元五五七）迄陳後主禎明三年，（公元五八九）凡三十三年。全書三十六卷，本紀六，列傳三十。列傳除通常外，其特標篇目者，有皇后、宗室、孝行、儒林、文學等。

（寅）北齊書

北齊書，唐李百藥奉勑撰。（卷端題隋太子通事舍人李百藥撰，誤。）初百藥父德林少仕北齊，以所聞撰爲齊史，至隋開皇中已粗具規模。貞觀初勑百藥仍其舊錄，雜採他書以演成之。（史通正史篇）自北宋以後，其書漸就散佚，今所行本，蓋後人取北史以補亡，非舊帙矣。（四庫提要史部正史類）全書五十卷，計本紀八，列傳四十二。列傳除通常外，其特標篇目者，有儒林、文苑、循吏、酷吏、外戚、方伎、恩倖等。其書起於高歡（公元四九六—五四七）迄幼主承光元年，（公元五七七）約八十年。

（卯）周書

周書，唐令狐德棻等奉敕撰。貞觀中修梁、陳、周、齊、隋五史，其議自德棻發之。而德棻專領周書與岑文本、崔仁師、陳叔達、唐儉同修。據史通所述，知其書蓋本隋牛弘之周紀，重加修輯，勒成定書。自北宋以後，書多散佚，殘闕殊甚，多取北史以補亡，又多有所竄亂，而皆不標其所移掇者何卷，所削改者何篇，遂與德棻原書混淆莫辨。（四庫提要史部正史類）全書五十卷，計本紀八，列傳四十二。列傳除通常外，其特標篇目者，有皇后、儒林、孝義、藝術、異域。其書上起宇文泰，（公元五〇五—五五六）迄周靜帝大定元年（公元五八一）約七十年。

（辰）隋書

隋書，唐魏徵等奉敕撰。貞觀三年，（公元六二九）詔徵等修隋史。十年，紀傳先成。十五年，又詔修梁、陳、齊、周、隋五代史志。顯慶元年，（公元六五六）長孫無忌上進。（四庫提要史部正史類）據史通所載，知撰紀傳者爲顏師古、孔穎達，撰志者爲于志寧、李淳風、韋安仁、李延壽、令狐德棻。題記紛如，自宋以來，始定以領修者爲主；紀傳題以徵，志題以無忌。全書八十五卷，計帝紀五，志三十，列傳五十。志分十類：一禮儀，二音樂，三律曆，四天文，五五行，六食貨，七刑法，八百官，九地理，十經籍。此十志本爲梁、陳、齊、周、隋五代而作，故通括五代，以當時五代史本連爲一書之故。其編入隋書，特以隋於五代居末，非專屬隋也。後五史各行，此十志遂專稱隋志耳。（說評史通古今正史）列傳除通常外，其特標篇目者，有后妃、誠節、孝義、循吏、酷吏、儒林、文學、隱逸、藝術、外戚、列女、東夷、南蠻、西域、北狄等。其書起隋文帝開皇元年，（公元五八一）迄恭帝義寧二年，（公元六一八）凡三十八年。

（巳）南北史

南北史，唐李延壽撰。延壽父太師少有著述之志，以南北朝分隔，南謂北爲索虜，北謂南爲島夷，其史皆詳於本國，而略於他國，因欲統紀其事，乃有南史北史之編輯，未畢而歿。延壽繼承先志，勒成兩書。（見北史序傳）南史先成，北史後就，致力獨深；惟雖多貫通，間亦複出。（四庫提要史部正史類）南史所言，包宋、齊、梁、陳四代事蹟；凡八十卷，計本紀十，列傳七十。本紀所列有宋、齊、梁、陳四代諸帝。列傳除通常外，其特標篇目者，有四代之后妃、宗室、循吏、儒林、文學、孝義、隱逸、恩倖、夷貊、賊臣。所經時間，起宋武帝永初元年，（公元四二〇）迄陳後主禎明三年，（公元五八九）計一百七十年。北史所言，包魏、齊、周、隋四代事蹟；凡一百卷，計本紀十二，列傳八十八。本紀所列有魏、齊、周、隋諸帝紀。列傳除通常外，其特標篇目者，有四代之后妃、宗室、外戚、儒林、文苑、孝行、節義、循吏、酷吏、隱逸、藝術、列女、恩倖、僭僞、附庸。（夏燕諸國）卷末有序傳，爲延壽自述其宗功祖德及著書之經過。所經時間，起魏道武帝登國元年，（公元三八六）迄隋恭帝義寧二年，（公元六一八）凡二百三十餘年。

（午）晉書

晉書，唐房喬等奉勅撰。貞觀二十年，（公元六四六）太宗以前後晉史十八家未能盡善，敕史官更加纂修。此十八家之姓氏爲陸機、束晳、王銓、（子隱）虞預、干寶、鄧粲、孫盛、王韶之、檀道鸞、何法盛、臧榮緒、（見史通正史篇）及朱鳳、謝靈運、沈約、徐廣、曹嘉之、劉謙之、習鑿齒等，（見四庫提要史部正史類）房喬書出，自是言晉史者皆棄其舊本，競從新撰。（史通古今正史）房書非成於一手，房喬與褚遂良、許敬宗爲之撰次，李淳風、李義甫、李延壽等十三人分掌著述，敬播等四人考其類例。喬以宣武紀、陸機、王羲之傳論爲太宗所作，故標曰「制旨」又總題「御撰」焉。（通考卷一九二）全書一百三十卷，計帝紀十，志二十，列傳七十，載記（如史記之世家）三十。帝紀則西晉四帝，東晉十一帝。志分十類：一天文，二地理，三律曆，四禮，五樂，六職官，七輿服，八食貨，九五行，十刑。列傳除通常外，其特標篇目者，有后妃、宗室、孝友、忠義、良吏、儒林、文苑、外戚、隱逸、藝術、列女、叛逆、四夷等。載記分十四類：一前趙，二後趙，三前燕，四前秦，五後秦，六後蜀，七後涼，八後燕，九西秦，十北燕，十一南涼，十二南燕，十三北涼，十四夏。（前涼張茂，西涼李玄盛，附於列傳。）所經時間，起晉武帝泰始元年，（公元二六五）迄晉恭帝元熙二年，（公元四二〇）凡一百五十六年。

（乙）本朝史之編纂

本朝史之編纂，隋代因年祚短促，無甚可紀。唐代則成績可觀，尤其實錄一類有甚大之成就。據史通古今正史，知隋初王邵曾彙集詔勅錄爲一書，至於紀傳編年，並闕其體。煬帝世始有王胄等所修之大業起居注，及江都之禍仍多散逸。今按隋書經籍志僅有開皇起居注六十卷，而無大業起居注，可知隋末亂離，圖書失散之不可考也。唐興，武德間（公元六一八）溫大雅首撰創業起居注三篇，自是房元齡、許敬宗、敬播相次立編年體，號爲實錄。『迄乎三帝，（高祖太宗高宗）世有其書。』貞觀初，（公元六二七—）姚思廉始撰紀傳，粗成三十卷。至顯慶元年，（公元六五六）長孫無忌與于志寧、令狐德棻、劉胤之、楊仁卿、顏胤等，因其舊作，綴以後事，復爲五十卷。龍朔中，（公元六六一）許敬宗更增前作，混成百卷，又起草十志，未終而卒。其後李仁實又續諸臣列傳。長壽中，（公元六九二—）牛鳳及乃斷自武德終於宏道，撰爲唐書百有十卷，悉收姚許諸本，欲使其書獨行。長安中，（公元七〇一—）劉知幾、朱敬則、徐堅、吳兢奉詔更撰唐書，勒爲八十卷。上爲史通古今正史所著錄者。新唐書藝文志正史類，列有長孫無忌、令狐德棻、顧胤等武德貞觀兩朝史八十卷，吳兢唐書一百卷，吳兢、韋述、柳芳、令狐峘、于休烈等唐書一百三十卷，另國史一百六卷，又一百十三卷。編年類列有柳芳唐歷四十卷，韋澳、蔣偕、李荀、張彥遠、崔瑄等續唐歷二十二卷，吳兢唐春秋三十卷，韋述唐春秋三十卷，陸長源唐春秋六十卷，陳嶽唐統紀一百卷，焦璐唐朝年代紀十卷。起居注類列有溫大雅大唐創業起居注三卷，失撰人名之開元起居注二千六百八十二卷，姚璹時政紀四十卷，敬播高祖實錄二十卷，敬播、顧胤今上實錄二十卷，（今上指太宗）長孫無忌貞觀實錄四十卷，許敬宗皇帝實錄三十卷，令狐德棻撰劉知幾吳兢續成之高宗實錄三十卷，韋述高宗實錄三十卷，魏元忠、武三思、祝欽明、徐彥伯、柳沖、韋承慶、崔融、岑羲、徐堅撰劉知幾吳兢刪正之武后高宗實錄一百卷，則天皇后實錄二十卷，宗楚客聖母神皇實錄十八卷，吳兢中宗實錄二十卷，劉知幾太上皇實錄十卷，吳兢睿宗實錄五卷，張說、唐潁今上實錄二十卷，（今上指玄宗）失撰人名之開元實錄四十七卷，元載肅宗實錄四十卷，（此一條從宋史藝文志補入。又宋志所列其他實錄撰人姓名與新唐志微有不同，當緣或取監修或取撰者之異。）令狐峘代宗實錄四十卷，沈既濟建中實錄十卷，蔣乂、樊紳、林寶、韋處厚、獨孤郁德宗實錄五十卷，韓愈、沈傳師、宇文籍順宗實錄五卷，沈傳師、鄭澣、宇文籍、蔣係、李漢、陳夷行、蘇景胤憲宗實錄四十卷，蘇景胤、王彥威、楊漢公、蘇滌、裴休穆宗實錄二十卷，陳商、鄭亞敬宗實錄十卷，盧耽、蔣偕、王渢、盧告、牛叢文宗實錄四十卷，韋保衡武宗實錄三十卷，則頗能詳略互見。至史通後之作者，則新唐書已能補其所闕。實錄一體，雖起源甚古，而實大成於唐代。此與唐代史館制度大有關係，史官待遇優厚，史料有各方供給，書成之後賞賚尤豐，本朝史之編纂遠較前此為美備，非偶然也。（詳請參閱上編第三章第二節）至宣宗、懿宗、僖宗、昭宗四朝實錄，據後唐長興三年，（公元九三二）史館之奏，謂為尚未纂修。而後晉天福六年，（公元九四一）監修國史趙瑩亦奏，謂『咸通中宰臣韋保衡與蔣伸皇甫煥撰武宗宣宗兩朝實錄皆遇多事，或值播遷，雖聞撰述，未見流傳。』（王溥五代會要）今新唐書藝文志已有著錄武宗實錄三十卷，則宣宗以後之實錄，因亂離而無成，誠乃不幸之至矣。（按舊五代史賈緯傳載，緯撰唐年補錄六十五卷，而宋史藝文志列有宋敏求所撰唐宣宗實錄三十卷，懿宗實錄二十五卷，僖宗實錄三十卷，昭宗實錄三十卷，哀宗實錄八卷，可以補唐代之缺陷矣。）

第二節　文化史之創著

（甲）政書與文化史

吾國古代無文化史，而有政書一類，所述爲國家之典章制度與國計民生風俗土宜，其性質實同於文化史。所涉事項，其始則掌於官府，爲史官所職，無所謂書也；後以『條流派別，制度漸廣，』『搢紳之士撰而錄之，遂成篇卷，』（詳隋志舊事敍）至是而此具有文化史性質之政書體裁始成。其名政書者，則如紀昀所謂『志藝文者有故事一類，其間祖宗創法，奕葉慎守，是爲一朝之故事；後鑒前師，是謂前代之故事。史家著錄，大抵皆前代事也。隋志載漢武舊事，濫及稗官；唐志載魏文貞故事，橫牽家傳；循名誤列，義例殊乖。今總核遺文，惟以國政朝章士官所職者，入於斯類，以符周官故府之遺。至儀注條格，舊皆別出，然均爲成憲，義可同歸。』『考錢溥祕閣書目有政書一類，謹據以標目，見綜括之意焉。』（四庫提要史部政書類敍）

此種具有文化史性質之政書，其發源當出於尙書三禮。尙書中典謨訓誥之文，貢範誓刑之事，已含有政書之用。周禮、儀禮、禮記所述之朝章國典與禮儀官制，尤具備文化史之性質。所惜其書多後人之攙入，而藉以『託古改制』者，不盡爲當日之實情。故古來皆尊之爲經，而不敢視之爲史。因之此種體裁遂夭閼而不發達。故西漢以後，隋唐以前，此種具有文化史性質之政書，皆因陋就簡，不僅內容儉薄，即義例亦多不純，故史家著錄不名之曰政書，而分稱之爲舊事，爲儀注，爲職官，爲法制。及唐杜佑通典出，而政書乃突呈絢爛之大觀，蔚爲文化史之一體。章學誠所謂『統前史之書志，而撰述取法乎官禮，』是也。（文史通義釋通）梁啓超亦謂『紀傳體中有書志一門，蓋導源於尚書，而旨趣在專紀文物制度。』『然玆事所貴在會通古今，觀其沿革。各史既斷代爲書，乃發生兩種困難，苟不追敍前代則源委不明，追敍太多則繁複取厭。況各史非皆有志，有志之史，其篇目亦互相出入。遇所闕遺，見斯滯矣。於是乎有統括史志之必要。其卓然成一創作以應此要求者，則唐杜佑之通典也。』（中國歷史研究法過去之中國史學界）則通典爲具有文化史性質之政書中之『不祧之宗』無疑矣。

杜佑通典之前，本有劉秩之政典，惟篇幅殊小，多所未備，通典雖規撫政典，而規模遠大，直不可以數計。通典之後，『宋鄭樵作通志與馬端臨作文獻通考，悉以通典爲藍本。然鄭多泛雜無歸，馬或詳略失當，均不及通典之精核。』（四庫提要史部政書類）世以通典、通志及文獻通考合名爲三通，益以清代勅纂之續通典、通志、文獻通考、及清朝通典、通志、文獻通考，而統名之曰九通。然鄭樵通志實仿史記之作，紀傳年譜具見書中，原通史之義例；而鄭樵所志亦在於通史，非政書也。此外與通典同源異流者，有唐蘇冕之會要，楊紹復之續會要，及宋王溥之唐會要，五代會要，及徐天麟兩漢會要等，並皆爲文化史之體裁。

(乙)通典之內容

通典，唐杜佑撰。全書二百卷，『先是劉秩倣周官之法，摭拾百家，分門詮次，作政典三十五卷。佑以爲未備，因廣其所闕，參益新禮，勒爲此書。』（四庫提要史部政書類）凡分八門，曰食貨，曰選舉，曰職官，曰禮，曰樂，曰兵刑，曰州郡，曰邊防。每門又各分子目。』其分門次第之旨，則杜佑自謂，『理道之先，在乎行教化；教化之本，在乎足衣食。』『洪範八政，一曰食，二曰貨；』『夫子曰「既富而教」，斯之謂矣。夫行教化在乎設職官；設職官，在乎審官才；審官才，在乎精選舉；制禮以端其俗；立樂以和其心：此先哲王致治之大方也。故職官設，然後興禮樂焉；教化隳，然後用刑罰焉；列州郡俾分領焉；置邊防遏戎狄焉。』（通典自序）綜其所言，則饒有唯物史觀之意味。書中『所載，上溯黃虞，訖於唐之天寶，肅代以後，閒有沿革，亦附載註中。』其敍列則『博取五經羣史，及漢魏六朝人文集奏疏之有裨得失者，每事以類相從，凡歷代沿革，悉爲紀載，詳而不煩，簡而有要，元元本本，皆爲有用之實學，非徒資記問者可比。考唐以前之掌故者，茲編其淵海矣。』（四庫提要史部政書類）

第三節　史評之崛興

（甲）史評之源流與類別

史評之起，當根於古人讀史者闕疑辨妄之態度。子貢之『紂之不善不如是之甚也』，與孟子之『盡信書則不如無書，吾於武成取二三策而已』之言，皆可爲證。然此多片言隻語之感喟，其成爲後世史評一體之權輿者，則實由於史家紀錄史事之後，加以評論，或發表主見或臧否人物，或補仲餘事著爲按語，而並附於史篇之末。其後源流派別，範圍漸廣，於是乃有評議前人作史態度之當否，撰述之精疏，體例之違適，事蹟之眞誤者；於是雖非著史之史家，亦得本其識見而發爲宏論；既不附於史篇，則著成專書，別行於世。綿歷既久，史評之作遂寖多，而其類別亦可從而分劃焉。

劉知幾謂『春秋左氏傳，每有發論，假君子以稱之，二傳云公羊子穀梁子，史記云太史公，既而班固曰贊，荀悅曰論，東觀曰序。謝承曰詮，陳壽曰評，王隱曰議，何法盛曰述，揚雄曰譔，劉昞曰奏，袁宏裴子野自顯姓名，皇甫謐葛洪列其所號，史官所撰，通稱史臣。其名萬殊，其義一揆。』（史通論贊）則可見史評一體之文字，實源於史家著史之餘論。紀昀謂『春秋筆削，議而不辨，其後三傳異詞，史記自爲序贊，以著本旨。而先黃老後六經，退處士進姦雄，班固復異議焉。此史論所以繁也。其中考辨史體，如劉知幾倪思諸書，非博覽精思，不能成帙，故作者差稀。至於品隲舊聞，抨彈往迹，則纔播史略，即可成文，此是彼非，互滋簧鼓，故其書動至汗牛。又文士立言，務求相勝，或至鑿空生義，僻謬不情，如胡寅讀史管見，譏晉元帝不復牛姓者，往往而有。故瑕類叢生，亦惟此一類爲甚。』（四庫提要史部史評類敍）則史評末流之弊，可以想見。

至史評之類別，則梁啓超氏分之爲三類：（一）理論，（二）事論，（三）雜論。理論爲評究史學之體例義法，劉知幾史通章學誠文史通義等屬之；事論爲議論史事之是非得失，張溥歷代史論王夫之讀通鑑論、宋論等屬之；雜論爲考訂史事之正誤異同，趙翼廿二史劄記，王鳴盛十七史商榷等屬之。梁氏之分蓋以史評之著成專書者言之，其所分法可謂確當。雖其三類時有相通，不能若所分之嚴格，如史通頗多考論史事之正誤異同，讀通鑑論及十七史商榷亦時有涉及修史之義法，特就大體而言，梁氏之分，固可取也。

（乙）中國第一部之史評專書

史評之先原附於史篇之末，與之並行，及唐劉知幾史通出，於是史評始有專書。王充論衡成於漢代，其間雖抨彈往迹，考論舊籍之處頗多，如問孔、刺孟、書虛諸篇，與後世史評諸書有直接之影響，惟其範圍所涉甚廣，究不能謂之史評或書評之書。劉勰文心雕龍與鍾嶸詩品，時代雖亦較前，然皆爲文學批評之作，無與於史學。故其可謂純粹史評之專書者，實以史通爲第一部焉。

史通唐劉知幾著。『此書成於景龍四年，（公元七一〇）凡內篇十卷，三十九篇；外篇十卷，十三篇。蓋其官祕書監時，與蕭至忠宗楚客等爭論史事不合，故發憤而著書者也。其內篇體統、紕繆、弛張三篇，有錄無書，考本傳已稱著史通四十九篇，則三篇之亡在修唐書以前矣。內篇皆論史家體例，辨別是非。外篇則述史籍源流，及雜評古人得失，文或與內篇重出，又或牴牾。觀開卷六家篇首稱「自古帝王文籍，外篇言之備矣，」是先有外篇，乃擷其精華以成內篇，故刪除有所未盡也。』（四庫提要史部史評類。按提要作者所見史通爲內府藏本，與今日上海涵芬樓影印之明萬曆刊本，字數不同；萬曆刊本此兩句爲「自古帝王編述文籍，史言之備矣，」無「外篇」字樣，若萬曆刊本爲劉氏原文，則提要此種推測，不能成立矣。）內篇現存者凡三十六篇，爲六家、二體、載言、本紀、世家、列傳、表曆、書志、論贊、序例、題目、斷限、次篇、稱謂、採撰、載文、補注、因習上、因習下、（亦曰邑里）言語、浮詞、敍事、品藻、直書、曲筆、鑒識、探賾、摸擬、書事、人物、覈才、序傳、煩省、雜述、辨職、自敍；外篇十三篇，爲史官建置、古今正史、疑古、惑經、申左、點繁、雜說上中下、漢書五行志錯誤、五行志雜駁、暗惑、忤時。內篇之自敍與外篇之忤時，皆知幾自述任事著書之經過，蓋仿太史公自序之例。知幾『於史學最深，又領史職幾三十年，更歷書局亦最久，其貫穿古今，洞悉利病，實非後人之所及，而性本過剛，詞復有激，詆訶太甚，或悍然不顧其安。』此在過去封建思想籠罩之下，實不合於時宜。故宋祁新唐書子元本傳即謂其工訶古人。而明張鼎思續校史通刊本序文亟謂『史職之難久矣，左史以降，作者比肩，靡不自謂鞭撻狐南，睥睨游夏，而子玄橫加訶詆，所與完璧者，僅王君懋一人而已。由斯以談，柳子厚之不就，豈無見乎？』『至其論史，則信家書而疑墳典，譏堯舜，訾湯文，誹周孔，不少顧忌。』『刻之不廣，大率爲此。』（涵芬樓影印萬曆刊本史通原序）紀昀亦謂『疑古惑經諸篇，世所共詬，不待言矣。即如六家篇譏尚書爲例不純，載言篇譏左氏不遵古法，人物篇譏尚書不載八元、八愷，寒浞、飛廉、惡來、閎夭、散宜生，譏春秋不載由余、百里奚、范蠡、文種、曹沫、公儀休、甯戚、穰苴，亦殊謬妄。至於史家書法在褒貶不在名號，昏厲如幽厲不能削其王號也，而稱謂篇謂晉康穆以下皆當削其廟號。』『蘧瑗位列大夫，未嘗棲隱，而品藻篇謂高士傳漏載其名。孔子門人欲尊有若，事出孟子，定不虛誣，而鑒識篇以史記載此一事，其鄙陋甚於褚少孫。皆任意抑揚，偏駁殊甚。』（四庫提要史部史評類）權張紀所論，蓋不能脫封建思想之影響。此點劉知幾亦早知之。史通自敍謂『談經者惡聞服杜之嗤，論史者憎言馬班之失，而此書多譏往哲，喜述前非，獲罪於時，固其宜矣。』則知幾固已有先見之明。然張紀兩氏除不滿知幾之『不少顧忌』及『詆訶太甚或悍然不顧其安』之外，對史通亦備致推挹之忱。張氏謂『序體法，明典要，爲作史者準繩，則是書亦可少哉！夫其上自唐虞，下及陳隋，網羅百氏，貫穿百家，雖謂前無古人可也。』紀昀亦謂『其縷析條分，如別黑白，一經抉摘，雖馬遷班固幾無詞以自解免，亦可云載筆之法家，著書之監史矣。』則史通評騭之精密可見。惟倘嫌其多空譽而少實指，浦起龍釋史通謂『攻劉見智者鮮有不索其瘢，而繼唐編史者罔敢不持其律，乃好勝之私與同然之是，交據而不能自斷，卒出於騁辯之一途，陰用其言而顯訾其書，吾不知其何說也。』又謂『曷言乎陰用其言也？曰，第取唐後成書印證之，斷可見矣。自其以編年紀傳辨塗轍也，而二體之式定。自其以史記漢書昭去取也，而斷代之例行。自其斥秦紀於末帝之先也，而開創無冒越之篇。自其擬世家以隨時所適也，而載紀有變通之義。自其論后妃稱紀或寄外戚皆非也，而傳首始正。自其論篇贊複衍更增銘體尤贅也，而駢韻都捐。自其力排班志之五行也，而災祥屏讖緯之蕪。自其痛詆　收之標題也，而稱謂絕誕妄之目。自其以書地因習爲失實也，而邑里一遵時制。自其以敍事煩飾爲深誡也，而瑣噱半落刊章。約舉數端，後史可覆，謂之陰用其言，不可槩見哉？夫古今人不相及，望兩漢之雄俊則道遠，效六朝之藻飾則眞喪，唯夫約法嚴，修辭潔，可以學企，可使質全，爲之嚮道者史通也。綜往飭歸，功亦博矣。故同一書也，耳食者曰工訶古人，心喻者曰導吾先路。』（史通通釋自敍篇按語）則史通之價值，得浦氏之釋而益彰矣。

第四節　官府纂修制度之確立

三代之時，國各有史，史書紀載爲史官之專業，此爲官府纂修制度之始。三代以後，史職不常，故唐以前史書多爲私家著述，前代史無論已，卽本朝史（實錄國史）雖頗由官府纂修，但因其制度未備，故其成就亦泰半由於私人之努力。自漢至隋，東觀蘭臺之址，祕書著作之名，或廢或置，忽有忽無，故官府纂修與私家著述，常並行而不悖，無若何之界限。影響所至，遂使兩晉南北朝私家著述之業，極蓬勃之大觀。及唐開史館，設立史官，且廣集衆材，修輯前代史，於是官府纂修之制，因而確立；上結秦漢以來史職不常之局，下奠宋元以後史官專業之基。自時厥後，私家著述與官府纂修，遂儼然成對立之勢，其影響於史學者至深且大。此中國史學上所應特書之一事也。

唐代史館中史官，員額四人，皆爲專任職；但以他職來兼理史職或館務者則不限此額。其名義初頗無定，後則以登朝官入館者並爲修撰，非登朝官並爲直館，修撰中以一人官高者判館事；以宰相監修。其修本朝史僅由史官負責，修前代史則以他官參加。史館待遇甚優，『館宇華麗，酒饌豐厚，得廁其流者，實一時之美事。』其望重才高者，且不必在館，亦可在外纂述。至書成之後，賞賚尤豐，除賜物加官外，甚有封爵蔭子者。史館史官之外，復有起居郎起居舍人之設。此職蓋託始於古代之左史右史，漢以後廢置不常，亦至唐而始爲固定，謂爲『載筆之別曹立言之貳職』。此唐代官府纂修之組織及其待遇也。

起居郎起居舍人所記之起居注，爲史官纂史之資料。『凡欲撰帝紀者，皆因之而成功。』長壽（公元六九二——）以後，從姚璹之請，由宰臣撰錄時政記，每月封送史館，以補起居注之不足。大曆（公元七六六）以後，有『諸司應送史館事例』之頒行，條分件析，限期送報，甚爲詳密。且規定『史館訪知事由堪入史者，雖不與前件色同，亦任直牒索；承牒之處，即依狀勘，並限一月內報。』此外諸臣列傳，亦有家傳行狀，可資參考。此唐代官府纂修之資料也。

修史之對象有二：一為本朝史，一為前代史。本朝史可分為國史與實錄。實錄專紀世主之事蹟，有似於本紀；國史則仿紀傳表志之體裁，實包實錄而有之。前代史修成者，有晉、梁、陳、齊、周、隋諸史；本朝史修成者，有高祖　太宗、高宗諸帝實錄十餘種，長孫無忌及劉知幾等唐書數種。其中以實錄成就尤多。此唐代官府纂修之對象及其成績也。

因官府纂修之制度，確立於唐代，故本節特略言其情形於上，以備一代之典實。至唐代以後，官府纂修之制，皆沿襲唐代而加以損益，雖名目不同而實際相似，後此用不復述焉。（關於中國歷代史官之建置與職守，請參看上編第三章，便知其凡。）

第五章　劉知幾

第一節　劉知幾與史通

劉知幾字子玄，『以玄宗諱嫌，故以字行。』（按玄宗諱隆基）彭城人，生唐高宗龍朔元年，（公元六六一）卒玄宗開元九年，（公元七二一）年六十一。知幾十二歲誦畢左氏傳，已能『略舉其大義』。自是歷讀史漢三國志以迄唐代實錄，『年十有七而窺覽略周』。『弱冠射策登朝』。『旋遊京洛，頗積歲月。公私借書，恣情披閱。至如一代之史，分爲數家，其間雜記小書，又競爲異說，莫不鑽研穿鑿，盡其利害。加以自少觀書，喜談名理，其所悟者皆得襟腑，非由染習。』『常恨時無同好，可以言者，惟東海徐堅，』『求城朱敬則，沛國劉允濟，吳興薛謙光，河南元行沖，陳留吳兢，壽春裴懷古，』『數子而已』。此可見知幾對史學自幼便有理解，其所成就，得於天資與力學，非關師友。

知幾『嘗欲自班馬以降迄於李、令狐、顏、孔諸書，莫不因其舊義，普加釐革，』以『恐驚末俗，取咎時人，』遲回未果。其後『三爲史臣，再入東觀，』『奉詔預修唐史』，『又敕撰則天實錄』，『常欲行其舊議，而當時同作諸士及監修貴臣，每與其鑿枘相違，齟齬難入，故其所載削，皆與俗浮沈。』忽忽不樂，遂與監修國史蕭至忠等諸官求退，』列舉『五不可』及『有所未喻』以譏刺史館之弊，言甚憤激，爲宗楚客等所惡，幾於得禍。

知幾旣『美志不遂，鬱怏孤憤，無以寄懷，』因『私撰史通以見其志』。『史通之爲書也，蓋傷當時載筆之士，其道不純，思欲辨其指歸，殫其體統。』知幾於史通自負甚高，謂此書『雖以史爲主，而餘波所及，上窮王道，下掞人倫，總括萬殊，包吞千有。』『其爲義也，有與奪焉，有褒貶焉，有諷刺焉，其爲貫穿者深矣，其爲網羅者密矣，其所商略者遠矣，其所發明者多矣。』語雖不謙，然足見其抱負。知幾富於懷疑精神，史通『多譏往哲，喜述前非。』今閱其所譏評，類能洞中史書之弊，且多積極之貢獻，蓋非徒以漫罵稱長者。嘗『自比揚雄』，以爲有四似，深恐其書不傳爲恨，有『撫卷漣洏，淚盡繼之以血』之嘆，亦可悲矣。

知幾論『自古文士多而史才少』，以爲『史才須有三長』，『才學識，世罕兼之，』『故史才少也』。夫有學無才，猶愚賈操金，不能殖貨；有才無學，猶巧匠無楩柟斧斤，弗能成室；善惡必書，使驕君賊臣知懼，此爲無可加者。』『時以爲篤論』。

知幾曾撰劉氏家史，對於劉氏祖先所出，不從俗說，『按據明白』足『正前代之謬』。其奏議『梁武帝南郊圖』及張僧繇『羣公祖二疏』閻立本『明君入匈奴』二畫，服裝動作，皆非古制，認爲非眞；疑古辨僞之識隨在可見，不僅局於史通一書也。（參見史通自敍忤時二篇及新舊唐書劉子元傳。）

第二節　論體例

（甲）史之體裁

知幾對於史體，頗多己見。謂『古往今來，質文遞變，諸史之作，不恆厥體，榷而為論，其流有六：』『一曰尚書家，二曰春秋家，三曰左傳家，四曰國語家，五曰史記家，六曰漢書家。』（史通六家）因列陳其得失，而統歸於二體，曰春秋，曰史記。以春秋為編年之始，而荀悅漢紀繼之；史記為紀傳之祖，而班固漢書承之。謂『後來作者，不出二途，』『欲廢其一，固亦難矣。』至論二者之短長，則謂『春秋者繫日月以為次，列世歲以相續，中國外夷，同年共世，莫不備載其事，形於目前，理盡一言，語無重出，此其所以為長也。至於賢士貞女，高才儁德，事當衝要者必盱衡而備言，跡在沈冥者不枉道而詳說。』『故論其細也，則纖芥無遺；語其麤也，則丘山是棄。此其所以為短也。』『史記者紀以包舉大端，傳以委曲細事，表以序其年爵，志以總括遺漏，』『顯隱必該，洪纖靡失。此其所以為長也。若乃同為一事，分在數篇，斷續相離，前後屢出。』『編次同類，不求年月，後生而擢居首帙，先輩而抑歸末章。』『此其所以為短也』。（史通二體）知幾既以編年紀傳並重，故於『古今正史』篇中兼舉春秋，不從當時隋志所列正史僅有紀傳體之目，蓋即根此持平之論也。

知幾於班固斷代爲史之體，推崇甚至。謂『漢書容西都之始末，窮劉氏之廢興，包舉一代，撰成一書，言皆精練，事甚該密，故學者尋討易爲其功。自古迄今，無改斯道。』而斥史記之『上起黃帝，下窮漢武，』及後人仿史記之著作。謂『史記疆宇遼闊，年月遐長，』『胡越相懸』，『參商是隔』，『事罕異聞，語饒重出。』而『通史以降，蕪累尤深，遂使學者寧習本書，而怠窺新錄。』『可謂勞而無功，述者所宜深誡也。』（史通六家）

因贊崇斷代爲史，故知幾對於史書斷限問題，亦嚴守以本史書所經歷之朝代爲限。卽素所稱道之漢書，雖嘉其『紀傳所存，惟留漢目；』然亦斥其『表志所錄，乃盡犧年。』謂爲『膠柱調瑟』。而慨於『後之作者咸習其迷：宋史則上括魏朝，隋書則仰包梁代，』『漢典所具而魏册仍編。』『永言其理，可爲歎息。』因主張卽使『一代之史，上下相交，若已見他說，則無宜重述；』『前撰已著，而後修宜輟。』否則『以水濟水，床上施床，徒有其煩，竟無其用。』（史通斷限）

（乙）史之篇章

知幾以紀傳爲記事之書，不當有載言之體。謂『方述一事，得其綱紀，而隔以大篇，分其序次，遂令披閱之者有所懵然。』因議『於表志之外，更立一書，若人主之制册誥令，羣臣之章表移檄，收之紀傳，悉入書部，題爲制册章表書。』（史通載言）

至於論本紀，則以爲『地遷陵谷，時變質文，而此道常行，終莫之能易。』惟當『求名責實』，勿濫成篇，『大事可書』，莫尙委曲。（史通本紀）論世家，則以爲世家之義，『開國承家，世代相續，』若『無世可傳，無家可宅，』卽不可以稱世家。又以自漢以來，『宗子稱王者，皆受制京邑，自同州郡；異姓封侯者，必從宦天朝，不臨方域；』『禮異人君』，『實同列傳』，亦不得濫爲世家之名。（史通世家）論列傳，則以爲『傳者列事』，『若二人行事，首尾相隨，』儘可『合體成篇』，『相參並錄』。其有『事跡雖寡，名行可崇，』亦無妨『寄在他篇，爲其標冠。』（史通列傳）論表歷，則以爲『載諸史傳，未見其宜，』因紀傳中『祖孫昭穆，年月職官，各在其篇，具有其說，用相考覈，居然可知，而重列之以表，成其煩費。』後人『祖述，迷而不悟，無異逐狂。』（史通表歷）論書志，則以爲『紀傳之外，有所不盡，隻事片文，於斯備錄。語其通博，信作者之淵海。』惟惜『間有妄入編次，虛張部帙，而積習已久，不悟其非。亦有事應可書，宜別標題，而古來作者曾未覺察。』因主張『海田可變，而景緯無易，』天文一志，『未見其宜』。又『藝文一體，古今是同，詳求厥義，』亦在所『宜除』。至於『天道遼遠』，『日蝕不常』，『前事已往，後來追證，』『實皆迂闊』，五行一志亦『徒煩翰墨』。此外則『都邑』『氏族』『方物』三志，『實爲志者所宜先，而諸史竟無其錄。』蓋『經始之義，卜揆之功，經百王而不易，無一日而可廢，』此『都邑』之宜撰志也。『遐邇來王，任土作貢，異物歸於計吏，奇名顯於職方，』此『方物』之宜撰志也。『用之於官，可以品藻士庶；施之於國，可以甄別華夷；』此『氏族』之宜撰志也。（史通書志）

論論贊，則以爲論贊之用，在於『事無重出，省文可知。』否則『每卷立論，其煩已多；嗣論以贊，爲黷彌甚。』『苟撰史若斯，難與議夫簡要。』且『人之善惡，史之褒貶，』亦『無假於此』，況尚多『與奪乖宜，是非失中，』『或言傷其實，或擬非其倫』者乎？（史通論贊）論序例，則以爲『若不先敍其意，難以曲得其情。』『史之有例，猶國之有法，』二者皆不可廢棄。惟『序』當『言辭簡質』，勿得『矜衒文彩』，致替『微婉之風』。而『凡例已立』，則『當與紀傳相符』，否則徒貽『蛇足』之譏。（史通序例）論序傳，則以爲『作者自敍』亦當有限，若遠徵上古，踰於本身，甚者『以誇尙爲宗』，纖微必載，則『施之家譜猶或可通，列於國史每見其失。』若『追述本系，妄承先哲，』則不僅『諂祭非鬼，神所不歆，』抑亦『致敬他親，人斯悖德』也。（史通序傳）論題目，則以爲『史名多以書記紀略爲主』，『名以定體，爲實之賓，苟失其途，有乖至理。』而列傳題目，則『文少者具出姓名』，『字煩者惟書姓氏』，『必人多而姓同者則結定其數』，『如此標格，足爲詳審。』若乃『全錄姓名，歷短行於卷中，叢細字於標外，其子孫附出者注於祖先之下，』則煩碎之至矣。（史通題目）論補注，則以爲『史傳小書，人物雜記，』『此之注釋，異乎儒士』之所爲，無論後人『補闕』與史臣『自刊』，終嫌其『才短力微』，『力闕倫敍』，徒『坐長煩蕪』，『有昏耳目』，『難以披覽』。（史通補注）論編次，則以爲必當『使閱之者雁行魚貫，皎然可尋；』若『統體不一，名目相違，』如『龜筴異物』，不『與八書齊列』，『輒與黠首同科』，『先黃老而

後六經，後外戚而先夷狄，老子與韓非並列，賈誼將荀彧同編，』則『朱紫以之混淆，冠履於焉顛倒。』（史通編次）

知幾闡論體例特識固多，而囿蔽亦復不少。略言其大，則推崇班書，知斷代爲史之功；闢天文五行，破迂儒迷信之妄。具嚴『斷限』之說，特創『三志』之名。是其識也。若乃謂表歷爲『煩費』，以藝文爲『宜除』，以『記事之書不當有載言之體』，謂列傳題目『全錄姓名』，爲不勝『煩碎』。是其蔽也。

第三節　論義法

（甲）史之書法

知幾對於史書之書法，首在正名。以『名之折中，君子所急；』『司馬遷撰史記，項羽僭盜而紀之曰王。』『自茲已降，訛謬相因，名諱所施，輕重莫等。』『天子而稱諱』，『匹夫而不名』，『愛憎出於方寸』，『與奪由其筆端』，此類『文章』，『實同兒戲』。（史通稱謂）

次論抉擇。謂『方以類聚，物以羣分，』若『珍瓴甋而賤璠璵』，『策駑駘而捨騏驥』，則必使『蘭艾相雜，朱紫不分。』故『史官』必當『能申藻鏡，區別流品，使小人君子臭味得明，上智下庸等差有敍，則懲惡勸善永肅將來，激濁揚清鬱爲不朽者矣。』（史通品藻）

次論直言。謂『史之爲務』，必當『申以勸誡，樹之風聲，其有賊臣逆子淫君亂臣，苟直書其事，不掩其瑕，則穢跡彰於一朝，惡名被於千古。』『若南（史）董（狐）之仗氣直書，不避強禦；韋（昭）崔（浩）之肆情奮筆，無所阿容；雖周身之防有所不足，而遺芳餘烈，人到於今稱之。』否則『假回邪以竊位』，『持諂媚以偷榮』，『寧順從以保吉』，『不違忤以受害』，則『貫三光而洞九泉，曾未足喻其高下。』（史通直書）

然『子爲父隱，直在其中，』古之『史氏，有事涉君親，必言多隱諱。』知幾以爲此雖可存『名教』，而究不足於『直道』，而況『舞詞弄扎，飾非文過，』『或假人之美藉爲私惠，或誣人之惡持報己讎，』遂謂『史之不直，代有其書。』『古之書事也，令賊臣逆子懼；今之書事也，令忠臣義士羞。』『昔秦人不死，驗苻生之厚誣；蜀老猶存，知葛亮之多枉。』『蓋史之爲用也，記功司過，彰善癉惡，得失一朝，榮辱千載。』苟『曲筆阿時』『諛言媚主』『豈曰能官』？因致慨於『古來唯聞以直筆見誅，不聞以曲詞獲罪，』是『欲求實錄，不亦難乎？』（史通曲筆）

因設譬以明之：謂『明鏡之照物也，妍媸必露，不以毛嬙之面或有疵瑕而寢其鑒也；虛空之傳響也，清濁必聞，不以緜駒之歌時有誤曲而輟其應也。夫史官執簡，宜類於斯。苟愛而知其醜，憎而知其善，善惡必書，斯爲實錄。』（史通惑經）

惟知幾之所謂『善惡必書』，並非漫無限制，彼以爲『所謂直筆者，不掩惡，不虛美；書

之有益於褒貶，不書無損於勸誡，但舉其宏綱，存其大體而已；非謂絲毫必錄，瑣細無遺者也。』（史通雜說下）

然則何者宜書，何者則否？荀悅於此曾立五志：『一曰達道義，二曰彰法式，三曰通古今，四曰著功勛，五曰表賢能。』干寶釋之，謂『體國經野之言』，『用兵征伐之權』，『忠臣烈士孝子貞婦之節』，『文誥專對之辭』，『才力技藝殊異』，有是五者，『則書之』。知幾『猶恐未盡』，乃『更廣以三科，用增前目：一曰敍沿革，二曰明罪惡，三曰旌怪異。』以『禮儀用捨節文升降』，『君臣邪僻國家喪亂』，『幽明感應禍福萌兆』，有是三者，則亦書之。謂『以此三科，參諸五志，則史氏所載，庶幾無闕，求諸筆削，何莫由斯』矣。（史通書事）

知幾又以『古之作者鮮能無病』，因尋究其失，厥有四端：『各自彈射，遞相瘡痏，』『笑他人之未工，忘己事之已拙，』一也。『論王業則黨悖逆而誣忠義，敍國家則抑正順而褒簒奪，述風俗則矜夷狄而陋華夏，』二也。『州里細事，委巷瑣言，聚而編之，目爲鬼神傳錄，』『言唯迂誕，事多詭越，』三也。『喜載調謔小辯，嗤鄙異聞，』『其事蕪穢，其辭猥雜，』四也。至於『近代史筆』，亦以『敍事爲難』，論其煩甚，亦有其四：『德彌少而祥彌多，政逾劣而瑞逾盛。』是蓋『主上所惑，臣下相欺，』『而史官徵其謬說，錄彼邪言。』其煩一。『臣弒其君，子弒其父，抑惟常理，非復異聞，載之簡策，一何辭費？』其煩二。『三公已下，一命以上，苟沾厚祿，莫不備書，』『贊唱爲之口勞，題署由其力倦。』其煩三。『父官令長，子秩丞郎，聲不著於一鄉，行無聞於十室，乃敍其名位，一一無遺，此實家牒，非關國史。』其煩四。（史通書事）

知幾既歷數古代及當時史家書事之失，復恐已意未能盡達，因以漢書五行志爲例，細加指摘，『條其錯謬，定爲四科：一曰引書失宜，二曰敍事乖理，三曰釋災多濫，四曰古學不精。』詳言之，則『引書失宜者，其流有四：一曰史記左氏，交錯相併；二曰春秋史記，雜亂難別；三曰屢舉春秋，言無定體，四曰書名去取，所記不同。』『敍事乖理者，其流有五：一曰徒發首端，不副徵證；二曰虛編古語，討事不終；三曰直引時談，竟無他述；四曰科條不整，尋釋難知；五曰標舉年號，詳略無準。』『釋菑多濫者，其流有八：一曰商榷前世，全違故實；二曰影響不接，牽引相會；三曰敷衍多端，準的無主；四曰輕持善政，用配妖禍；五曰但伸解釋，不顯符應；六曰考覈雖讖，義理非精；七曰妖祥可知，寢嘿無說；八曰不循經典，自任胸懷。』『古學不精者，其流有三：一曰博引前書，網羅不盡；二曰兼採左氏，遺逸甚多；三曰屢舉舊事，不知所出。』（史通五行志錯誤）此雖爲五行志而發，但『觸類而長，他皆可知，』三弊之反，是在來者。

（乙）史之文字

至於史文之繁簡與顯晦，華樸與古今，凡此問題，於歷史之義法所關甚大。知幾於此亦有創獲。先言繁簡。知幾謂『國史之美者，以敘事爲工；而敘事之工者，以簡爲主。簡之時義大矣哉。』因慨『始自兩漢，迄乎三國，國史之文，日傷煩富，逮晉已降，流宕逾遠。尋其冗句，摘其煩詞，一行之間，必謬增數字，尺紙之內，恆虛費數行。』不知『敘事之體，其別有四：有直紀其才行者，有唯書其事跡者，有因言語而可知者，有假讚論而自見者。』『凡此四者，皆不相須，若兼而畢書，則其費尤廣。』故『敘事之省，其流有二：一曰省句，二曰省字。』『省句爲易，省字爲難。洞識此心，始可言史。』（史通敘事）『夫詞寡者出一言而已周，才蕪者須數句而方浹。』（史通浮詞）若『能損之又損，而玄之又玄，』則將『輪扁所不能語斤，伊摯所不能言鼎也。』（史通敘事）知幾既闡史文宜簡之理，復恐『凡俗難曉，下愚不移，』因『輒擬其事，鈔自古史，傳文有繁者，皆以筆點其上，』或去或補，或易或移，務歸於簡，作點繁一篇以示例。『庶觀者易悟，其失自彰。』（史通點繁）此繁簡之說也。

知幾因主張史文宜簡，故亦主張史文宜晦。謂『章句之言，有顯有晦。顯也者，繁詞縟說，理盡於篇中；晦也者，省字約文，事溢於句外。』必當『言近而旨遠，辭淺而義深，雖發語已殫，而含意未盡。使夫讀者望表而知裏，捫毛而辯骨。』『一言而巨細咸該，片語而洪纖靡漏。』『晦之時義，不亦大哉！』（史通敘事）此顯晦之說也。

次論華樸。知幾以爲『禮云禮云，玉帛云乎哉！史云史云，文飾云乎哉！』（史通雜說下）謂『史之敘事也，當辨而不華，質而不俚，其文直，其事核，若斯而已可矣。必令同文舉之含異，等公幹之有逸，如子雲之含章，類長卿之飛藻，此乃綺揚繡合，雕章縟彩，欲稱實錄，其可得乎？』（史通鑒識）知幾既以史文應從樸質，勿尚華靡，故對於浮藻之文，史書中亦宜加以屏斥。謂『爰自中葉，文體大變，樹理者多以詭妄爲本，飾辭者務以浮麗爲宗，』『喩過其體，詞沒其義，』『無裨勸懲，有長奸詐。』『權而論之，其失有五：一曰虛設，二曰厚顏，三曰假手，四曰自戾，五曰一槩。』『雖事皆形似，而言必憑虛，』『史氏所書，固當以正爲主；』若漫『不之察，聚彼虛說，編而次之，猥自起居，成於國史，連章畢錄，一字無廢，非復史書，更成文集』矣。『凡今爲史而載文也，苟能撥浮華，採眞實，亦可使夫雕蟲小技者，聞義而知徙矣。』（史通載文）此華樸之說也。

知幾旣主史文之宜樸，故亦主史文之宜今。謂『三傳之說，既不習於尙書；兩漢之詞，又多違於戰策。足以驗甿俗之遞改，知歲時之不同。而後來作者通無遠識，記其當時口語，罕能從實而書，方復追效昔人，示其稽古。是以好丘明者則偏模左傳；愛子長者則全學史公。用使周秦言辭，見於魏晉之代；楚漢應對，行乎宋齊之日。』因贊『王（劭）宋（孝王）著書，』『抗詞正筆，務存直道，方言世語，由此畢書。』而今人乃責以『言多滓穢，語傷淺俗。』是不知『本質如此，而推過史臣，猶鑑者見嫫姆多媸，而歸罪於明鏡。』若以『已古者即謂其文，猶今者乃驚其質，』則未解於『天地久長，風俗無恆，後之視今，亦猶今之視昔。』『而作者皆怯書今語，勇效昔言，不其惑乎！』（史通言語）又『州郡則廢置無恆，名目亦古今各異，而作者爲人立傳，每云某所人也，其地皆取舊號，施之於今。』『且自世重高門，人輕寒族，竟以姓氏所出，邑里相矜；」馴至『虛引他邦，冒爲己邑。』『積習相傳』，『迷而不還』，『欲使南北不亂，淄澠可分，得乎？』（史通因習下）此古今之說也。

知幾推闡義法，創見實多。其論史文，應採今語，戒倣昔言，不僅爲當時之對症下藥，即今日猶可用之。至史家褒貶，則着重於『不掩惡不虛美』，則尙爲持平之論。惟謂文宜簡晦，勿取繁顯，不知簡固爲難，而晦尤不易；若使『矯枉過正』，必將『莫知所去』矣。

第四節　論採撰

（甲）史料之採輯

採輯史料與撰修史書，二者亦爲史學上之問題。關於採輯史料，知幾以爲必廣搜博覽，方能『殫見洽聞』。謂『珍裘以衆腋成溫，廣廈以羣材合構，自古探穴存山之士，懷鉛握槧之流，何嘗不徵求異說，採摭羣言，然後能成一家，傳諸不朽。』（史通採撰）故『芻蕘之言，明王必擇；葑菲之體，詩人不棄。』學者必須『博聞舊事，多識其物，若不窺別錄，不計異書，專治周孔之章句，直守遷固之紀傳，亦何能自致於此乎！』（史通雜述）此採輯史料之宜廣也。

但若徒矜宏博，『而無詮擇』，則將『眞僞不別，是非相亂，』亦何貴於多聞。故知幾又以爲欲言博洽，必當辨史事之是非，明史蹟之眞僞。略謂『郡國之記，譜諜之書，務欲矜其州里，誇其氏族，』若『皆徵彼虛譽，定爲實錄，』而『不別加研覈，何以詳其是非。』『夫同說一事，而分爲兩家，』此『蓋言之者彼此有殊，故書之者是非無定。況古今時阻，視聽壤隔，或以前爲後，或以有爲無，涇渭一亂，莫之能辨。』（史通採撰至）於『敵國相讐，交兵結怨，載諸移檄，用可致誣，列諸緗素，實爲妄說。』『未達此義，安可言史？』（史通因習上）

又古人作述，『外爲賢者，內爲本國，事靡洪纖，動皆隱諱，』（史通疑古）遂使是非紛淆，眞僞無別。關於此例，更僕難數，史通中疑古惑經二篇，卽詳言其事。疑古舉十條以示其懷疑，惑經列十二例以表所未喻。（史通疑古惑經）問不蹈虛，讞皆切實。於是知幾從而斷之曰：『爲史之道，其流有二。何者？書事記言，出自當時之簡；勒成刪定，歸於後來之筆。』詳言之，卽採輯時範圍不可不廣，否則無以見其會通，難以言其博洽；而撰修時詮擇不可不嚴，否則將不辨其是非，何以明其眞僞。故知幾以爲二者雖『前後不同，然相須而成，其歸一揆。』（史通史官建置）此採輯史料旣宜廣而又當詮擇之說也。

（乙）史書之撰修

次論撰修史書，其途有二，有私家著述與官府纂修。知幾因『三爲史臣』，飽歷酸鹹，故深知官府纂修不及私家著述。謂『近古每有著述，必以大臣居首』。而『居斯職者必恩幸貴臣，凡庸賤品，飽食安步，坐嘯畫諾，若斯而已。』故『凡所引進，皆非其才，或以勢利見升，或以干祈致擢。』而此『修史者』『或當官卒歲，竟無刊述，而人莫之知也；或輒不自揆，輕弄筆端，而人莫之見也。』『可以養拙，可以藏愚，綉衣直指所不能繩，強項申威所不能及，斯固素食之窟宅，尸祿之淵藪。』（史通辨職）以致『趨競之士尤喜居於史職，至於措辭下筆者十無一二焉。既而書成繕寫，則署名同獻；爵賞既成，則攘袂爭受。』『生則厚誣當時，死則致惑來代。』（史通史官建置）

知幾因慨論史職之難修，史官之不可爲，列舉五端，以見梗概：一則修史者，『人自以爲荀袁，家自稱爲政駿，每欲記一事，皆閣筆相視，含毫不斷，故首白可期，汗青無日。』二則『史臣編錄，唯自採詢，』而『求風俗於州郡，視聽不該；討沿革於台閣，簿籍難見。』雖聖人『再出，猶且成其管窺；』況『限以中才，安能遂其博物。』三則『館中作者多士如林』，『倘有五始初成，一字加貶，言未絕口，而朝野具知；筆未栖毫，而縉紳咸誦。』『取嫉權門』，『見讐貴族』。四則『史官注記，多取稟監修，楊令公則云必須直詞，宗尚書則云宜多隱惡。十羊九牧，其令難行；一國三公，適從何在。』五則『屬詞比事，勞逸宜均，揮鉛奮墨，勤惰須等。』而『監之者既不指授，修之者又無遵奉，用使爭學苟且，務相推避，坐變炎涼，徒延歲月。』（史通忤時）綜此五端，故知幾慨然謂私家著述之可貴，以爲『丘明之修傳也，以避時難；子長之立記也，藏之名山；班固之成書也，出自家庭；陳壽之爲志也，創於私室。然則古來賢雋，立言垂後，何必身居廨宇，跡考僚屬，而後成其事乎？』（史通辨職）此撰修史書，官府纂修不如私家著述之說也。

知幾採輯史料之論，吾人殊無間然。惟其盛斥官府纂修，此自唐代之情形，而未能應用之於今日者。私家著述雖不乏雋識通才，然官府纂修亦何嘗無宿儒績學。至所列五端，若能主持得人，明定科條，審配職守，嚴以程限，優予保障，但使『相期高於周孔』，而不『見待下於奴僕』，則『人思自勉，書可立成』矣。以今日言之，私家著述，既獨力之難支，又見聞之恐寡，心志或懼無恆，時力亦虞不繼。則二者得失，殊未易言也。

第六章　五代宋之史學

第一節　前代史之續修與本朝史之編纂

（甲）前代史之續修

五代承唐之敝，天下亂離，於斯已極，而年促祚短，篡殺相尋，較南北朝爲尤甚，乃在此期中尙有後晉劉昫等唐書之成，殊使人生空谷足音之歎。（按王溥五代會要載後唐長興三年，史館以唐宣宗、懿宗、僖宗、昭宗四朝實錄尙未纂修，奏乞廣行採訪『逐朝日曆銀臺事宜內外制詞百司沿革簿籍不限卷數，據有者抄錄進獻，若民間收得或隱士撰成，即令各列姓名請議爵賞。』此實爲劉昫等修撰唐書之嚆矢。）宋興，命薛居正等修五代史。其後以劉昫唐書成於亂離之際，頗多疏舛，乃命歐陽修宋祁等重修。新書行而舊書廢。而歐陽修復私選五代史，仿春秋之筆法，專事褒貶。元明以後，歐史盛行，而薛史亦幾廢，淸乾隆時薛史刊本竟至不可得，只能於永樂大典中採輯重編。與宋先後同時之遼金，因文字之不同，故對於前代史之修撰，無若何之能力，只將前代史加以翻譯解釋而已。如遼重熙十五年（公元一〇六四）詔命蕭韓家奴譯解五代史，及金大定六年（公元一一六六）徒單鎰之史記西漢書譯解，皆可爲證。而金之文化較遼爲高，故尚有蕭永祺之遼史七十五卷，及黨懷英陳大任纂修之遼史，惜今皆不傳。（金門詔補三史藝文志參倪燦補遼金元藝文志）又遼金兩國皆先亡於宋，故宋亦命葉隆禮撰修契丹國志二十七卷，（帝紀十二卷，列傳七卷，晉降表宋遼誓書議書一卷，南北朝及諸國饋貢禮物數一卷，雜載地理及典章制度二卷，行程錄及諸雜記四卷。）而宇文懋昭亦表進其所著之大金國志四十卷。（紀二十六卷，開國功臣傳文學翰苑傳二卷，雜錄三卷，雜載制度七卷，許元宗奉使行程錄一卷。）惟前者諸多疏舛，後者經人竄亂，均多可議之處。（詳見四庫提要史部別史類）茲錄五代宋所修之前代史而列於正史者如左：

（子）舊唐書

舊唐書，後晉劉昫等奉敕撰。據史通、新唐書藝文志、崇文總目，知許敬宗、牛鳳及、劉知幾、吳兢、韋述、于休烈、令狐峘等，各有唐史之作，劉昫等實用之爲藍本。其書不出於一手，故多牴牾枝蔓之辭。自宋嘉祐後，歐陽修宋祁等重撰新書，此書遂廢。然其本流傳不絕，後人亦互有是非。淸乾隆中定正史之目，新舊唐書始並列焉。全書二百卷，計本紀二十，志三十，列傳一百五十。志分十一類：一、禮儀，二、音樂，三、曆，四、天文，五、五行，六、地理，七、職官，八、輿服，九、經籍，十、食貨，十一、刑法。列傳除通常外，其特標篇目者，有后妃、宗室、外戚、宦官、良吏、酷吏、忠義、孝友、儒學、文苑、方伎、隱逸、列女、突厥、吐蕃、南蠻、西戎、東夷、北狄等。其書起唐高祖武德元年，（公元六一八）迄哀帝天佑四年，（公元九〇七）凡二百九十年。

（丑）舊五代史

舊五代史，宋薛居正等奉敕撰。宋開寶中，（公元九六八—九七六）詔修梁、唐、晉、漢、周五代史書，盧多遜李昉等同修，薛居正等監修。其書多據累朝實錄及范質五代通錄爲藁本。其後歐陽修別撰五代史記，藏於家；修歿後，官爲刊印，二書遂並行於世。至金章宗泰和七年（公元一二〇七）詔學官止用歐史，於是薛史遂微。元明以來，罕有援引其書者，傳本亦漸就湮沒。清乾隆中，既表章劉昫舊唐書，後命館臣就永樂大典各韻中所引薛史，甄錄條繫，排纂先後，檢其篇第，尙得十之八九；又考宋人書之徵引薛史者，每條採錄，以補其闕，遂得依原本卷數，勒成一編，卽今書也。（詳見四庫提要史部正史類）全書一百五十卷，計梁書二十四卷，唐書五十卷，晉書二十四卷，漢書十一卷，周書二十二卷，世襲列傳二卷，僭僞列傳三卷，外國列傳二卷，志十二卷。別爲目錄二卷，而卷首並附以凡例焉。志分十類：一、天文，二、曆，三、五行，四、禮，五、樂，六、食貨，七、刑法，八、選舉，九、職官，十、郡縣。所經時間，起唐僖宗乾符中黃巢之亂，（公元八七五—）迄周顯德七年，（恭帝立未改元。公元九六〇。）凡八十五年。

（寅）新唐書

新唐書，宋歐陽修宋祁等奉敕撰。（淸錢大昕有修唐書史臣表一卷，可參閱。）初劉昫著舊唐書宋人多有非議，以爲五季士氣卑弱，不足以起其文。慶曆中，（公元一〇四一—一〇四八）詔修與祁等共加删定，『其事則增於前，其文則省於舊。至於名篇著目，有革有因；立傳紀實，或增或損。』視舊書加密焉。（見進新唐書表）然新書亦未能盡滿人意，攻之者亦不少。全書二百二十五卷，計本紀十，志五十，表十五，列傳一百五十。志分十三類：一、禮樂，二、儀衛，三、車服，四、曆，五、天文，六、五行，七、地理，八、選舉，九、百官，十、兵，十一、食貨，十二、刑法，十三、藝文。表分四類：一、宰相，二、方鎮，三、宗室世系，四、宰相世系。列傳除通常外，其特標篇目者，有后妃、宗室、公主、藩將、忠義、卓行、孝友、隱逸、循吏、儒學、文藝、方技、列女、外戚、宦者、酷吏、藩鎮、突厥、吐蕃、北狄、東夷、西域、南蠻、姦臣、叛臣、逆臣等。所經時間，與舊書同。其書則志多於舊史，表爲舊史所無，列傳則創六十一人，增多三百三十有一人。書末附釋音二十五卷。

（卯）新五代史

新五代史，宋歐陽修撰，徐無黨註。唐以後所修諸史，惟此書爲私撰，故當時未上於朝。修歿之後，始詔刊其書；元明以後，幾奪薛史之席。其書『褒貶祖春秋，故義例謹嚴；敍述祖史記，故文章高簡；』爲薛史所不及。而『事實不甚經意』，『傳聞多謬』，則薛史亦自有一得之長。（詳見四庫提要史部正史類）全書七十四卷，計本紀十二，列傳四十五，考三卷，世家十卷，年譜一卷，附錄三卷。本紀分梁、唐、晉、漢、周五類。列傳分爲各代家人傳、各代臣傳、死節傳、死事傳、一行傳、唐六臣傳、義兒傳、伶官傳、宦者傳、雜傳十類。考分司天、職方兩類。世家分吳、南唐、前蜀、後蜀、南漢、楚、吳越、閩、南平、東漢十類。附錄爲四夷。所經時間與舊五代史同。

（乙）本朝史之編纂

五代世促祚短，一人之身常歷數代，故每有同一史官而撰修世主實錄至更歷數姓者。此種現象爲歷史所僅見。五代國史之作無聞，而實錄則尚告完備。實錄自唐代大成巳後，自是歷朝實錄之修，遂成爲定例。五代雖亂離巳極，而實錄之修甚爲努力，卽其明證。後梁有張袞郄象等太祖實錄二十卷，張昭遠等末帝實錄十卷。後唐有張昭遠等懿祖紀年錄一卷，獻祖紀年錄一卷，太祖紀年錄二十卷，莊宗實錄三十卷，（天成四年上，公元九二九。）明宗實錄三十卷，（淸泰三年上，公元九三六。）閔帝實錄三卷，廢帝實錄十七卷。（據五代會要知顯德四年張昭遠——避後漢高祖諱改名昭——奉詔編修周祖實錄，與梁唐二末帝實錄，因請並修閔帝實錄。）後晉有賈緯等高祖實錄三十卷，少帝實錄二十卷。（廣順元年上，公元九五一。）後漢有賈緯等高祖實錄二十卷，（乾祐二年上，公元九四九。）張昭遠等隱帝實錄十五卷。（舊五代史周世宗本紀載，顯德四年，張昭遠奉詔編修太祖實錄，奏以漢隱帝君臨在太祖之前，其歷試之績，竝在隱帝朝內，請先修隱帝實錄以全太祖之事。）後周有張昭遠等太祖實錄三十卷，（顯德五年上，公元九五八。）王溥等世宗實錄四十卷。此五代所修之本朝史也。至於十國，則較大者亦有所纂，如高遠之南唐烈祖實錄二十卷，及李昊之後蜀高祖實錄三十卷，後蜀主實錄四十卷，即其一例。

宋代所修本朝史，成績亦佳。國史方面，景德四年，（公元一〇〇七）詔王欽若、陳堯佐、趙安仁、晁迥、楊億等修太祖太宗正史，王旦監修；九年（公元一〇一六）書成，凡一百一十卷。天聖四年，（公元一〇二六）呂夷簡、夏竦、陳堯佐修眞宗正史，王曾提舉；八年（公元一〇三〇）上之，凡一百五十卷，謂之三朝國史。熙寧十年，（公元一〇七七）詔修仁宗英宗正史，宋敏求、蘇頌、王存、黃履等編修，吳充提舉，元豐五年（公元一〇八二）王珪李清臣等上之，凡一百二十卷，謂之兩朝國史。紹興二十八年，（公元一一五八）罷史館置國史院，專修神宗、哲宗、徽宗、欽宗四朝國史，以事蹟多，故隨成隨進，歷二十餘年，至淳熙十三年，（公元一一八六）始全稿完成奏上，凡三百五十卷，謂之四朝國史，以李燾洪邁致力爲多。上皆北宋之國史，至南宋則國史之作，並未一成。蓋南宋修四朝國史，費時三十年，僅得完篇，精力已竭，喘息方定，而國家又日以多事，國史之無成，非無故也。

宋代實錄因黨見之故，屢有修改，甚者至於三修。其風唐代已然，而宋尤烈。太祖實錄，太平興國五年，（公元九八〇）沈倫李昉等修成，凡五十卷。咸平元年，（公元九九八）以前錄頗多漏略，復命錢若水王禹偁等重加編纂，李端監修，端罷李沆代。明年書成，亦爲五十卷。太宗實錄，咸平元年，錢若水楊億等修成，凡八十卷。眞宗實錄，天聖二年，（公元一〇二四）王欽若晏殊等修成，凡一百五十卷。仁宗實錄，熙寧二年，（公元一〇六九）韓琦王珪等修成，凡二百卷。英宗實錄，亦於熙寧二年，曾公亮呂公著等修成，凡三十卷。神宗實錄，元祐六年，（公元一〇九一）趙彥若范祖禹等修成，凡二百卷；紹聖中（公元一〇九四—一〇九七）蔡卞曾布等重修。『其朱書繫新修，黃字繫刪去，墨字繫舊文，其增改刪易處，則又有籤貼。』其去取標準，大抵以王安石日錄爲主，亦二百卷，（宋志作三百卷，此據直齋書錄解題）號爲朱墨史。建炎初，（公元七八五—）以蔡卞等所重修之神宗實錄，諸多誣罔，有詔再修，紹興六年（公元一一三六）趙鼎范冲等修成，亦二百卷，（宋志作五卷，此據直齋書錄解題）號曰考異，亦用朱、墨、黃三書，而明其去取之意。哲宗實錄，崇寧中（公元一一〇二—一一〇六）蔡京等修成，凡前錄一百卷，後錄九十四卷。蔡京之意，以元祐間宣仁太后垂簾，廢止新法，政非出於哲宗，故分前後錄以爲別。紹興四年，（公元一一三四）以蔡京等所修，事多失實，不足傳信，命范冲等重修，六年書成，凡一百五十卷。徽宗實錄，紹興二十八年（公元一一五八）湯思退等修成，凡一百五十卷。乾道五年，（公元一一六九）李燾請重修；淳熙四年，（公元一一七七）書成，凡二百卷。欽宗實錄，乾道四年，（公元一一六八）洪邁等修成，凡四十卷。此皆北宋諸帝之實錄也。南宋諸帝之實錄，則有傅伯壽等高宗實錄五百卷，傅伯壽陸游等孝宗實錄五百卷，光宗實錄一百卷，范鍾等寧宗實錄四百九十九冊，及理宗實錄初藁一百九十冊，度宗時政記七十八冊，德祐事蹟日記四十五冊。又宋代有曰曆所之設，成續亦甚佳。宋史藝文志有高宗日曆一千卷，孝宗日曆二千卷，光宗日曆三百卷，寧宗日曆五百一十卷，理宗日曆二百九十二冊又一百八十冊之著目，亦可謂鉅觀矣。考李燾上高宗日曆表，有云，『用春秋四繫之法，取左右史起居注，三省密院時政記，及百司移報，錯綜成章，凡關於時，靡不畢載。』則可知日曆與實錄體例相近，有同一之價值。此皆南宋諸帝之實錄也。

遼金兩代之本朝史，僅有實錄一體爲頗備。遼有蕭韓家奴等遼先朝事迹二十卷，耶律儼皇朝實錄七十卷，室昉邢抱朴等統和實錄二十卷。金有完顏勗等金始祖以下十帝實錄三卷，宗弼等太祖實錄二十卷，紇石烈良弼等太宗實錄、熙宗實錄、海陵實錄、睿宗實錄，及完顏匡等世宗實錄、顯宗實錄，高汝礪等章宗實錄，並宣宗實錄，各若干卷。厥後元修遼金二史，卽多以兩代實錄爲憑焉。（本節一段請參閱王溥五代會要，宋史藝文志，倪燦補遼金元藝文志，金門詔補三史藝文志，錢大昕補元史藝文志，並晁公武郡齋讀書志，陳振孫直齋書錄解題史部著目。）

第二節　編年史體與資治通鑑

（甲）編年史體之成功

編年一體原爲古代史官所通用，亦卽古代嚴格之史書。春秋爲古史之祖，卽用編年之體而作。晉之乘，楚之檮杌，以理測之，當亦編年之體。（今世所行之竹書紀年亦編年體）然春秋簡略已甚，事蹟每多不明，時日亦有脫漏；重以後世學者以其爲孔子之微言大義所寄，鑽研目的別有所在，尊之爲經，不復視之爲史。故史記既行，此體遂微。後漢荀悅就班固漢書依左氏傳體爲漢紀三十篇，晉袁宏繼之，作後漢紀三十卷，於是編年之體復興。而自漢以後，常有起居注一類以紀君主朝廷之事，唐後實錄盛行，代有繼作，爲修纂國史者所必取資。實錄及起居注，皆編年體也。則編年體固亦自有其封域在，劉知幾史通分敍六家，統歸二體，則紀傳編年原有同等之價值。然知幾當時所見之編年體，若漢紀後漢紀若起居注，若實錄，則事難通貫，語猶疏略，未盡善也。及宋司馬光資治通鑑出，而編年史乃達於絢爛美備之域。影響所及，作者紛起。自春秋已來編年體之史書，至是方告成功，此知幾所未及見，而實爲宋代史學之一特色，不可忽也。

（乙）資治通鑑及其繼起

編年史體至宋而成功，其故實由於司馬光之資治通鑑。『其書網羅宏富，體大思精，爲前古之所未有。』因之繼起者累代不絕；又因其書之迄於五季，於是繼起者多致力於五季後之續作。宋、元、明、清各有所續，而尤以清畢沅所撰之續資治通鑑爲備，足以合司馬光之書，與之媲美。茲錄資治通鑑及其繼起諸作之內容，以見一斑。

（子）資治通鑑

資治通鑑，宋司馬光奉敕撰。凡二百九十四卷，起周威烈王二十三年，（公元前四〇三）以上接左傳，下迄五季，（周世宗顯德六年，公元九五九。）合十六代一千三百六十二年。『初光嘗約戰國至秦二世如左氏體，爲志八卷以進，英宗悅之，遂命論次歷代君臣事迹。』『以英宗治平二年（公元一〇六五）受詔編纂，以神宗元豐七年（一〇八四）十二月書成奏上，凡越十九年而後畢。』『神宗御製序，賜名資治通鑑。』『助其事者，史記前後漢書屬劉攽，三國南北朝屬劉恕，唐五代屬范祖禹。』『其採用之書，正史以外，雜史至三百二十二種。』『故其書』『名物訓詁，浩博奧衍，』『非淺學所能通』。『南渡後注者紛紛，而乖謬彌甚，至元胡三省乃匯合羣書，訂譌補漏，以成音注。』『光編集通鑑，有一事用三四出處纂成者。其間傳聞異詞，稗官既喜造虛言，正史亦不皆實錄，光既擇可信者從之，復參考同異別爲』考異三十卷，『辨正謬誤，以袪將來之惑。』『其書原與通鑑別行，胡三省作音注，始散入各文之下。』同時光又以『通鑑一書，包括宏富；而篇帙浩繁，恐讀者倦於披尋，故於編纂之時，提綱挈要，併成』目錄三十卷。『其體全仿年表，用史記漢書舊例，』『年經月緯，著其歲陽歲名於上，而各標通鑑卷數於下；又以劉羲叟長歷氣朔閏月及列史所載七政之變著於上方；復撮書中精要之語，散於其間。』此書今附於通鑑以行。光撰通鑑之意，據其進書表自言，則在『專取關國家盛衰，繫生民休戚，善可爲法，惡可爲戒者。』故特詳於治亂之迹，致嚴於鑑戒之義。書中評論，隨處可見。以『臣光曰』三字爲起辭，以下卽發揮其議論，此例雖不自光始，然宋元以後，專門就史事評騭以爲鑑戒者，則頗受光之影響。

（丑）通鑑外紀

通鑑外紀，宋劉恕撰。司馬光資治通鑑起周威烈王迄於五季，頗嫌不全，恕因攄周威烈王以前事蹟，爲外紀。凡庖羲以來紀一卷，夏紀商紀共一卷，周紀八卷，共爲十卷。『於上古之事可信者，大書；其異同舛誤以及荒遠茫昧者，或分註，或細書。』『又目錄五卷，年經事緯，上列朔閏天象，下列外紀之卷數，悉與司馬光通鑑目錄例相同。』『於共和以後，據史記年表編年，共和以前皆謂之疑年，不標歲陽歲陰之名，並不縷列其數。』此書頗嫌『細大不捐』，有好奇之誚。於是金履祥乃有通鑑前編之作。其書十八卷，另舉要三卷。內容『斷自唐虞以下，接於資治通鑑。』『引經據典，以矯劉恕之好奇。』惟『去取失當，亦未必遠在恕上也。』

（寅）續資治通鑑長編

續資治通鑑長編，宋李燾撰。原書久散逸，清乾隆時就永樂大典錄成一帙，勒爲五百二十卷。其書『踵司馬光通鑑之例，備採一祖八宗事蹟，』而編成之，實爲北宋一代之編年史。惜徽欽二紀，大典不載，又佚去熙寧紹聖間七年之事，殊覺美中不足。『然自哲宗以上，年經月緯，遂已詳盡無遺，』亦足以上續通鑑。

（卯）建炎以來繫年要錄

建炎以來繫年要錄，宋李心傳撰。凡二百卷，『述高宗朝三十六年事蹟，仿通鑑之例，編年繫月，與李燾長編相續。』其書亦久散佚，清乾隆時亦就永樂大典中錄出，勒爲今本。內容『以國史日曆爲主，而參之以稗官野史家乘誌狀案牘奏議百司題名，無不臚採異同，以待後來論定。』

(辰)續宋編年資治通鑑

續宋編年資治通鑑，宋劉時舉撰。全書十五卷，『始高宗建炎元年，（公元一一二七）迄寧宗嘉定十七年。』（一二二四）李心傳繫年要錄事只高宗一朝，此書則遥遥繼李燾之長編。

(巳)宋季三朝政要

宋季三朝政要六卷，『不著撰人名氏。卷首題詞稱理宗國史爲元載入北都，無復可考，故纂集理度二朝及幼主始末，附以廣益二王事。其體亦編年之流，蓋宋之遺老所爲也。』（以上請參閱直齋書錄解題及四庫提要史部編年類書目。）

以上所述皆趙宋一代編年史之作品，凡庖犧以來迄於宋亡，事蹟俱備，年月可詳，爲前此所未有。蓋資治通鑑雖僅周威烈王至五季，而通鑑外紀則自庖犧而下接周威烈王，李燾長編則繼述北宋，而繫年要錄及續鑑並三朝政要則逕迄南宋之亡也。自宋及明，亦有續作。元陳桱撰通鑑續編，全錄宋事，即用以直續司馬光之通鑑。明胡粹中撰元史續編專述元事，即用以直續陳桱之續鑑。是宋以後編年事蹟亦可知也。然以今日言之，則此諸書，皆嫌其枝節零碎，自成段落，乏整個之通貫。清徐乾學資治通鑑後編，同作諸人如萬斯同、閻若璩、胡渭皆一時績學之士，可繼司馬光之書；但因其草創甫畢，乾學身歿，故雖原藁具存，而猶多闕佚，頗嫌不全。及畢沅續資治通鑑出，於是編年一史始成全璧。今坊間皆以畢沅此書與司馬光通鑑合刻，併爲一帙。茲附錄畢書內容如下，俾成系統焉。

(午)續資治通鑑

續資治通鑑，清畢沅撰。全書二百二十卷，起宋太祖建隆元年，(公元九六〇)迄元順帝至正三十年，(一三七〇)凡四百一十一年。畢沅此書，係以徐乾學資治通鑑後編爲藍本，網羅放失，剪裁榛蕪，與王鳴盛、錢大昕、邵晉涵等往復質證，以宋、遼、金、元四朝正史爲經，而參以李燾續通鑑長編，契丹國志以及各家說部文集，勒成定本。且仿通鑑考異之例，著有考異分注各正文下。(詳見畢書莫友芝馮集梧二附跋)又司馬光書中輒多評論，此則以爲據事直書，善惡自見，無取贅言，因從闕略。(章氏遺書代畢沅致錢大昕書)

司馬光通鑑雖仿效左氏體爲書，雖特詳於治亂之迹，致嚴於鑑戒之義，雖書中評論隨處可見，然皆大處落筆，尚未全學春秋經傳之辦法，競競於一字之褒貶，故鑑戒之氣味未甚濃厚，而書法之色彩亦未甚顯明。乃南宋時有朱熹者，以講學之餘暇，亦居然爲編史之工作，將通鑑原文加以剪裁，分爲綱目；綱仿春秋，大書於上；目仿左傳，小書於下：(朱熹自序所謂『表歲以首年，而因年以著統；大書以提要，而分注以備言。』此四語可盡體例之要。)大施其褒貶予奪之書法。以自己爲審判官，以歷史爲告訴人，用綱作判詞，用目作事狀，於是孟子公羊壽以來所理想之孔子春秋之書法，乃一一見諸實行，在有心人視之，誠乃大快人心，足以扶綱常以振名教者也。其書影響頗大，幾奪通鑑之席而代之。朱熹自序此書，謂『歲周於上而天道明矣，統正於下而人道定矣，大綱槩舉而鑑戒明矣，衆目畢張而幾微著矣。』（朱文公集卷七十五）則其書鑑戒氣味之濃厚，誠遠過於通鑑之所爲。全書雖非朱熹所撰，而多爲其門徒之所致力，然更惟如此，故益拘拘於繩墨類例而不能拔。吾人今觀其一字一句之兢兢業業，頗訝其中毒之深。其書續作者至衆，而清代康乾兩帝因尊崇朱熹之故，對其書亦備致欽挹之忱。其乾隆御定通鑑綱目三編序文，至謂『編年之書，奚啻數十百家，而必以朱子通鑑綱目爲準。通鑑綱目蓋祖述春秋之義，雖取裁於司馬氏之書，而明天統，正人紀，昭監戒，著幾微，得春秋大居正之義，雖司馬氏有不能窺其藩籬者，其他更不必指數矣。嘗謂讀書立言之士，論世爲難，非如朱子具格致誠正之功，明治亂興衰之故，其於筆削鮮有不任其予奪之私，失褒貶之公者。自綱目成而義指正大條理精嚴，後儒有所依據，踵而續之，自宋迄明，釐然方策。』則可知朱熹綱目之勢力爲何如矣。以其書爲編年之體，且與通鑑有關，用特附述於此。

第三節　紀事本末體之創立及其仿作

（甲）紀事本末體之創立

劉知幾史通，敍述史裁，首列六家，統歸二體，自漢以來，編年紀傳兩法，乘除互用，及宋乃有紀事本末之一體。司馬光通鑑以二百九十四卷之書，述一千三百六十二年之事，越十九年而後成，可謂洋洋巨著矣，而『事以年隔，年以事析，遭其初莫繹其終，攬其終莫志其初，』（楊萬里通鑑紀事本末序）讀者苦之。此其故，則因『古之爲史，事簡而易明，後世多務，記載彌繁，綜一年之所聚，萃一人之所爲，累紙盈寸，起訖未窮。且年不一事，事不一人，端緒既繁，引申非易。學者欲求一事之本末，原始而要終，則編年者患其前後隔越，紀傳者患其彼此錯陳，自非博觀強識，融會於中，有未易明其條理者矣。』（閔萃祥彙刻七種紀事本末序）於是袁樞爲解除此種困難，乃有通鑑紀事本末之編纂。全書凡四十二卷，『因通鑑區別門目，以類排纂，每事各詳起訖，自爲標題，每篇各編年月，自爲首尾，始於三家之分晉，終於周世宗之征淮南，包括一千三百六十餘年之事蹟，經緯明晰，節目詳具，前後始末，一覽了然。』（四庫提要史部紀事本末類）其書既出，大得當代人士之贊賞。宋史袁樞傳，稱孝宗讀而嘉嘆，以賜東宮及江上諸帥曰，『治道盡在是矣』。可見其書流佈之一斑。清紀昀纂四庫提要特闢一類以待之，謂其『使紀傳編年貫通爲一，實前古之所未見。』又謂『古之史策，編年而已，周以前無異軌也。司馬遷作史記，遂有紀傳一體，唐以前亦無異軌也。至宋袁樞以通鑑舊文，每事爲篇，各排比其次第，而詳敍其始終，命曰紀事本末，史遂又有此一體。』則所以推崇之者至矣。

然紀事本末雖創立於袁樞，而實遠源於尚書。章學誠於此點，有剴切之闡明。謂『本末之爲體也，因事名篇，不爲常格，非深知古今大體，天下經綸，不能網羅隱括，無遺無濫，文省於紀傳，事豁於編年，決斷去取，體圓用神，斯眞尚書之遺也。在袁氏初無其意，且其學亦未足與此，書亦不盡合於所稱。』（文史通義書教下）其見甚卓。尚書一書，相傳爲『左史紀言之策』，其說殊不足信。尚書蓋言事兩紀，紀事而言亦具焉，紀言而事亦見焉，事見於言，言以爲事，未嘗分言事爲二物也。此義已爲紀傳史所採取，（詳請參閱本編第一章第三節）而因事名篇，各成起訖，段落分明，因革自見，則又嚴然具紀事本末之規模，惟體隱而不顯，義晦而未彰，故知之者少耳。以尚書與通鑑紀事本末較，揆之作始也簡，將畢也鉅之理，其庶幾乎！

（乙）紀事本末體之仿作

自袁樞編纂通鑑紀事本末創立紀事本末史體之後，不久卽有章冲春秋左氏傳事類本末之仿作。其書根據左傳，『取諸國事蹟，排比年月，各以類從，使節目相承，首尾完具。』『雖篇帙無多，不及樞書之淹博，其有裨學者則一。』章冲以後，作者尤盛，而清初所敕纂之各種方略，如平定三逆方略、親征朔漠方略、平定金川方略、平定準噶爾方略、平定兩金川方略、欽定臨清紀略、欽定蘭州紀略、欽定石峯堡紀略，欽定臺灣紀略，無不用紀事本末體以紀載，益可見其仿作之廣。然此皆指戰役一事爲言，至如袁樞章冲之以史事爲紀者，則有今所通行之九種紀事本末彙刊本，中除袁樞通鑑紀事本末外，有明陳邦瞻之宋史紀事本末，元史紀事本末，清谷應泰之明史紀事本末，高士奇之左傳紀事本末，楊陸榮三藩紀事本末，張鑑西夏紀事本末，李有棠遼史紀事本末，金史紀事本末等八種，而章冲之左氏傳事類本末，尙不與焉。茲附錄宋史紀事本末等於左，以見紀事本末一體歷代史書之大凡及其仿作之情形。

（子）宋史紀事本末

宋史紀事本末，明陳邦瞻撰。全書二十六卷，『自太祖代周迄文謝之死，凡分一百九目，於一代興廢治亂之迹，梗概略具。』惟書中紀事兼及遼金兩朝，『當時南北分疆，未能統一，』因此提要史臣謂『當稱宋遼金三史紀事，方於體例無乖。乃專用宋史標名，殊涉偏見。』今按書中遼金事蹟並不甚多，且皆與宋有關者，則邦瞻之標名亦未爲失。

（丑）元史紀事本末

元史紀事本末，亦陳邦瞻撰。全書四卷，起江南羣盜之平迄諸帥之爭，凡列目二十有七；其律令之定一條，爲臧懋修增補。邦瞻以元初草創之迹列於宋史紀事本末，又以元明間事爲應入明史，提要評其『一代興廢之大綱，皆沒而不著，揆以史例，未見其然。』可謂深中其失。

（寅）明史紀事本末

明史記事本末，清谷應泰撰。全書八十卷，每卷爲一目，起太祖起兵迄甲申殉難，凡八十目；每目後『各附論斷，皆仿晉書之體，以駢偶行文。』提要據邵廷采思復堂集，謂應泰撰此書時，多取材於張岱石匱藏書，又謂並兼採談遷國榷。惟當時頗有應泰竊書之謠。又傳其書乃徐倬所撰以贈應泰者，其目後論斷亦係陸圻所作，（詳請參閱謝國楨晚明史籍考卷一）則疑莫能明也。『又此書成時，明史尙未刊定，無所折衷，』故每『不免沿野史傳聞之誤』焉。

(卯)左傳紀事本末

左傳紀事本末，清高士奇撰。全書五十三卷，計周四卷，魯十一卷，齊十卷，晉十一卷，宋三卷，衞四卷，鄭四卷，楚四卷，吳三卷，秦二卷，列國一卷。起王朝交魯迄春秋災異，爲目亦五十有三。『此書因章冲左傳事類本末而廣之，以列國事蹟分門件繫。』其凡例謂『三代秦漢之書，經史諸子雜出繁多，其與左氏相表裏者，皆博取而附載之，謂之補逸；其與左氏異同迥別者，並存其說以備參伍，謂之考異；其有舛駁不倫，傳聞失實者，爲釐辨之，謂之辨誤；其有證據明白，可爲典要者，別而誌之，謂之考證；參以管見，聊附臆說，謂之發明。』則士奇於是書用力之勤，可以想見。

(辰)三藩紀事本末

三藩紀事本末，清楊陸榮撰。全書四卷，起三藩僭號迄濉亂，凡二十二目，所記爲明末福、唐、桂三王創號時期之事蹟。其凡例自云搜羅未廣，頗有疏漏。今就其所列觀之，亦頗詳核。惟自序過於爲清辨護，甚至謂三藩之立，『豈惟違乎仁悖乎義云爾哉，抑亦不智甚矣。』

無論其動機如何，——爲畏禍抑爲『本朝臣子義所應爾』，皆乏史家公正之態度，其識見蓋卑卑不足道也。

(巳)西夏紀事本末

西夏紀事本末，清張鑑撰。全書三十六卷，每卷爲一目，起得姓始末迄夾攻覆亡，凡三十六目。另有卷首上年表一篇，卷首下西夏堡寨一篇，陝西五路之圖，西夏地形圖各一幅，歷代疆理節略職方表各一篇，此數種附列於簡端，不在三十六卷之內，爲其他紀事本末書所未有，甚可取法。西夏雖僻處一隅，然自唐末李思恭據土，（唐僖宗中和元年，公元八八一。）迄宋末李晛之亡，（宋理宗寶慶三年，公元一二二七。）三百年間事蹟寧無可述者，顧載籍闕系統之記，文獻有不足之歎，張鑑此書，蓋足補前人之未備也。

(午)遼金二史紀事本末

遼金二史紀事本末，清李有棠撰。遼史四十卷，起太祖肇興迄西遼達實之立，凡四十目。金史五十二卷，起帝基肇造迄末造殉節諸臣，凡五十二目。均以每卷爲一目。其書『以正史爲主，間與他史及各傳記，事有異同，詞有詳略，』並『小注雙行分載每條之下，名曰考異。』又兩國之『郡邑沿革山川分隸以及關隘堡鎭之建置，地里志所未詳者，』『皆博採諸史及方輿紀要諸書，逐一分注。』『而臣工之名字里居，亦爲參考詳載；而於一人數名及數人同名者，』亦爲之『縷析條分』。『至遼鑑綱目及各史傳記，所載遼國地名人名音譯互歧間有訛謬』者，此書亦一律改從清初重訂之遼金國語解新譯，仍注舊作某字於其下，以為對照。袁樞通鑑紀事本末不為凡例，故陳邦瞻諸人仍之，惟高士奇始有凡例四則，此書則仿高意，於遼史著凡例十二則，於金史著凡例十一則，以『自明其著書之義例』。取便讀者，亦良法也。

自袁樞以至李有棠，現行之紀事本末史已略如上述。然其間有倣本末之體而義例特殊，不可不附及之者，則清馬驌之繹史是。其書纂錄開闢至秦末之事。首為世系圖年表，不入卷數；次太古十卷，次三代二十卷，次春秋七十卷，次戰國五十卷，次外錄十卷，倣袁樞紀事本末之例，每卷以一事標目，詳其始末，起開闢原始迄古今人表，凡百六十目。『其事蹟皆博引古籍，排比先後，各冠來書之名；其相類之事，則隨文附註，或有異同譌舛以及依託附會者，並於條下疏通辨證。』提要極稱之，謂其『蒐羅繁富，詞必有徵。』『史例六家，古無此式，與袁樞所撰，均可謂卓然特創，自為一家之體。』可見其傾倒之心。惟吾人今觀其書中所博引之古籍，則真偽雜揉，不為別擇，以多為博，實近於買菜求益，揆之歷史求真之理，則此書殊有遺憾也。

第四節　文化史之續纂

具有文化史性質之政書，自唐代創編以來，此時期亦有相當之編纂。先有王溥之唐會要、五代會要，其後宋廷特設『會要所』以編修會要，成績至佳。而私人所成之書，如鄭樵通志二十略，徐天麟兩漢會要，亦多精核之作。茲錄其內容如左：

(子)唐會要五代會要

唐會要，宋王溥撰。『初唐蘇冕嘗次高祖至德宗九朝之事，爲會要四十卷。』宣宗時『詔楊紹復等次德宗以來事，爲續會要四十卷。』『惟宣宗以後，記載尙缺。溥因復採宣宗至唐末事續之，爲新編唐會要一百卷。』『書凡分目五百十有四，於唐代沿革損益之制，極其詳核。』『其細瑣典故不能概以定目者，則別爲雜錄，附於各條之後。又間載蘇冕駁議，義例該備，有裨考證。』惟『原書殘闕』，曾經『後人妄摭竄入』，『未必合溥之舊本』。五代會要，亦溥撰。全書三十卷，爲目二百七十有九。其有關於各該目事項不能定目者，亦以雜錄居之。歐陽修作五代史『務談褒貶』，於典章制度既多漏略，又有乖舛，此書收羅放失，足補歐史之闕而訂其謬。

(丑)通志二十略

通志原通史之書，然其中二十略則實具有文化史之體用，況作者鄭樵精力之所在亦惟二十略，茲故取以充實本節。至鄭樵關於通史之議論，則將詳述於下章。通志全書二百卷，二十略佔其中四分之一，計五十一卷；其餘爲帝紀十八卷，皇后列傳二卷，諸臣列傳一百二十五卷，年譜四卷。其時代起迄則紀傳上自羲皇下止隋室，而二十略以『務存因革，故引而至唐。』樵自言作二十略之意及其所以分序之故。謂『生民之本在姓氏，故作氏族略。書契之本見於文字，故作六書略。明七音之本，達六合之情，』『故作七音略。天文在於圖象，有義無象，莫能知天，故作天文略。地理之要在封圻，封圻之要在山川，今準禹貢之書而理川原，本開元十道圖以續今古，故作地理略。梁汴者四朝舊都，足爲痛定之戒；南陽者中原新定，宜爲無疆之基；故作都邑略。諡法者國家之大典，今所纂削去引辟，而除其曲說，故作諡法略。祭器者古人飲食之器，今之祭器出於禮圖，徒務說義，不思適用，故作器服略。樂以詩爲本，詩以聲爲用，齊、魯、韓、毛四家博士各以義言詩，遂使聲歌之道廢，故作樂略。學術苟且，由源流之不分；書籍散亡，由編次之無紀；故作藝文略。册府之藏不患無書，校讎之司未聞其法，故作校讎略。圖成經，書成緯，古者左圖右書。不可偏廢，即圖而求之者易，即書而求之者難，故作圖譜略。款識者古人之面貌，金石之功，寒暑不變，今藝文有志而金石無紀，故作金石略。洪範五行傳者巫瞽之學也；天地之間，災祥萬種，人間禍福，冥不可知，若之何一蟲之私，一物之戾，皆繩之以五行？故削去而作災祥略。五方之名本殊，萬物之形不一，通鳥獸之情狀，察草木之精神，故作昆蟲草木略。禮略序五禮，職官秩百官，選舉略言掄才之方，刑法略言用刑之術，食貨略言財貨之源流。凡二十略。』（夾漈遺稿上宰相書）『其氏族、六書、七音、都邑、草木昆蟲五略，爲舊史之所無，』惟史通書志篇有都邑氏族方物可以爲志之議，則樵所作氏族之三略，實受其提示。二十略雖爲樵精心之結撰，但疏舛亦甚多，四庫提要曾一一舉摘其疏漏舛謬之處，而抨彈之。

(寅)兩漢會要

兩漢會要，徐天麟撰。西漢先成，而東漢後作。計西漢七十卷，分十五門，共三百六十七事。其門目爲：一、帝系，二、禮，三、樂，四、輿服，五、學校，六、運歷，七、祥異，八、職官，九、選舉，十、民政，十一、食貨，十二、兵，十三、刑法。十四、方域，十五、蕃夷。東漢四十卷，亦分十五門，共三百八十四事。其門目除學校改文學，運歷改曆數，祥異改封建外，均與西漢同。其編法，西漢則『取班書所載制度典章見於紀傳表志者，以類相從，分門編載；其無可隸者，亦以雜錄附之。』東漢則『據范書爲本，而旁貫諸家，』如漢官儀、漢雜事、漢舊儀、東觀記及華嶠、司馬彪　袁宏之書，『悉加裒次』。故前者『未免失之於隘』，後者則『差爲詳備』。

(卯)宋會要

宋代編修會要，規模甚大，前後共歷十次，成書凡二千二百餘卷。政府特於祕書省設立會要所以專司其事，與國史實錄兩院及日曆所互爲脣齒。其取材據永樂大典卷一萬九百四十二引宋會要所載祕書省請命內外文武百司依限送納檔案之奏，則儼然有唐代『諸司應送史館事例』之氣象。至其前後十次之纂修，玉海、山堂考索、文獻通考諸書，均有記述。近人湯愛禮氏曾加以統計，列爲一表如下：

書名	卷數	內容	修纂年月	修纂奏進臣名
(1)慶歷國朝會要。	一百五十卷。（直齋著錄八十五卷，當是節本或殘本）	總類十五，自太祖建隆元年至仁宗慶歷三年，凡八十四年。	仁宗天聖八年七月詔修，慶歷四年四月奏上。	宋綬、馮元、李淑、王舉正、王洙同修，章得象奏進。
(2)元豐增修五朝會要。（一作六朝國朝會要）	三百卷。	總類二十一，自仁宗慶歷四年至神宗熙寧十年，係新修；餘係增益舊文。凡一百十八年。	神宗熙寧三年詔修，元豐四年九月奏上。	李德芻、陳知彥同修，王珪奏進。
(3)政和重修會要。	僅成吉禮一百十卷。	神宗熙寧十年以後。	哲宗元符三年十二月詔修，政和中奏上。	王覿、曾肇、蔡攸同修。
(4)乾道續四朝會要。（一作續會要）	二百卷。	總類二十一，斷自神宗之初，迄於欽宗靖康之末，凡六十年。（一云自元豐元年起）	高宗紹興九年十二月詔修，孝宗乾道六年五月奏上。	汪大猷刪定，陳俊卿、虞允文等奏進。
(5)乾道中興會要。	二百卷。	高宗一朝，凡三十六年。	孝宗乾道六年詔修，九年奏上。	陳騤編類，梁克家等奏進。
(6)淳熙會要。	三百六十八卷。	孝宗一朝，凡二十七年。	孝宗淳熙六年七月進第一次，十三年十一月進第二次，光宗紹熙三年進第三次。	趙雄王淮對奏進。
(7)嘉泰孝宗會要。	二百卷。	同上。	寧宗慶元六年閏二月，邵文炳請修，嘉泰元年七月奏上。	

(8)慶元光宗會要。	一百卷。	總類二十三，光宗一朝，凡六年。	寧宗慶元六年二月奏上。	京鏜等奏進。
(9)嘉泰寧宗會要。	改正一百十五卷，續修一百十卷。	寧宗一朝，凡三十年。	寧宗嘉泰三年八月進第一次，嘉定六年閏九月進第二次，十四年五月進第三次，理宗淳祐二年進第四次。	陳自強史彌遠等奏進。
(10)嘉定國朝會要。（一作十三朝會要）	五百八十八卷。	自太祖建隆元年至孝宗淳熙十六年，凡二百三十年。	孝宗淳熙七年，趙汝愚請修，寧宗嘉定三年奏上。（一云至理宗端平三年始成書）	李心傳編類。

觀上表可知宋會要卷帙之浩繁，惜其書未有刊行，（僅李心傳曾刊刻國朝會要節本於蜀中。）故鈔本不多。元末之亂，官本入於北廷，元修宋史其諸志卽以此爲原料之一。明修永樂大典，此殘存之宋會典曾見錄於其中。宣德詩文淵閣火，於是此僅存之宋代殘本，亦付之一炬。民國二十二年，國立北平圖書館就徐松氏所鈔於永樂大典中之宋會要加以影印，勒爲二百冊，分十七門，計帝系五冊，后妃一冊，禮三十三冊，樂三冊，輿服三冊，儀制六冊，崇儒四冊，運歷一冊，瑞異一冊，職官四十九冊，選舉十四冊，道釋一冊，食貨四十三冊，刑法八冊，兵十五冊，方域九冊，蕃夷四冊。此本雖尙多殘闕，然宋會要之典型已可概見。

第五節　史評之繼盛

自唐劉知幾第一部史評專書——史通行世以來，於是史評之風氣以啓。史通雖多發揮史學之體例義法，但亦涉及史事之正誤異同。而史記漢書之篇末論贊，多言史事之是非得失。故至宋而源分流別，蔚成三枝，各有專書，頗能繼盛。析而言之，鄭樵通志——尤其通志之總序對史學之體例義法，有深切之研究，此一支也。顧祖禹唐鑑，胡寅讀史管見對史事之是非得失，有詳盡之論斷，此一支也。吳縝新唐書糾繆，五代史記纂誤對史事之正誤異同，有嚴密之考訂，此一支也。關於鄭樵之史學，下章詳之。茲只就顧吳諸書略言其內容如左，以見一斑。餘如呂夏卿唐書直筆，劉羲仲通鑑問疑，則從闕焉。

（子）唐鑑

唐鑑，宋范祖禹撰，呂祖謙註。祖禹佐司馬光修資治通鑑時，以其所得別著此書，『上自高祖，下迄昭宣，撮取大綱，繫以論斷，爲卷十二。』『後祖謙爲作註，乃分爲二十四卷。』朱熹通鑑綱目，多受其影響。張端義貴耳集謂讀是書『知祖禹有臺諫手段』。則其評彈論議之嚴，可以想見。

（丑）讀史管見

讀史管見，宋胡寅撰。凡三十卷。其書爲讀資治通鑑而作。因用春秋筆法以評騭史事，故尙論頗傷於嚴刻。四庫提要於是書深致不滿，謂『其論人也，人人責以孔、顏、思、孟；其論事也，事事繩以虞、夏、商、周。名爲存天理遏人欲，崇王道賤霸功，而不近人情，不揆事勢，卒至窒礙而難行。』又謂其『多假借論端，自申己說，凡所論是非，往往枝蔓於本事之外。』則胡寅此書之未善可見。然其書主於評論史事之是非得失，與范祖禹唐鑑固均爲史評之一支，頗佔相當之勢力，不可沒也。

（寅）新唐書糾謬

新唐書糾謬，宋吳縝撰。凡二十卷。其書專以駁正新唐書之譌誤，謂新書之失，其略有八：『一曰責任不專，二曰課程不立，三曰初無義例，四曰終無審覆，五曰多採小說而不精擇，六曰務因舊文而不參考，七曰刊修者不知刊修之要而各徇所好，八曰校勘者不舉校勘之職而惟務苟容。』計分門二十：一、以無爲有，二、似實而虛，三、書事失實，四、自相違舛，五、年月時世差互，六、官爵姓名謬誤，七、世系鄉里無法，八、尊敬君親不嚴，九、紀志表傳不相符合，十一、事兩見而異同不完，十一、載述脫誤，十二、事狀叢複，十三、宜削而反存，十四、當書而反闕，十五、義例不明，十六、先後失序，十七、編次未當，十八、與奪不常，十九、事有可疑，二十、字書非是。凡四百餘事，所抨彈頗有深中新書之失者；惟以有意掊擊，動機不正，故多吹毛索瘢，或深文周納，或誤有詆訶，頗不足取。揮麈錄稱歐陽修纂新書時，縝嘗因范鎮請預官屬之末，被拒；及書成，乃挾嫌作此以報怨。今傳本附有錢大昕校錄之案語，『於吳說之未當者，輒有駁難，』『附注各條之下』。足糾吳氏糾謬之謬。大昕自跋，謂『廷珍讀書既少，用功亦淺，其所指摘，多不中要害。』又謂『新史舛謬固多，廷珍所糾非無可採，但其沾沾自憙，祇欲快其胸臆，則非忠厚長者之道。』則信乎章學誠所謂著書者之心術不可不愼也。

（卯）五代史記纂誤

五代史記纂誤，亦吳縝撰。其書久佚不見，四庫館臣就永樂大典中採掇裒集，輯爲今本。凡三卷，計一百十四事，較之郡齋讀書志所稱之二百餘事，則今本約得原書十之五六矣。四庫提要謂此書雖『頗不免於吹毛求疵，然其校勘實爲精審。』（清吳蘭庭曾作五代史記纂誤補四卷）惟吳氏兩書考證史事之正誤異同，專在於消極之指摘，僅糾史書之謬與誤，而於其書之好處無一言道及，且未能綜合其事之異同而提絜言之，均嫌其偏而不全。後世若十七史商榷，廿二史劄記等，亦考證史事之正誤異同者，然均不似吳縝之專事掊擊，豈後者爲考證而考證，無所存心，故能得其平；而前者有所爲而爲，心有所蔽，故獨得其偏歟？（末節請參閱四庫提要史部正史類及史評類著目。又知不足齋叢書本五代史記纂誤提要文字，與四庫本不同。）

第七章 鄭樵

第一節 鄭樵與通志

鄭樵字漁仲，宋蒲田人，生於徽宗崇寧三年，（公元一一〇四）卒於高宗紹興三十二年，（公元一一六二）年五十九。少時與從兄厚讀書於夾漈山草堂，刻苦淬厲，至忘寢食。徽欽北狩，樵時年二十四，壯懷激烈，偕厚上書當道，『甘一死而報國』，期『攄生靈之憤，刷祖宗之辱，』但未得請。因伏處草堂，專研『稽古之學』，自號『溪西遺民』。嘗自言『本山林之人，欲讀古今之書，通百家之學，討六藝之文，如此一生則無遺恨；忽忽三十年，不與人間流通事，處困窮之極，而寸陰未嘗虛度，風晨雪夜，執筆不休，廚無煙火，誦聲不絕。』則樵矻矻為學之精神可見。

樵既畢生為學，故著述甚多。嘗自敍其治學著書之經過，謂『十年為經旨之學。以其所得者作書考，作書辨訛，作詩傳，作詩辨妄，作春秋傳，作春秋考，作諸經序，作刊謬正俗跋。三年為禮樂之學。以其所得者作諡法，作運祀議，作鄉飲禮，作鄉飲駁議，作系聲樂府。三年為文字之學。以其所得者作象類書，作字始連環，作續汗簡，作石鼓文考，作梵書編，作分音之類。五六年爲天文地理之學，爲蟲魚草木之學，爲方書之學。以天文地理之所得者作春秋地名，作百川源委圖，作春秋列傳圖，作分野記，作大象略。以蟲魚草木之所得者作爾雅注，作詩名物志，作本草成書，作本草外類。以方書之所得者作鶴頂方，作食鑑，作採治錄，作畏惡錄。八九年爲討論之學，爲圖譜之學，爲亡書之學。以討論之所得者作羣書會記，作校讎備論，作書目正訛。以圖譜之所得者作圖書志，作圖譜有無記，作氏族原。以亡書之所得者作求書闕記，作求書外紀，作集古系時錄，作集古系地錄。此皆已成之書也，其未成之書，在禮樂則有器服圖，在文字則有字書，有音讀之書，在天文則有天文志，在地理則有郡縣遷革誌，在蟲魚草木則有動植志，在圖譜則有氏族志，在亡書則有亡書備載。』敍述甚詳，可見樵治學之範疇及其程序。

樵著述旣富，識見又卓，以門祚單薄，惟恐身後文字之失傳；以抱負高遠，甚欲身前志願之得展。故曾上書禮部，上書宰相，上書皇帝，期望：一、官府能流傳本人已成之著述；二、願在祕書省整理天下之圖書金石；三、願在史館編纂通史，通古今之史爲一史，集天下之書爲一書。此三種志願，前二種雖曾一部分實現，但皆無若何成就。惟編纂通史一事，曾以皇帝之命，撰成通志二百卷，列爲官書，得以稍攄胸中之所學。至其他著述，則果於身後失傳殆盡，惟通志以官書獨得完好無恙，可謂不幸之大幸矣。

通志之成在樵之晚年，樵旣罹已身之不測，又急欲覆皇帝之命，故草草成書。其中本紀與列傳，乃綜合各史之史文，使其無重複衝突之處；年譜與二十略則雖爲樵所自作，惟一部分節錄杜佑通典之文字，一部分乃删輯平日已成之作品。以此結構殊未能精細，敍述亦不無疏舛，然樵所謂『會通之義』，則已具見於書中矣。

第二節　實學論

樵爲學宗旨，不願爲哲學，亦不願爲文學。謂『義理之學尚攻擊，辭章之學務雕搜。耽義理者則以辭章之士爲不達淵源，玩辭章者則以義理之士爲無文彩。要之辭章雖豐，如朝霞晚照，徒焜耀人耳目；義理雖深，如空谷尋聲，靡所底止。二者殊途而同歸，是皆從事於語言之末，而非爲實學也。』故其所願，則在於爲實學，——亦卽科學。謂『善爲學者，如持軍，治獄。若無部伍之法，何以得書之紀？若無覈實之法，何以得書之情？』以持軍治獄比爲學，是已充分表科學之精神，識見之卓，一時無兩。

樵因主張『部伍之法』，故對於各種事物皆有詳密之分析，藉以明其類例。如象類書以二萬四千餘字分配於六書，又以三百三十母爲形主，八百七十字爲聲主；分音之類以四聲爲經，七音爲緯；氏族志則分成三十二類；羣書會記則分成四百三十二類。又因主張『覈實之法』，故於各種學科每喜畫圖。如器物圖、鄉飲禮圖、百川源委圖等，皆欲以圖譜表現事物之實狀。又有圖書志以說明圖譜之眞相。

樵既富『覈實』精神，故亦喜抉尋各種事物之眞面目，而不盲從傳說。謂『詩書可信，然不必字字可信。』『載籍本無說，腐儒惑之而說衆。』『仲尼既沒，先儒駕以妖妄之說而欺後世，後世相承罔敢失墜者，有兩種學：一種妄學，務以欺人；一種妖學，務以欺天。』因作春秋考以廓淸『欺人之學』，作災祥略以推翻『欺天之學』。

因『覈實』精神之發展，樵遂最恨『空言著書』，故對名物象數之學，均經實際之觀察，而斥歷來傳注家之謬。謂『凡書所言者，人情事理，可以即己意以求之；董遇所謂「讀百遍，理自見」也。乃若天文地理車輿器物草木蟲魚鳥獸之名，不學問，雖千迴萬復，亦無由識也。奈何後之淺解家只務說人情事理，至於學之所不識者反沒其眞，遇天文則曰「此星名」，遇地理則曰「此地名」，「此山名」，「此水名」，遇草木則曰「此草名」，「此木名」，遇蟲魚則曰「此蟲名」「此魚名」，遇鳥獸則曰「此鳥名」，「此獸名」；更不言是何狀星，何地，何山，何水，何草，何木，何蟲，何魚，何鳥，何獸也！縱有言者亦不過引爾雅以爲據耳，其實未嘗識也。』即是謂學問必須從實際觀察下手，方不蹈虛。因致慨於學術界之未能合作，常有畛域之分。謂『自司馬遷天官志以來，諸史各有其志，奈何曆官能識星而不能爲志，史官能爲志而不識星，不過採諸家之說而合集之耳，實無所質正也。『儒生家多不識田野之物，農圃人又不識詩書之旨，二者無由參合，遂使鳥獸草木之學不傳。』更能見樵注重實學之一般。

第三節　通史論

鄭樵於史學之貢獻最大者爲主張『通史』之體。樵陳述會通之義，謂『百川異趣，必會於海，然後九州無浸淫之患；萬國殊途，必通諸夏，然後八荒無壅滯之憂。』『自書契以來，立言者雖多，惟仲尼以天縱之聖，故總詩、書、禮、樂而會於一手，然後能同天下之文；貫二帝三王而通爲一家，然後能極古今之變。』『仲尼既沒』，於是『歷代實蹟無所紀繫。迨漢建元元封之後，司馬氏父子出焉，』『上稽仲尼之意，會詩、書、左傳、國語、世本、戰國策、楚漢春秋之言，通黃帝、堯、舜至於秦漢之世，勒成一書，分爲五體；』『使百代而下，史官不能易其法，學者不能舍其書。六經之後，惟有此作。』『善學司馬遷者，莫如班彪。彪續遷書，自孝武至於後漢，欲令後人續己，如己之續遷，既無衍文，又無絕緒，世世相承，如出一手，善乎其繼志也。』司馬遷班彪所作係通史之體，故樵引爲同調，而盛稱之。其云『六經之後，惟有此作，』可見樵對通史推崇之熱誠。

樵既主張通史，自必排斥『斷代爲史』。而『斷代爲史』成於班固，故樵對班固持深惡痛絕之態度。謂『班固者，浮華之士也。全無學術，專事剽竊。』『由其斷漢爲書，是致周秦不相因，古今成間隔。』『孔子曰，「殷因於夏禮，所損益可知也。」此言相因也。自班固以斷代爲史，無復相因之義，雖有仲尼之聖，亦莫知其損益，會通之道自此失矣。語其同也，則紀而復紀，一帝而有數紀，傳而復傳，一人而有數傳。天文者，千古不易之象，而世世作天文志。洪範五行者，一家之書，而世世序五行傳。如此之類，豈勝繁文。語其異也，則前王不列於後王，後事不接於前事。郡縣各為區域，而昧遷革之源；禮樂，自為更張，遂成殊俗之政。如此之類，豈勝斷梗。』樵以『繁文』『斷梗』數斷代史之失，反之自足以見通史之得也。

鄭樵於歷數斷代為史之失之後，因致慨於『遷法既失，固弊日深，』『後來史家奔走班固之不暇，何能測其淺深。』『自東都至江左無一人能覺其非。惟梁武帝為此慨然，乃命吳均作通史，上自太初，下終齊室，書未成而均卒。隋楊素又奏令陸從典續史記訖於隋初，書未成而免官。豈天之靳斯文而不傳歟？抑非其人而不佑之歟？』於是樵遂毅然以繼起自任，『欲自今天子（指宋高宗）中興上達秦漢以前，著成一書曰「通史」。』今傳世之通志即依此而作，惟紀傳祇訖於隋，禮樂政刑亦僅引而唐，去原定之計劃略異焉。

此外鄭樵對史書之表志認識亦深。論表之可貴，謂『史記一書，功在十表，猶衣裳之有冠冕，木水之有本原。』因斥『班固不通旁行斜上，以古今人物彊立差等，』『他人無此謬也』。故樵之通志中年譜亦即依史紀十表而作，特以『古者紀年別繫之書謂之譜，太史公改而為表，今復表為譜』耳。

論志之可貴，謂『江淹有言，「修史之難，無過於志。」誠以志者憲章之所繫，非老於典故者，不能為也。不比紀傳，紀則以年包事，傳則以事繫人，儒學之士，皆能為之。惟有志難，其次莫如表。所以范曄陳壽之徒，能爲紀傳，而不敢作表志。志之大原起於爾雅，司馬遷曰書，班固曰志，蔡邕曰意，華嶠曰典，張勃曰錄，何法盛曰說，餘史並承班固謂之志。』其言可謂有識。樵之通志中之二十略特不用志之名，其實亦志體也。

第四節　褒貶論

鄭樵於史書深以褒貶美刺爲非，對古來史家所競尙之書法，引爲深耻。謂『凡秉史筆者，皆準春秋，專事褒貶。夫春秋以約文見義，若無傳釋，則善惡難明。史冊以詳文該事，善惡已彰，無待美刺。讀蕭曹之行事，豈不知其忠良；見莽卓之所爲，豈不知其凶逆。夫史者國之大典也。而當職之人，不知留意於憲章，徒相尙於言語。正猶當家之婦，不事饔飧，專事唇舌，縱然得勝，豈能肥家！』以『詳文該事』爲自見褒貶美刺之法，可謂千古特識。

鄭樵既深惡史文之褒貶，故對於古人『專鼓唇舌』之文字，亦予以嚴正之駁斥。如春秋洪範爲後世言褒貶者所宗，傳說紛紛，鄭樵皆加以刋正，使成爲樸質之史書。其論春秋傳說，謂『凡說春秋者，皆謂孔子寓褒貶於一字之間，以陰中時人，使人不可曉解。三傳唱之於前，諸儒從之於後，盡推己意而誣以聖人之意。此之謂欺人之學。』『夫春秋者成周之典也』。『臣舊作春秋傳專以明王道，削去三家褒貶之說，所以杜其妄。』論洪範傳說，謂『說洪範者皆謂箕子本河圖洛書以明五行之旨，劉向創釋其傳於前，諸史因之以爲志於後，析天下災祥之變而推之於金木水火土之域，乃以時事之吉凶而曲爲之配。此之謂欺天之學。』不知『洪範者皇極之書也』。『今作災祥略專以紀實迹，削去五行相應之說，所以絕其妖。』『嗚呼！天地之間，災祥萬種，人間禍福，冥不可知，奈何以一蟲之妖一氣之戾而一一質之以爲禍福之應，其愚甚矣！』

樵又以斷代爲史，後代紀前代之事，興朝修勝朝之書，因有書法之從中作祟，輒致入主出奴，誣妄百出。謂『曹魏指吳蜀爲寇，北朝指東晉爲僭，南謂北爲索虜，北謂南爲島夷，齊史稱梁軍爲義軍，』『隋書指唐兵爲義兵』。『房玄齡董史册，故房彥謙擅美名；虞世南預修書，故虞荔虞寄有嘉傳。甚者桀犬吠堯，吠非其主。晉史黨晉而不有魏，凡忠於魏者目爲叛臣，王淩、諸葛誕、毋丘儉之徒抱屈黃壤；齊史黨齊而不有宋，凡忠於宋者目爲逆黨，袁粲、劉秉、沈攸之之徒，含冤九原。噫！天日在上，安可如斯！似此之類，歷世有之，傷風敗義，莫大乎此。』所言固深中斷代爲史之弊，然褒貶美刺之義之無謂，則亦深切著明而痛乎言之矣。

樵又以後世史家於正文之外，附有論贊，妄行褒貶，亦屬不當。謂凡左氏之有「君子曰」者，皆經之新意；史記之有「太史公曰」者，皆史之外事；不爲褒貶也。間有及褒貶者，褚先生之徒雜之耳。且紀傳之中，既載善惡，足爲鑒戒，何必於紀傳之後，更加褒貶？此乃諸生決科之文，安可施於著述！』『班固作俑於前』，『范曄陳壽之徒繼踵』於後，『率皆輕薄無行，以速罪辜，安在乎筆削而爲信史也！』

諡法爲勸懲之大典，史家所津津樂道者也。鄭樵旣反對褒貶，故亦認後世之諡法爲『不道』。謂『周人以諱事神，諡法之所由起也。』『古之帝王，存亡皆用名，自堯、舜、禹、湯至於桀紂，皆名也。周公制禮，不忍名其先君；武王受命之後，乃追諡太王、王季、文王，此諡法所由起也。本無其書，後世僞作周公諡法，欲以生前之善惡，爲死後之勸懲。且周公旣不忍稱其名，豈忍稱其惡；如是則春秋爲尊者諱，爲親者諱，不可行乎周公矣。此不道之言也！幽、厲、桓、靈之字，本無凶義，諡法欲名其惡，則引辭以遷就，其意何爲？』探諡法之本原，以駁正諡法之不當爲褒貶工具，足破後世之妄。（本節詳請參閱鄭樵通志總序及二十略並夾漈遺稿宋史鄭樵傳，顧頡剛鄭樵傳鄭樵著述考）

第八章　元明清之史學

第一節　前代史之續修與本朝史之編纂

(甲)前代史之續修

元明清三朝對前代史之續修，亦頗可記。元代專尚武力，於中國之文化常不甚措意，故前代史之續修，至元末而始行着手。書成不數年而四方盜賊並起，元社旋屋。當時若荏苒不成，則大亂之後，史料必多散失矣。然又因其編纂時間之草率，（閱年而成宋遼金三史）故卷帙雖多，（宋史四百九十六卷爲二十四史最多者）而蕪穢亦特甚。明代修前代史則與之相反，元都初下，卽命修元史，故舛漏之處亦不一而足。蓋宋史蒇事之速，與元史開修之驟，均爲兩書蕪漏之因，爲前此所未有。清修明史，開始於順治，實行於康熙，中歷雍正，至乾隆初元而後成，故體例編制，亦較爲完善。清末柯紹忞參稽前人關於元史補正之作品，更得見清以來新發現之蒙古史料，以著成新元史二百餘卷。其書經民國政府明令列於正史之林，故社會有二十五史之目。自唐以來，私家著述列於正史者，惟歐陽修新五代史與此書而已。茲分錄其內容如下：

（子）宋史

宋史元托克托（原作脫脫）等奉勅撰。順帝至正三年，（公元一三四三）詔修宋、遼、金三史，期年而三史俱成。宋史全書凡四百九十六卷，計本紀四十七，志一百六十二，表三十二，列傳二百五十五。（卷四百七十八至四百八十三，爲世家六卷，所述爲南唐李氏，西蜀孟氏，吳越錢氏，南漢劉氏，北漢劉氏，湖南周氏，荊南高氏，漳泉留氏陳氏之事蹟。四庫提要以宋史總目未爲別錄一類謂爲遺逸。今按宋史作者原無意以世家別爲一類如晉書之有載記者，不過於列傳中特標篇目之名以示別耳。故世家在列傳中次於「叛臣」之後「周三臣」之前，即其明證。提要之言非是。）志分十五類：一天文，二五行，三律曆，四地理，五河渠，六禮，七樂，八儀衞，九輿服，十選舉，十一職官，十二食貨，十三兵，十四刑法，十五藝文。表分二類：一宰輔，二宗室世系。列傳除通常外，其特標篇目者，有后妃、宗室、公主、循吏、道學、儒林、文苑、忠義、孝義、隱逸、卓行、列女、方伎、外戚、宦者、佞倖、姦臣、叛臣、世家、周三臣、外國、蠻夷等。其書起宋太祖建隆元年（公元九六〇）迄衞王，（公元一二七九）凡三百二十年。其書僅以宋人國史爲藁本，罕所搜證，故北宋史文較詳，而南渡以後則稍略，理度兩朝馴至史傳不具首尾。僅一代之史，而卷帙幾盈五百，檢校既已難周，又大旨以表章道學爲宗，餘事皆不甚措意，故舛謬不能殫數。（請參閱四庫提要史部正史類）

（丑）遼史

遼史亦元托克托等奉敕撰。案遼制書禁甚嚴，不傳於鄰境，兵燹之後，遂至舊章散失，澌滅無遺。故元修遼史，罕所依據，見聞既隘，又潦草成編，舛漏疎略，爲事實多。（四庫提要史部正史類）全書一百十六卷，計本紀三十，志三十一，表八，列傳四十六，另附國語解一卷。志分十類：一營衞，二兵衞，三地理，四曆象，五百官，六禮，七樂，八儀衞，九食貨，十刑法。表分八類：一世表，二皇子，三公主，四皇族，五外戚，六遊幸，七部族，八屬國。列傳除通常外，其特標篇目者，有后妃、宗室、文學、能吏、卓行、烈女、方伎、伶官、宦官、姦臣、逆臣、外紀等。其書起遼太祖（自唐天復元年，公元九〇一，遼太祖爲本部夷離菫起）迄天祚帝保大五年，（公元一一二五）約二百十餘年。

（寅）金史

金史亦元托克托等奉勅撰。金源文獻比遼爲備，元好問劉祁各有撰述，張柔王鶚亦有採輯，故托克托等於此書多所徵據，以此在三史中獨爲最善。（四庫提要史部正史類）全書一百三十五卷，計本紀十九，志三十九，表四，列傳七十三。志分十四類：一天文，二曆，三五行，四地理，五河渠，六禮，七樂，八儀衞，九輿服，十兵，十一刑，十二食貨，十三選舉，十四百官。表分二類：一宗室，二交聘。列傳除通常外，其特標篇目者，有后妃、諸子、世戚、忠義、文藝、孝友、循吏、酷吏、佞倖、列女、宦者、方伎、逆臣、叛臣、外國等，末附清欽定國語解一卷。其書起金太祖收國元年（公元一一一五）迄哀宗天興三年（公元一二三四）凡一百二十年。

(卯)元史

元史明宋濂等奉敕撰。洪武二年（公元一三六九）得元十三朝實錄，命濂及王禕等纂修元史，其後復命歐陽佑等往北平採訪遺聞。首尾不及二年，而書以成。始事既驟，而蕆事又速，當日時人所著之書皆無從參考，故紕漏舛駁，所在皆是。全書二百十卷，計本紀四十七，志五十三，表六卷，列傳九十七。志分十三類：一天文，二五行，三曆，四地理，五河渠，六禮樂，七祭祀，八輿服，九選舉，十百官，十一食貨，十二兵，十三刑法。表分五類：一后妃，二宗室世系，三公主，四三公，五宰相。列傳除通常外，其特標篇目者，有儒學，良吏，忠義、孝友、隱逸，列女，釋老、方伎、宦者、姦臣、叛臣、逆臣，外國等。其書起元太祖之立，（公元一二〇六）迄順帝之卒，（公元一三七〇）凡一百六十五年。

(辰)明史

明史清張廷玉奉敕撰。順治二年(公元一六四五)卽詔修明史，旋無成而罷。（見東華錄）康熙十八年（公元一六七九）詔命再修，不久亦中輟。雍正二年（公元一七二四）復詔續蕆其事，至乾隆四年（公元一七三九）全書告成。其書蓋就王鴻緒明史藁（三百十卷）之本而損益之；(四庫提要史部正史類)而王鴻緒之藁則為萬斯同之草創而存之於王氏者。（見劉坊天潮閣集卷三，鮚埼亭文集卷二十八，潛研堂文集卷三十八。）提要所謂『經名人三十載之用心』，是也。全書三百三十二卷，計本紀二十四，志七十五，表一十三，列傳二百二十。志分十二類：一天文，二禮，三樂，四儀衞，五輿服，六選舉，七職官，八食貨，九河渠，十兵，十一刑法，十二藝文。表分五類：一諸王，二功臣，三外戚，四宰輔，五七卿。列傳除通常外，其特標篇名者，有后妃、諸王、公主，循吏、儒林、文苑、忠義、孝廉、隱逸、方伎、外戚、列女、宦者、閹黨、佞倖、姦臣；流賊、土司、外國、西域等。其書起明太祖舉義之歲，（元順帝至正十二年，公元一三五二。）迄思宗崇禎十七年，（公元一六四四）凡二百九十三年。（書中曾載及唐王桂王諸臣，今以本紀爲斷。）

（巳）新元史

新元史清柯紹忞撰。明人修元史，倉卒成書，紕複掛漏，讀者病之。清錢大昕思別爲一書，成補志補表及列傳百餘篇，用力至勤，允稱作者。其後洪鈞奉使俄國，復採摭西域諸書，加以迻譯，著成元史譯文證補，尤多新獲。柯氏即以此爲藍本，參互考訂，更博採旁搜，勒成此書。民國七年（公元一九一八）由大總統明令列爲正史。其書二百五十七卷，計本紀二十六，表七，志七十，列傳一百五十四。表分五類：一宗室，二民族，三三公，四宰相，五行省宰相。志分十三類：一歷，二天文，三五行，四地理，五河渠，六百官，七選舉，八食貨，九禮，十樂，十一輿服，十二兵，十三刑法。列傳除通常外，其特標篇目者，有后妃、諸子、循吏、忠義、儒林、文苑、篤行、隱逸、方伎、釋老、列女、宦者、蠻夷、外國等。起元太祖元年（公元一二〇六）迄順帝子昭宗八年，（公元一三七八）凡一百七十三年。

（乙）本朝史之編纂

元代實錄之作，代有成書，其修撰機關爲翰林國史院。計成者有太祖、太宗、定宗、睿宗、（憲宗世祖之父）憲宗五朝實錄各若干卷，撒里蠻等世祖實錄二百一十卷，程鉅夫等順宗實錄一卷，（順宗爲武宗仁宗之父）成宗實錄五十六卷，武宗實錄五十卷，元明善等仁宗實錄六十卷，吳澂等英宗實錄四十卷，歐陽玄等泰定帝、明宗、文宗、寧宗四朝實錄各若干卷。（以上參錢大昕補元史藝文志，金門詔補三史藝文志，倪燦補遼金元藝文志。）明代則有董倫等太祖實錄二百五十七卷，（建文元年董倫等修，永樂元年解縉等重修，九年胡廣等復修，萬曆時附建文帝元二三四年事蹟於後。）詹同等太祖日曆一百卷，楊士奇等成祖實錄一百三十卷，蹇義等仁宗實錄十卷，楊士奇等宣宗實錄一百十五卷，陳文等英宗實錄三百六十一卷，（附景泰帝事蹟於中凡八十七卷）劉吉等憲宗實錄二百九十三卷，劉健等孝宗實錄二百二十四卷，費宏等武宗實錄一百九十七卷，睿宗實錄五十卷，（世宗之父）徐階等世宗實錄五百六十六卷，（張居正等續修成之）張居正等穆宗實錄七十卷，溫體仁等神宗實錄五百九十四卷，葉向高等光宗實錄八卷，（霍維華等改修）溫體仁等熹宗實錄八十四卷。清代則有剛林希福等太祖實錄十卷，（明珠等重修，後鄂爾泰等復加校訂。）太宗實錄六十五卷，（圖海等重修，後鄂爾泰等復加校訂。）巴泰等世祖實錄一百四十六卷，（後鄂爾泰加以校訂）隆科多等聖祖實錄三百卷，尹泰等世宗實錄一百五十九卷，及高宗實錄一千五百卷，仁宗實錄三百七十四卷，宣宗實錄四百七十六卷。文宗實錄三百五十六卷，穆宗實錄三百七十四卷，德宗實錄五百九十七卷。至國史，則元明二代所作無聞。清代則每朝實錄奏進之後，必繼而撰修本紀，均有所成。諸臣列傳亦時有纂進。清會典載，『定國史之體：一曰本紀；二曰傳，——傳之目有大臣、忠義、儒林、文苑、循吏、孝友、列女、土司、四裔、貳臣、叛臣；（貳臣分甲乙兩編，以居明臣之降清者，詳見東華錄乾隆四十三年上諭。）三曰志，——志有天文、時憲、禮、兵、刑、樂、藝文、地理、河渠、輿服、儀衞、食貨、職官、選擧；四曰表，——表有大臣年表、宗室王公功績表、宗室王公恩封表、外藩蒙古回部王公表。』據此，則清代國史之體例，亦頗謹密。而元明二代諸帝類多不學無術，元帝對漢文自不能高明，而明帝且有不甚識字者，（清乾隆上諭曾言及此，頗可信。）清代如康、雍、乾三帝，其文學皆甚佳，故實錄列傳之紀載事宜，屢經其指示，益有可觀。明史除一些與滿清有關之忌諱外，其體例編纂之善，爲前史所未有，即其明證。故清代本朝史如實錄列傳之亦必多佳善，當在意中。今禁止發行之趙爾巽等清史稿及中華書局出版之清史列傳，其大部分爲當時史館之舊稿，可無疑也。惟此種舊稿大部分經滿清遺臣之塗飾，（此種遺臣昧於種族之義，身事民國而尙戀恩前朝，最不可取。揆以乾隆所定史例，亦當入之貳臣。清史經此種貳臣之手，自應在禁止之列，不足異也。）是非眞僞頗不足憑，爲可惜耳。清史稿既已禁行，則公正清史之作，亦民國國民應負之責也。（清史稿修纂於民國初元，由北京政府聘趙爾巽爲館長，其館員幾皆滿清之遺臣。此史稿印行後，輿論卽紛然不滿。旋南京國民政府據故宮博物院呈請，下令禁止發行，故存有其書者極少。故宮博物院列十九項以明此史稿之背逆與舛誤，計：(1)反革命，(2)藐視先烈，(3)不奉民國正朔，(4)列書僞諡，(5)稱揚諸遺老鼓勵復辟，(6反對漢族，(7)爲滿清諱，(8)體例不合，(9)體例不一致，(10)人名先後不一致，(11)一人兩傳，(12)目錄與書不合，(13)紀表傳志互相不合，(14)有日無月，(15)人名錯誤，(16)事蹟之年月不詳載，(17)泥古不化，(18)簡陋，(19)忽略。則此史稿之不善可知。此節本應於第十章民國以來之史學內述之，因其稿既經民國國民政府禁止發行，且其內容又爲舊來之紀傳表志體裁，故特附錄於此，以結舊史之局。將來國民政府修纂之清史，應用何種新體製，尙不可知，吾人正可拭目以待之也。）

上述係指官府纂修者，然明清之際，私家著述乃大盛，私史之作頗多。近人謝國楨曾加以統計，詳見於其所撰之晚明史籍考，足資參證。又清末王先謙朱壽明所輯之十一朝東華錄，亦頗有一提之價值。其書原爲蔣良祺所編，始自清代開國迄世宗雍正。王先謙病其簡略，爲之增補，並續以高宗、仁宗、宣宗、文宗、穆宗五朝，後朱壽明又增以德宗，總爲十一朝。稱東華錄者以此書爲蔣良祺在內閣所撰，內閣居東華門內，故取以爲名。書中內容係按年月日選錄歷朝之上諭及朝臣疆臣之奏疏，實有類於邸報。其書雖尙多疏漏，首尾亦貫串不齊，然滿清一代二百餘年間大事，年經月緯，約略可觀，則實一最好之史料集，爲編清史尤其編清代通鑑者所必須參照者也。（近人印鸞章所編之清鑑，即大體根據此書。）

第二節 傳記學術史體之成立

（甲）傳記史之三大流別——傳略年譜及學術史

傳記之興，蓋以輔史書之不及。歐陽修所謂『昔者史官其書有法，大事書之策，小事載之簡牘。至於風俗之舊，耆老所傳，遺言佚行，史不及書，則傳記之說或有取焉。然六經之文，諸家異學，說或不同，況於幽人處士，聞見各異，或詳一時之所得，或發史官之所諱，參求考質，可以備多聞焉。』（歐陽文忠公集崇文總目）是也。其始作者未盛，後則源流派別，所涉漸廣。紀昀以爲『紀事始者，稱傳記始黃帝，此道家野言也。究厥本源，則晏子春秋是即家傳。孔子三朝記，其記之權輿乎？裴松之註三國志，劉孝標註世說新語，所引至繁。蓋魏晉以來，作者彌夥，諸家著錄，體例相同，其參錯混淆，亦如一軌。今略爲區別：一曰聖賢，如孔孟年譜之類；二曰名人，如魏鄭公諫錄之類；三曰總錄，如列女傳之類；四曰雜錄，如驂鸞錄之類。其杜大圭碑傳琬琰集，蘇天爵名臣事略諸書，雖無傳記之名，亦各核其實，依類編入。至安祿山、黃巢、劉豫諸書，旣不能遽削其名，亦未可薰蕕同器，則從叛臣諸傳附載史末之例，自爲一類，謂之別錄。』（四庫提要史部傳記類敍）觀其所列，可見其範圍之廣。然紀氏所分之類目，則未能適宜。彼不從傳記體制之異同而究其流別，而專以傳主之賢奸與多寡爲分類之標準，此則封建思想之作祟，不必爲之諱也。

吾人今日捨去封建思想不言，而專就體制之異同以觀察傳記，則傳記也者實與記傳編年紀事本末同源而異流，而各得其一體。紀傳以人爲主，傳紀中如清朝先正事略之類，何殊於史漢之列傳。編年以年爲主，傳記中如朱熹年譜章實齋年譜之類皆是，其不同者則編年諸史記一代或數代歷年之事，年譜記一人歷年之事耳。紀事本末以事爲主，傳記中如明儒學案之類，記一學案之傳授系統，首末備詳，雖以人分言，而脈絡井然，綜核論斷，實同於通鑑紀事本末之義例。此則傳記之三支，在今日固應加以適當之分別，而在古人則均以傳記爲其總名也。

依上述之分別，則古人所謂之傳記一體，實可析爲三支而歸爲二類，傳略年譜學術史爲三支，而傳略年譜爲一類，學術史又另爲一類也。吾國古無學術史，故凡關於學術之記載，無不以傳記之體例出之。如明儒學案之類，其用則學術史，其體則傳記，卽其明證。時至今日，史學研究之途徑既分，而史籍之類別亦從之而更定，學術史之作日多而其體例亦日益精密，則從傳記中而獨立爲一類，實合時代之需要。『附庸蔚成大國』，亦進化之現象也。

（乙）傳記學術史體之盛行

傳記學術兩類之史書，雖起源頗古，而實結胎於宋代，至明清而始盛行。以宋代言，如宋杜大圭之名臣碑傳琬琰集則編集一代名人之碑誌，及不著撰人名氏之京口耆舊傳，則採撰一地名人之事迹，皆有顯著之進步。而如胡舜陟父子之孔子編年，趙子櫟之杜工部年譜及王宗稷之東坡年譜等十數種，尤予後人以重大之影響。此宋代傳記史中傳略及年譜二支之成就也。至學術史一支亦結胎於宋。朱熹之伊雒淵源錄雖無學術史之名，而有學術史之實。四庫提要謂『宋人談道學宗派自此書始，而宋人分道學門戶亦自此書始。』則其書足稱爲學術史之一種，蓋無疑義。然宋人對於傳記學術史體雖有重要或創闢之貢獻，而作者未盛，殊未能與編年史紀事本末史等量齊觀，稱其時代史學之特徵；（宋代年譜之體雖係創闢，作者亦頗盛，然多簡陋不足觀，無史記、史通、通典、資治通鑑及通鑑紀事本末等開山作祖之氣象。）直至明清兩朝，其作始盛，而體例亦日益精密。民國以還，作者日衆，上海商務印書館遂有史學叢書之輯，其中所收全爲傳略年譜之作品，而學術史之著亦有足述者。然揆之作始也簡將畢也鉅之義，則宋人之功不可沒也。

元代傳記學術史之作，傳世蓁少，而吳師道之敬鄉錄與辛文房之唐才子傳，則爲頗特殊之作風。前者頗有著述史之意味，後者幾純爲文學史之作品，均爲前此所少有。明清兩代，其作者則傳略一項有明解縉古今列女傳，王世貞嘉靖以來首輔傳，李廷機漢唐宋名臣錄，焦竑獻徵錄，熙朝名臣實錄，徐紘明名臣琬琰錄，項篤壽今獻備遺，區大任百越先賢志，及清之欽定宗室與蒙古功績表傳，欽定勝朝殉節諸臣錄，孫奇逢中州人物考，陳鼎東林列傳，朱軾史傳三編，錢儀吉碑傳集，李元度清朝先正事略，李桓耆獻類徵，繆荃孫續碑傳集等。年譜一項，有明朱境朱子年譜，李默朱子年譜，夏洪基孔子年譜輯自，楊方晃孔子年譜，李灼黃晟至聖編年世紀，危素草廬年譜，唐伯元二程年譜，楊嗣昌薛文清年譜，馬巒溫公年譜，顧與沐顧端文年譜，清徐沁謝皋羽年譜，王懋竑朱子年譜，張夏楊文靖年譜，李紱陸象山年譜，左宰左忠毅公年譜，吳榮光歷代名人年譜等。學術史一項有明馮從吾元儒考略，呂元善聖門志，謝鐸伊雒淵源續錄，宋端儀考亭淵源錄，金賁亨臺學源流，程瞳新安學系錄，楊應詔閩學源流，朱衡道學源委，魏顯國儒林全傳，郭子章聖門人物志，周汝登聖學宗傳，過庭訓聖學嫡派，劉鱗長浙學宗傳，鄭泉崇聖譜，清黃宗羲明儒學案，宋元學案，（全祖望續成）萬斯同儒林宗派，沈佳明儒言行錄，魏裔介聖學知統錄、翼錄，湯斌洛學編，耿介中州道學編，范鄗鼎理學備考，張夏雒閩源流錄，熊賜履學統，張伯行道統錄、道南源委、伊雒淵源續錄，王植道學淵源錄，李清馥閩中理學淵源考，閩學志略，王心敬關學編，阮元國史儒林傳、疇人傳，江藩漢學師承記、宋學師承記等。均頗多精粹之作。茲就三項中各錄其尤最者一種內容於左，以見一斑。

（子）清朝先正事略

清朝先正事略，清李元度撰。（原名國朝先正事略，今改正。）全書六十卷，就清順治至道光間先正分名臣、名儒、經學、文苑、遺逸、循良、孝義七門，以紀述之。『人為一傳，計五百人，附見者六百有八人。』卷首有凡例，闡明採撰之旨趣與方法。書中『事蹟皆採自私家傳誌郡邑志乘，間以說部，仍正以國史，有合十數篇為一篇者；』其用力之勤可見。其名儒經學兩門兼採朱陸及漢宋兩派之人，不分門戶。於其『淵源所在，各以類從，其議論之相反者，而適可以相救者，均詳列之。』無講學家之習氣，頗爲可取。又書中關於地名官名均據清朝書之不從古稱，其詔諭奏劄亦多存其眞，尤合史法。

（丑）朱熹年譜（附章實齋年譜）

朱熹年譜，清王懋竑撰。朱熹年譜，作者甚多，而以懋竑此本爲最精。『懋竑於朱熹遺書研思最久，』因各家舊本『互相參考，根據語錄文集，訂補舛漏，勒爲四卷。又備列其去取之故，』『爲考異四卷。併採掇論學要語，爲附錄二卷。』書中『大旨，在辨別爲學次序，以攻姚江晚年定論之說，故於學問特詳，於政事頗略；』又志在褒崇朱熹，故事蹟亦不無諱漏之處。四庫提要謂是書於年譜體例，未能盡合，可作朱熹之學譜。其言則似是而非。蓋年譜創行之始，僅述譜主歷年簡略之事迹，於思想見解從無一及，故提要云然；不知若不述譜主之思想見解，則其人之生平，何能概見。須知年譜之主要任務，在於畫出譜主由少及老思想見解之淵源沿革及其表現於居家從政之事迹，如是方能得見譜主生平之全貌，以展年譜最高之價值。故其思想見解，不問爲政治爲學術，亦有詳述之必要，不能以簡單之事迹爲限也。故王懋竑朱熹年譜，不從年譜之舊例，而兼敍述譜主之學術，在年譜學上言之，實爲重大之進步也。近人胡適氏所作之章實齋年譜，即與王氏取同一之方法，而注力於實齋學問思想之記述。（此因朱熹章實齋所長在學術不在政治，若在政治則當注力政治也。拙作林文忠公年譜，即其一證。）然胡氏之作品較之王氏更爲精密而弘博，足以上結遜淸以前年譜之舊格局，而開民國以還年譜之新法門，甚爲可取也。（胡適氏作章實齋年譜之動機，起於民國九年冬日，讀日人內藤虎次郎編之章氏年譜，以其所編簡略已甚，遂於十年春間另作新譜。胡氏自述此書，雖沿用向來年譜之體裁，但體例則頗多新創。謂：『第一，我把章實齋的著作，凡可以表示他的思想主張的變遷沿革的，都擇要摘錄，分年編入。摘錄的工夫，很不容易。有時於長篇之中，僅取一兩段；有時一段之中，僅取重要的或精采的幾句。凡删節之處皆用「……」表出。删存的句子，又須上下貫串，自成片段。這一番工夫，很費了一點苦心。第二，實齋批評同時的幾個大師，如戴震、汪中、袁枚等，有很公平的話，也有很錯誤的話。我把這些批評，都摘要鈔出，記在這幾個人死的一年。這種批評，不但可以考見實齋個人的見地，又可以作當時思想史的材料。第三，向來的傳記，往往只說本人的好處，不說他的壞處；我這部年譜，不但說他的長處，還常指出他的短處。——見章實齋年譜自序——則胡氏此書價值之大可見。茲故詳附於此，以資參照。）

（寅）明儒學案（附宋元學案）

明儒學案明黃宗羲撰。宗羲搜集朱明一代講學諸人文集語錄，臚其言行，辨其宗派，輯爲此書。凡六十二卷。卷端冠以師說，列方孝孺以下十七人。卷一至卷四爲崇仁學案，列吳與弼以下十八人。卷五卷六爲白沙學案，列陳獻章以下十二人。卷七卷八爲河東學案，列薛瑄以下十五人。卷九爲三原學案，列王恕以下六人。卷十爲姚江學案，列王守仁一人，附錄二人。卷十一至十五爲浙中王門學案，列徐愛以下十八人。卷十六至二十四爲江右王門學案，列鄒守益以下二十七人，附錄六人。卷二十五至二十七爲南中王門學案，列黃省曾以下十一人。卷二十八爲楚中王門學案，列蔣信等二人。卷二十九爲北方王門學案，列穆孔暉以下七人。卷三十爲粵閩王門學案，列薛侃等二人。卷三十一爲止修學案，列李材一人。卷三十二至三十六爲泰州學案，列王艮以下十八人，附錄三人。卷三十七至四十二爲甘泉學案，列湛若水以下十一人。卷四十三至五十七爲諸儒學案，列方孝孺以下四十三人。卷五十八至六十一爲東林學案，列顧憲成以下十七人。卷六十二爲蕺山學案，列劉宗周一人。莫晉謂此書『言行並載，支派各分，擇精語詳，鈎元提要，一代學術源流，瞭如指掌。要以徵意，實以大宗屬姚江，而以崇仁爲啓明，蕺山爲後勁。凡宗姚江與闢姚江者，是非互見，得失兩書，所以闡良知之祕而防其流弊，用意至深遠也。』（重刻明儒學案序）殊能道出宗義著書之心事。宗羲自謂『書成於丙辰之後，（丙辰爲淸康熙十五年，公元一六七六。）中州許酉山曁萬貞一各刻數卷，而未竣其事。』其後『北地隱士』賈醇庵承其父若水遺命，始刻此書之全帙。（明儒學案自序）惟賈氏所刻與宗羲原本及萬氏所刻，篇章次第頗有不同。『原本首康齋，（吳與弼）賈本改而首敬軒。（薛瑄）原本王門學案，賈本皆改爲相傳學案。』（見莫晉序）故乾隆四年（公元一七三九）鄭性及道光元年（公元一八二一）莫晉所刻之明儒學案，則均據原本而不從賈本也。（四庫提要作者所見卽賈氏本，故卷目亦首列敬軒，其議論亦以河東姚江並舉。）宗義撰明儒學案後，又以餘力作宋元學案，未成而卒；子百家頗有所修補，但亦未就。後全祖望補成之。全書一百卷。首有祖望序錄，臚述各學案編排先後次序之理由。體例一仿明儒學案，但組織則較爲嚴密。例如明儒學案於各學案之師友淵源僅平列姓名，此則以表明之，尤見提挈。此兩書合而觀之，則宋元明三代之學術系統瞭如指掌矣。雖無學術史之名，實有學術史之用，欲不謂之學術史有不能也。（近人錢穆所撰之中國近三百年學術史，體例卽仿明儒學案，而已以『學術史』名書矣。）

第三節　補史成績之宏卓

吾國以紀傳史爲正史，清乾隆時定額爲二十有四。（詳請參閱本編第二章第二節）紀傳史之體制，以首創之史記言之，則爲本紀世家列傳表書五者。班固漢書併世家於列傳，改書爲志，於是紀傳表志四者，無形中被公認爲紀傳史——亦卽正史之體制。惟紀傳易爲而表志難作，故正史中全無表志者頗多，有而不全者亦不少，而有志無表者更多。史記一書行於司馬遷之身後，故史稿不無散失，其中表書兩稿亦頗有闕殘；（據張晏注知表闕漢興以來將相年表一種，書闕禮樂兵三種；但兵書自敍未有，故後人以爲律書卽兵書，疑未能明也。）後多由褚少孫加以補續。漢書因班固罹禍，其八表及天文志未就，亦由班昭踵成之。褚少孫及班昭實可謂後世補史者之始。然司馬遷表書之有一二闕佚與班固表志之有一二未就，皆有其特殊之原因，初非僅作紀傳而不爲表志者，有之則自陳壽之三國志始。（此指成書先後而言，三國志先成於范曄之後漢書。）范曄撰集後漢書，雖有志於爲表志，而因禍亦未有成。其後劉昭乃取司馬彪漢書中之志注以補之，今傳世者是已。劉昭所補之志雖非自作，然其事又不同於褚少孫班昭，大約後人專補正史之表志者，此當爲其眞正之先河矣。表志既難作，於是史家多有捨難而就易者，而反之如江淹謂受詔撰史且『先著十志以見其才』。鄭樵通志自序亦謂『志者憲章之所繫，非老於典故者不能爲也。不比紀傳，紀則以年包事，傳則以事繫人，儒學之士皆能爲之，惟有志難，其次莫如表。』所言皆深識史書甘苦之道。茲表列二十五史表志之有無（有則列其名目）於左：（順史書代表之時代排列）

書名	表目	志目	備考
史記	三代世表、十二諸侯年表、六國年表、秦楚之際月表、漢興以來諸侯年表、高祖功臣侯年表、惠景間侯者年表、建元以來侯者年表、建元以來王子侯者年表、漢興以來將相書名臣年表——共十表。	禮、樂、律、歷、天官、封禪、河渠、平準——共八書。	漢興以來將相年表，及禮書樂書原篇殘闕，褚少孫等補續。
漢書	異姓諸侯王、諸侯王、王子侯、高惠高后孝文功臣、景武昭宣元成哀功臣、外戚恩澤侯、百官公卿、古今人表，——共八表。	律歷、禮樂、刑法、食貨、郊祀、天文、五行、地理、溝洫、藝文，——共十志。	八表及天文志爲班昭所作。

後漢書	無。	律歷、禮儀、祭祀、天文、五行、郡國、百官、輿服，——共八書。	八書係劉昭取司馬彪所作，注以補之。
三國志	無。	無。	
晉書	無。	天文，地理、律歷、禮、樂、職官、輿服、食貨、五行、刑，——共十志。	
宋書	無。	律歷、禮、樂、天文、五行、符瑞、州郡、百官，——共八志。	
南齊書	無。	禮樂、天文、州郡、百官、輿服、祥瑞、五行，——共八書。	
梁書	無。	詳下隋書欄。	
陳書	無。	詳下隋書欄。	
魏書	[illegible]	天象、地形、律歷、禮、樂、食貨、刑罰、靈徵、官氏、釋老，——共十志。	
北齊書	無。	詳下隋書欄。	
周書	無。	詳下隋書欄。	
南史	無。	無。	
北史	無。	無。	

隋書	無。	禮儀、音樂、律曆、天文、五行、食貨、刑法、百官、地理、經籍，——共十志。	上十志原爲梁、陳、齊、周、隋而作，故名五代史志，其編入隋書，特以隋於五代居末，非專屬隋也。
舊唐書	無。	禮儀、音樂、曆、天文、五行、地理、職官、輿服、經籍、食貨、刑法，——共十一志。	
新唐書	宰相、方鎮、宗室世系、宰相世系，——共四表。	禮樂、儀衛、車服、曆、天文、五行、地理、選舉、百官、兵、食貨、刑法、藝文，——共十三志。	
舊五代史	無。	天文、曆、五行、禮、樂、食貨、刑法、選舉、職官、郡縣，——共十志。	
新五代史	年譜。	司天、職方——二考。	歐史無表以年譜代之，無志以考代之。
宋史	宰輔、宗室世系——共二表。	天文、五行、律曆、地理、河渠、禮、樂、儀衛、輿服、選舉、職官、食貨、兵、刑法、藝文，——共十五志。	
遼史	世表、皇子、公主、皇族、外戚、遊幸、部族、屬國，——共八表。	營衛、兵衛、地理、曆象、百官、禮、樂、儀衛、食貨、刑法，——共十志。	
金史	宗室、交聘——二表。	天文、曆、五行、地理、河渠、禮、樂、儀衛、輿服、兵、刑、食貨、選舉、百官，——共十四志。	
元史	后妃、宗室世系、公主、三公、宰相，——共五表。	天文、五行、曆、地理、河渠、禮樂、祭祀、輿服、選舉、百官、食貨、兵、刑法，——共十三志。	

新元史	宗室、氏族、三公、宰相、行省宰相，——共五表。	曆、天文、五行、地理、河渠、百官、選舉、食貨、禮、樂、輿服、兵、刑法，——共十三志。	
明史	諸王、功臣、外戚、宰輔、七卿，——共五表。	天文、禮、樂、儀衛、輿服、選舉、職官、食貨、河渠、兵、刑法、藝文，——共十二志。	

綜觀上表，知表志全無者三史，（梁、陳、齊、周各史與隋書共一志，非無志也。又歐史年譜及司天職方二考可代表志，故亦不列此數。）有志無表者十五史。至表志俱有而不全者，其不全之數則頗難言。史記十表頗嫌瑣碎，漢書之表亦然，遼史雖表目頗多，然遊幸亦列爲一表，則亦傷於蕪穢。故若取其中數如明史之表而以較諸史，則諸史頗多不全。關於志，若以宋史十五志較之，則其他諸史之志皆不全矣。

正史表志既如上述之或無與不全，於是補史工作乃引起後世史家之注意。劉昭補志已開補史之風，然劉昭尚非自作也，及宋熊方乃以全力撰補後漢書年表十卷，凡同姓侯王表二卷，異姓諸侯表二卷，百官表二卷。熊方作是書，自題其堂曰『補史』，可見其用力之專。四庫提要謂『其貫串鈎考，極爲精詳，綱目條章亦俱燦然有法，』『使讀者按部可稽，深爲有裨於史學。』又可見此書之價值。後世史家之以己作補史，熊方蓋爲第一人矣。熊方後有錢文子撰補漢書兵志一卷，亦甚受時人之贊仰。至諸史雖有表志，而或闕略不全，或謬譌無據，則亦經史家之考訂，如王應麟之漢書藝文志考證十卷，即其一例。自是厥後，代有所作，而極其盛於淸代。而淸代補史諸家成績之最宏卓者，則推萬斯同與錢大昕。而萬斯同之歷代史表，幾欲將諸史之無表與有而不全者而盡補之，願力之宏，前所未有。錢大昕於元史寢饋最深，其所補元史表志，尤稱精核，實開淸人鑽研元史之先路。茲就二十五史補編所收淸人補史著作，分爲兩類，依史書之先後，列其書目於左，以見其凡。

第一類爲諸史原無表志或有而不全而補充之者，如：吳非楚漢帝月表一卷，劉文淇楚漢諸侯疆域志三卷，萬斯同漢將相大臣年表一卷、新莽大臣年表一卷，諸以敦熊氏後漢書年表校補五卷，補遺一卷，（此爲補宋熊方之補後漢書年表者）錢大昭後漢書補表八卷，萬斯同東漢諸帝統系圖、東漢諸王世表、東漢外戚侯表、東漢宦者侯表、東漢雲臺功臣侯表、東漢將相大臣年表、東漢九卿年表等各一卷，黃大華後漢皇子王世系表、後漢中興功臣侯世系表、後漢三公年表等各一卷，練恕後漢公卿年表一卷，華湛恩後漢三公年表一卷，徐紹楨後漢書朔閏表五卷，錢大昭補後漢書藝文志一卷，侯康補後漢書藝文志四卷，顧櫰三補後漢書藝文志十卷，姚振宗後漢書藝文志四卷，萬斯同三國大事年表、三國漢季方鎮表、三國諸王世表、魏將相大臣年表、魏方鎮年表　漢將相大臣年表、吳將相大臣年表等各一卷，周嘉猷三國紀年表一卷，黃大華三國三公宰輔表三卷，洪飴孫三國職官表三卷，吳增僅撰楊守敬補正三國郡縣表附考證八卷，謝鍾英三國大事表一卷、三國疆域表二卷、三國疆域志補注十五卷、三國疆域志疑一卷，洪亮吉補三國疆域志二卷，侯康補三國藝文志四卷，姚振宗三國藝文志四卷，萬斯同晉諸帝統系圖、晉諸王世表、晉功臣世表、晉將相大臣年表、東晉將相大臣年表、晉方鎮年表、東晉方鎮年表、晉僭偽諸國世表、晉僭偽諸國年表、偽漢將相大臣年表、偽成將相大臣年表、偽趙將相大臣年表、偽燕將相大臣年表、偽秦將相大臣年表、偽後秦將相大臣年表、偽後燕將相大臣年表、偽南燕將相大臣年表等各一卷，秦錫田補晉書宗室王侯表、補晉書異姓封爵表、補晉書僭國年表等各一卷，秦錫圭補晉書執政表、補晉書方鎮表各一卷，張愉曾十六國年表一卷，練恕西秦百官表，錢儀吉補晉兵志一卷，丁國鈞補晉書藝文志四卷、附錄一卷，文廷式補晉書藝文志六卷，秦榮光補晉書藝文志四卷，洪亮吉東晉疆域志四卷、十六國疆域志十六卷，盛大士宋書補表四卷，萬斯同宋諸王世表、宋將相大臣年表、宋方鎮年表等各一卷，郝懿行補宋書刑法志、補宋書食貨志各一卷，萬斯同齊諸王世表、齊將相大臣年表、齊方鎮年表、梁諸王世表、梁將相大臣年表、陳諸王世表、陳將相大臣年表、魏諸帝統系圖、魏諸王世表、魏異姓諸王世表、魏外戚諸王世表、魏將相大臣年表、西魏將相大臣年表、東魏將相大臣年表、北齊諸王世表、北齊異姓諸王世表、北齊將相大臣年表、周諸王世表、周公卿年表等各一卷，練恕北周公卿表一卷，徐文範東晉南北朝輿地表二十八卷，周嘉猷補南北史年表、補南北史帝王世系表各一卷、補南北史世系表五卷，汪士鐸南北史補志十四卷，徐崇補南北史藝文志三卷，黃大華隋唐之際月表一卷，萬斯同隋諸王世表、隋將相大臣年表各一卷，唐將相大臣年表三卷、唐功臣世表、唐十道節度使年表、唐邊鎮年表、唐官者封爵表、武氏諸王表、唐諸蕃君長世系表、五代諸國世表、五代諸王世表、五代將相大臣年表、五代諸國年表、五代諸鎮年表、吳將相大臣年表、南唐將相大臣年表、蜀將相大臣年表、後蜀將相大臣年表、南漢將相大臣年表、北漢將相大臣年表、吳越將相大臣年表等各一卷，顧櫰三補五代史藝文志一卷，萬斯同宋大臣年表二卷、遼諸帝統系圖、遼大臣年表各一卷，汪遠孫遼史紀年表、西遼紀年表各一卷，萬斯同金諸帝統系圖、金將相大臣年表各一卷，黃大華金宰輔年表、元分藩諸王世表、元西域三藩年表等各一卷，錢大昕補元史氏族志三卷、補元史藝文志四卷、宋遼金元四史朔閏考二卷，倪燦補遼金元三史藝文志一卷，金門詔補三史藝文志一卷，劉廷鑾建文遜國之際月表二卷等皆是。

第二類爲諸史原有表志而校訂之者，如汪越讀史記十表十卷，王元啓史記月表正譌一卷，盧文弨史記惠景間侯者年表校補一卷，王元啓史記三書正譌三卷，錢塘史記三書釋疑三卷，孫星衍史記天官書補目一卷，夏燮校漢書八表八卷，梁玉繩人表考九卷，蔡雲人表考校補一卷、續校補一卷，翟云升校正古今人表九卷，王元啓漢書歷律志正譌一卷，劉光蕡漢書食貨志注二卷，汪遠孫漢書地理志校本二卷，楊守敬漢書地理志補校二卷，王紹蘭漢書地理志校注二卷，吳卓信漢書地理志補注一百三卷，錢坫徐松新斠注地理志集釋十六卷，呂吳漢書地理志詳釋四卷，汪士鐸漢志釋地略、漢志志疑各一卷，全祖望漢書地理志稽疑六卷，洪頤煊漢志水道疏證四卷，陳澧漢書地理志水道圖說七卷，吳承志漢書地理志水道圖說補正二卷，姚振宗漢書藝文志拾補六卷，條理八卷，黃大華後漢書郡國沿革考一卷，錢大昭郡國令長考一卷，盧文弨晉書天文志校正，晉書禮志校正各一卷，畢沅晉書地理志新補正五卷，方愷晉書地理志校補一卷，成孺宋州郡志校勘記一卷，洪齮孫補梁書疆域志四卷，（隋書地理志與梁書共用，故洪作列入第二類。）温曰鑑魏書地形志校錄三卷，盧文弨魏書禮志校補一卷，陳毅魏書官氏志疏證一卷，楊守敬隋書地理志考證附補遺九卷，章宗源隋書經籍志考證十三卷，姚振孫隋書經籍志考證五十二卷，黃大華唐藩鎮年表一卷，沈炳震唐書宰相世系訂譌十二卷，周嘉猷五代紀年表一卷，陳恕五代地理志一卷，倪燦宋史藝文志補一卷，李愼儒遼史地理志考五卷，盧文弨金史禮志補脫一卷，傅以禮殘明宰輔年表，殘明大統曆各一卷，黃大華明宰輔考略、明七卿考略各一卷等皆是。

上列補史諸書，皆爲清人之著述，於此可見清代補史風氣之盛及其成績之宏卓焉。

第四節　史評事業之進步

本期繼承宋代史評之風氣，亦代有述作，而以清代爲最盛。清代之史評，較之宋代且有顯著之進步。以探究史學之體例義法言之，則宋鄭樵通志中所發之論，較之清章學誠文史通義，實遜其精湛，且無其系統貫串之力。以論斷史事之是非得失言之，則明末清初王夫之讀通鑑論、宋論遠比宋顧祖禹唐鑑，胡寅讀史管見爲謹嚴，而眼光識見之遠大公正，亦非顧胡之所及。以考訂史事之正誤同異言，則宋吳縝之新唐書糾謬，五代史記纂誤，僅專事掊擊，又不如清趙翼廿二史劄記王鳴盛十七史商榷之能剖析異同，辨校正誤，有綜合貫串之功，至器量之卑隘尙其餘事也。茲錄此數書內容於左，以見本期史評事業進步之一斑。

(子)文史通義

文史通義，清章學誠著。全書八卷，計內篇五卷外篇三卷。內篇分易教上中下、書教上中下、詩教上下、經解上中下、原道上中下、原學上中下、博約上中下、言公上中下、史德史釋、史注、傳記、習固、朱陸、文德、文理、文集、篇卷、天喻、師說、假年、感遇、辨似、說林、知難、釋通、橫通、繁稱、匡謬、質性、黠陋、俗嫌、鍼名、砭異、砭俗、中鄭、答客問上中下、答問、古文公式、古文十弊、浙東學術、婦學、婦學篇書後、詩話等六十一篇；外篇則專言修志義例，如方志立三科議、州縣立志科、及和州志、永清等各序例，亳州志等各例議，天門縣志等各序，與武功志等各書後，並爲畢秋帆撰常德府志等各序，共六十二篇。內容不盡談史亦多談文，而婦學詩話諸篇且濫及人身之攻擊，情感用事，語多謾罵，識尤迂腐，與其平日倡導文德史德之態度，及自稱『利病得失隨口能舉舉而輒當』之識力，均不相合。以學誠之『甚矣著書者之心術不可不愼也』權之，則此語不啻其自供矣。書中於此點外，其他所論，則頗多前人之未發，及發焉而不詳者，足以補劉知幾鄭樵之不及。誠一代史學之巨著也。至若劉錦藻清續通考所謂『駕劉彭城而上之』，則溢美之辭，非定論也。（關於學誠史學，請閱下章。）

（丑）讀通鑑論宋論

讀通鑑論宋論，均明末王夫之著。讀通鑑論三十卷，自秦始皇帝至五代周世宗；宋論十五卷，自宋太祖至祥興帝：皆歷推其一朝之大事而詳議之，雖要旨鮮關於撰述，尠補於記注，而對於當時成敗之林，治亂之故，與其足為後世之鑑誡者，則分論綜議，時多卓見，要可供讀史者知人論世之助。讀通鑑論卷末附有敍論，為夫之自述撰著此書所持之態度。大要有四：第一，不作正統之妄說。謂『統者合而不離，續而不絕之謂也。離矣而烏乎統之？絕矣而固不相承以為統，崛起以一中夏者，奚用承彼不連之系乎？天下之生，一治一亂，當其治，無不正以相干，而何有於正？當其亂，既不正矣而又孰為正？有離有絕，固無統也，而又何正不正耶？』第二，不蹈流俗之是非。謂『天下有大公至正之是非焉，匹夫匹婦之與知，聖人莫能違也。然而君子之是非，終不與匹夫匹婦爭鳴。』『故編中於大美大惡昭然耳目前有定論者，皆略而不贅。推其所以然之繇，辨其不盡然之實，均於善而醇疵分，均於惡而輕重別。』第三，不尙立異逆性之議論。謂『褒其所不待褒，而君子不以為榮；貶其所不勝貶，而姦邪顧以為笑。』『乃其為弊，尙無傷於教無賊於民也。抑有纖曲嵬瑣之說出焉，謀尙其詐，諫尙其譎，徼功而行險，干譽而違道，獎詭隨為中庸，誇偷生為明哲，以佻達搖人之精爽而使浮，以機巧裂人之名義而使枉。此其於世道與民生也，災愈於洪水，惡烈於猛獸矣。』第四，不爲執一拘迂之見解。謂『惟本得失之原，勉自竭以求合於聖治之本。而就事論事，因其時而酌其宜，卽一代之各有弛張，均一事而互有伸詘，寧爲無定之言，不敢執一以賊道，有自相蹖盭者矣。』觀此，可知王夫之態度之嚴正與其認識之通澈。又兩書特嚴於夷夏之防，以用夏變夷爲大戒，蠻夷猾夏爲深憂，大聲疾呼，隨處可見，則富於民族之思想，亦非其他史家之所及。就論斷史事之是非得失一類之史評言之，此書直其冠冕矣。惟此類史評，旣非討究史學，又尠考訂史事，故流弊所至，徒尙浮議而瑕類叢生。四庫提要已深譏之。（見史部類敍）梁啓超氏亦謂『此類書無論若何警拔，總易導讀者入於奮臆空談一路，故善學者不尙焉。』（中國歷史研究法過去之中國史學界）則其末流之失，蓋甚大也。

（寅）廿二史劄記

廿二史劄記，淸趙翼撰。全書三十六卷。趙翼自序謂：『此編多就正史紀傳表志中參互勘校，其有牴牾處自見，輒摘出以俟博雅君子訂正焉。至古今風會之遞變，政事之屢更，有關於治亂興衰之故者，亦隨所見附著之。』又謂：『家少藏書，不能繁徵博採，以資參訂。間有稗乘脞說與正史歧互者，又不敢遽詫爲得間之奇。蓋一代修史時此等記載無不蒐入史局，其所棄而不取者必有難以徵信之處；今反據以駁正史之訛，不免貽譏有識。』則其書致力之點與其矜愼之態度可見。惟書稱廿二史劄記，而所述實及廿四史，豈以新舊唐書新舊五代史僅各爲一代而遂減而名爲廿二史者歟？若然，則說亦小偏矣。

（卯）十七史商榷

十七史商榷，淸王鳴盛撰。鳴盛自言其取名之故，謂：『十七史者上起史記下迄五代史，宋時嘗彙而刻之者也。商榷者商度而揚榷之者也。』然其書亦及於舊唐書舊五代史，實爲十九史，而言十七史者，蓋亦若趙翼之偏見以新舊合而爲一也。全書一百卷；書末綴言二卷，則別論史家之義例崖略。鳴盛自序著此書之態度，謂：『大抵史家所記典制，有得有失，讀史者不必橫生意見，馳騁議論以明法戒也。但當考其典制之實，俾數千百年建置沿革，瞭如指掌，而或宜法或宜戒，待人之自擇焉可矣。其事蹟則有美有惡，讀史者亦不必強立文法，擅加與奪以爲褒貶也。但當考其事蹟之實，俾年經事緯，部居州次，紀載之異同，見聞之離合，一一條析無疑，而若者可褒若者可貶，聽之天下之公論焉可矣。書生胸臆，每患迂愚，即使考之已詳，而議論褒貶，猶恐未當，況其考之未確者哉。蓋學問之道，求於虛不如求於實，議論褒貶皆虛文耳。作史者之所記錄，讀史者之所考核，總期於能得其實焉而已矣，外此又何多求耶？』則不務虛文只求實事，足爲此書全部之骨幹，與趙翼蓋同具有乾嘉諸老樸學之精神焉。

第五節　文化史之續纂

本期具有文化史性質之政書之編纂，其業尤盛。元馬端臨文獻通考規橅杜佑通典而加詳加密，實爲政書中之巨擘。明王圻撰續文獻通考以繼之，惟其書頗多舛雜，清乾隆中乃勅纂續文獻通考以逕繼馬氏，旋又纂清朝文獻通考以繼續文獻通考。（清代官修之書非名『皇朝』即『國朝』，茲均一例改稱『清朝』。下仿此。）清末劉錦藻又撰成續清文獻通考。於是馬氏之書得貫串而成爲一有系統之文化史之史料。清代又有續通典及清朝通典之作，以續繼杜佑之通典；又有續通志及清朝通志之作以續繼鄭樵之通志。世人以通典通志及文獻通考合稱爲三通；又以清代官府所續之六書合而稱之爲九通。近日商務印書館益以劉錦藻之續清文獻通考，而有十通之名。此十通中所包典章文物國計民生之史料，甚爲豐富，爲將來撰正式文化史者之所必資焉。則十通者雖無文化史之名，而實有文化史之實焉。此外本期中明代有明會典之作，清代亦纂有清會典，均仿前代會要之體例。於當代之國典朝章敍述賅備，足供後人之考證。茲略述各書之內容如左，以供參究。

(子)文獻通考

文獻通考，元馬端臨撰。全書三百四十八卷。凡分門二十有四：『曰田賦，曰錢幣，曰戶口，曰職役，曰征榷，曰市糴，曰土貢，曰國用，曰選舉，曰學校，曰職官，曰郊社，曰宗廟，曰王禮，曰樂，曰兵，曰刑，曰輿地，曰四裔：俱倣通典之成規，自天寶以前則增益其事迹之所未備，離析其門類之所未詳；自天寶以後至宋嘉定之末則續而成之。曰經籍，曰帝系，曰封建，曰象緯，曰物異：則通典原未有論述，而採摭諸書而成之者也。』『其每門著述之成規，考訂之新意，各以小序詳之。』至於本書取材範圍及命名之意，則：『凡敍事則本之經史，而參之以歷代會要以及百家傳記之書，信而有徵者從之，乖異傳疑者不錄：所謂文也。凡論事則先取當時臣僚之奏疏，次及近代諸儒之評論，以至名流之燕談，稗官之紀錄，凡一語一言可以訂典故之得失，證史傳之是非者，則採而錄之：所謂獻也。』（文獻通考自序）文獻通考之名以此。紀昀謂此書『條分縷析，使稽古可以案類而考。又其所載宋制最詳，多宋史各志所未備。案語亦多能貫串古今，折衷至當，雖稍遜通典之簡嚴，而詳贍實爲過之。』（四庫提要史部政書類）是也。

（丑）明會典

明會典，明治十年（公元一四七九）奉勅撰，十五年書成，正德四年（公元一五○九）重校刊行。嘉靖八年（公元一五二九）勅令續修，萬曆四年（公元一五七六）又勅重修，此爲四庫提要所未收者。（四庫館諸臣僅見正德刊本，故有嘉靖萬曆兩本今皆未見，莫知存佚之語。）今此本卷首有孝宗、武宗、神宗三序，及歷次重修勅諭，又有弘治纂修凡例，嘉靖續修凡例，萬曆重修凡例，及萬曆四年張居正等重修奏本，十五年申時行等進書表，及總裁申時行等纂修趙用賢等數十人職名。至本書所引用書目及文武各衙門開報文册，亦一一具列於首。可見此書實爲萬曆間重修刊行之本。全書二百二十八卷。（四庫提要所載正德本爲一百八十卷）內容分文職衙門與武職衙門二大類：文職衙門又分爲宗人府、六部、都察院、通政司、中書舍人、六科、大理、太常、詹事府、左右春坊、司經局、順天府、應天府、光祿、太僕、鴻臚、國子監、翰林院、尙寶司、欽天監、太醫院、上林苑監、五城兵馬司、僧錄司、道錄司、神樂觀等衙；（每衙皆附有南京職事）武職衙門又分爲中左右前後都督府及錦衣衛等衞。以典章事例分麗於各衙衞之下，甚爲賅備，足補明史諸志之不及。

（寅）續文獻通考淸文獻通考淸續文獻通考

續文獻通考，淸文獻通考，淸乾隆十二年（公元一七四七）奉勅撰。馬端臨文獻通考『迄於宋之嘉定，明臣王圻起而繼作，爲續文獻通考二百五十四卷，門類頗多增擴，然識解乖駁，援據蕪雜，』多無足取。高宗乃命廷臣加以改作，成續文獻通考二百五十卷，『自宋寧宗以後（公元一二二四—）訖明莊烈帝（公元一六四三）』『含宋、遼、金、元、明五朝事迹議論，彙爲是書。大抵事迹先徵正史而參以說部雜編；議論博取文集而佐以史評語錄。其採取王圻舊本者，十分不及其一。』全書首列凡例八則，其門類仍馬氏之舊，『惟於郊社宗廟內析出羣祀羣廟，廣爲二十六門。』淸文獻通考所錄自淸開國（公元一六一六）訖於乾隆五十年。（公元一七八五）『初與續文獻通考共爲一編，乾隆二十六年以前朝舊事例用平書，而述昭代之典章，錄列朝之詔諭，尊稱鴻號，禮應敬謹擡行，體例迥殊，難於畫一，遂命自開國以後，自爲一書。其續通典續通志皆古今異帙，卽用此書之例。』全書三百卷，首以弁以凡例十六則，其門類與續文獻通考同，亦二十六門。其書『每事皆尋源竟委，賅括無遺，故卷帙繁富，與馬氏原本相埒。』蓋敍述當代之事，『文獻足徵，搜羅自廣也。』續清文獻通考，清末劉錦藻撰。其書起乾隆五十一年（公元一七八六）訖宣統三年，（公元一九一一）凡百二十六年，用以直續清文獻通考。（清通考訖乾隆五十年）全書四百卷，弁以凡例十則，門類同清文獻通考，惟以時代之需要增外交、郵傳、實業、憲政四門，共成三十門。陸潤庠序此書謂『網羅考訂，一朝典章制度燦然大備，而於新舊蛻嬗之際，尤三致意焉。』以私人之力成此巨帙，『抗希前哲，津逮後學，』蓋不虛也。

（卯）續通典清通典

續通典與清通典均乾隆三十二年（公元一七六七）奉勅撰。杜佑通典終於天寶之末，（公元七五五）續通典則自唐肅宗至德元年（公元七五六）訖明思宗崇禎末年，（公元一六四三）清通典則自清初（公元一六一六）而至於乾隆五十年。（公元一七八五）兩書門類皆依從杜氏，惟杜氏以兵制附刑後，此則各爲一篇耳。計續通典一百五十卷，弁以凡例十四則；清通典一百卷，弁以凡例四則。杜氏至清，已越千年，風會遞遷，代有所尙，其因革損益之處自必甚多，故兩書門類雖仍杜氏之舊，而內容條目則頗多删益。至其材料根據，續通典因『唐代年祀稍遠，舊典多亡；五代及遼，文獻靡徵，史書太略：則旁搜圖籍以求詳。明代見聞最近，雜記實繁；宋金及元，著作本多，遺編亦夥：則嚴核異同以傳信。』清通典『專勒一編』，當清代全盛之時，故所採摭較爲繁富，尤足資徵考者也。

（辰）續通志二十略清通志二十略

續通志二十略，清通志二十略，亦乾隆三十二年勅撰。續通志中紀傳方面自唐始，迄於元朝，遼金附之；（因明史修於清，已有紀傳，故不再撰入。）二十略方面則自五代始迄於明朝，『因鄭樵舊目參考同異斟酌損益之，有鄭志所無而增補者，有鄭志所有而刪併者，各於本門小序詳其端委。』全書六百四十卷，幷以凡例二十則；其二十略計一百卷，約居全書六分之一。四庫提要謂二十略中變鄭志之例者有三：『一爲藝文略，鄭氏但列卷數書名，今各補撰人名氏爵里；一爲圖譜略，鄭氏原以索象、原學、明用三篇辨其源流，又以記有記無二篇考其存佚，今刪除諸名，別以經學、天文、地理、世系、兵刑、食貨、算術、儒學、醫藥爲子目；一爲昆蟲草木略，』『鄭氏原書惟以所撰詩名、物志、爾雅補註、本草外類約而成編，』『舛漏不一而足，今惟於未載者補其闕遺，已載者正其譌誤，』至『事涉迂怪，則概不續增。』則續通志之大凡可見。清通志不撰紀傳，僅有二十略，其目亦與鄭志同。全書一百二十六卷，卷端幷以凡例十二則，述刪併分合之故。有原本繁而今汰者三，都邑略、諡略、金石略等是；有原本疏而今補者二，天文略地理略等是；有原本冗瑣而今刪併者三，藝文略、校讎略、圖譜略等是；有原本之所未聞者三，六書略、七音略、草木昆蟲略等是。『蓋創始之作，考校易疎；論定之餘，體裁益密：』清通志之『蒐羅宏富，辨證精詳，』固亦宜矣。

（巳）清會典（附會典圖會典事例）

清會典，初撰於康熙三十三年，（公元一六八四）續撰於雍正五年，（公元一七二七）乾隆二十九年，（公元一七六四）嘉慶二十三年；（公元一八一八）至光緒二十五年，（公元一八九九）復重加撰輯。康雍兩會典沿舊體以則例散附各條下，乾隆會典『乃各爲編錄，使一具政令之大綱，一備沿革之細目，互相經緯，條理益明。』『嘉慶會典因之，於會典之外，別編事例，並附圖說，各自爲說，互資考證。』光緒會典『除圖說新增凡例外，典例仍以典爲經例爲緯，一遵上屆體裁。』『會典大要以官統事，以事隸官；如周六官、唐六典，提綱挈領，治具畢張。至事例則各門因革損益，皆係按年排比。』茲略言光緒會要之大凡，計會典一百卷，會典圖二百七十卷，會典事例一千二百二十卷。會典卷端有德宗御序總裁崑岡進書表及凡例六則。內分宗八府、內閣、軍機處、六部、（除吏部外均附載盛京各部）理藩院、都察院、通政使司、大理寺、翰林院、詹事府、太常、光祿、順天府、盛天府、鴻臚、國子監、欽天監、八旗都統、前鋒各營、內務府、總理各國事務衙門各目。皆言其官吏之建置與職守。會典事例所分門目與會典同，皆言其事例之沿革與損益。會典圖前列會典館歷次奏片，及凡例七則，分禮、樂、冠服、輿服、武備、天文、輿地七門，描繪詳明，足資印證。

第六節　浙東之史學

浙東之史學，爲本期一重要之學派。其派遠源於南宋，分兩派，曰永嘉，曰金華。永嘉之巨子，有鄭伯熊、薛季宣、陳傅良、葉適諸人；金華之巨子，有呂祖謙、陳亮、唐仲友諸人。（永嘉金華兩派之初源，據今人何炳松氏考證，斷爲出於北宋程頤，其說極精。）惟其時諸人多原本經術，其注意於史學，特以史學爲經世之用，非爲史學而史學也。及明末黃宗羲出，始漸有與經學分隔而獨立爲純粹之史學之勢；然宗羲尙未忘以史學恢張經術，爲經世之用也。宗羲之後，四明之萬斯同、全祖望，紹興之章學誠，乃專致力於史學，於是史學之壁壘方嚴，而其理論亦始見精一。故言浙東之史學，應自黃宗羲始；宗羲之前，應從章學誠之說，稱之爲『浙東學術』。而未可即以『浙東史學』之名加之於宗羲以前之諸子也。

黃宗羲著述甚多，其所著之明儒學案與未完成之宋元學案，實爲吾國學術史最早之巨著，非伊雒淵源錄一類簡略之所及，已述於前矣。時方開明史纂修之局，宗羲雖辭而不肯與其局，然有關於史事者，宗羲頗有所獻替；而史局每遇大案亦必以咨宗羲。關於其史事之見解，散見於南雷文約與南雷文定之中。而明夷待訪錄及行朝錄兩書，可作爲宗羲史學著述之代表。前者以史實解釋政治，原本於經術，猶是浙東學術以史學經世致用之精神；後者則以史筆表章忠烈，存是非善惡之眞，方爲史家公信態度之表現。蓋宗羲之史學，一爲功利主義，一爲民族思想；而民族思想尤爲宗羲所再三惓惓致意者。其後萬斯同之盡瘁明史著作，全祖望之努力搜羅晚明事略，蓋猶是宗羲之志事焉。

萬斯同爲黃宗羲之弟子，對史學亦極有心得，嘗補廿一史表五十四卷，以補正史之不足，願力之宏，前所未有。宗羲序其書，稱爲『不朽之盛事』。斯同尤熟於明代之掌故，明史局開，以布衣參與其事。相傳明史前身之王鴻緒明史稿五百卷，即斯同之手定，『雖其後不盡仍斯同之舊，而要其底本足以自爲一書者也。』（全祖望鮚埼亭集萬貞文先生傳）斯同之有志纂修明史，蓋痛心國變之餘，恐史料散失，無以徵信於將來。其告劉坊，謂：明代『二百九十三年，竟無成書。其君相之經營創建，與有司之所奉行，學士大夫之風尚源流，今日失考，後來者何所據乎？昔吾先世四代死王事，今此非王事乎？祖不難以身殉，爲其玄曾乃不能盡心網羅以備殘略，死尙可以見先人地下乎？故自己未（康熙十八年，即詔修明史之年，公元一六七九）以來，迄今二十年，隱忍史局，棄妻子兄弟不顧，誠欲有所冀也。』（劉坊天潮閣集萬季野先生行狀）是則斯同之志可哀而心亦良苦矣。

至斯同於史學求公求信之態度，尤爲矜愼。嘗語方苞以別擇史料之法，謂：『史之難爲久矣，非事信而言文，其傳不顯。李翺曾鞏所譏魏晉以後賢奸事迹並暗昧而不明，由無遷固之文，是也。而在今則事之信尤難。蓋俗之偸久矣？好惡因心而毀譽隨之；一室之事，言者三人，而其傳各異矣，況數百年之久乎？故言語可曲附而成，事迹可鑿空而構。其傳而播之者，未必皆直道之行也；其聞而書之者，未必有裁別之識也。非論其世知其人，而具見其表裏，則吾以爲信，而人受其枉者多矣。吾少館於某氏，其家有列朝實錄，吾默識暗誦，未敢有一言一事之遺也。長遊四方，就故家長老求遺書，考問往事，旁及郡志邑乘雜家誌傳之文，靡不網羅參伍，而要以實錄爲指歸。蓋實錄者直載其事與言而無可增飾者也。因其世以考其事，覈其言，而平心以察之，則其人之本末可八九得矣。然言之發或有所由，事之端或有所起，而其流或有所激，則非他書不能具也。凡實錄之難詳者，吾以他書證之；他書之誣且濫者，吾以所得於實錄者裁之；雖不敢具謂可信，而是非之枉於人者蓋鮮矣。昔人於宋史已病其繁蕪，而吾所述將倍焉；非不知簡之爲貴也，吾恐後之人務博而不知所裁。故先爲之極，使知吾所取者有可損，而所不取者必非其事與言之眞而不可益也。』（方望溪文集萬季野墓表）觀其所言，則斯同之史學可以推見矣。

斯同主張私家著述，深非官府纂修，每病唐後史官設局分修之失。謂：『昔遷固才既傑出，又承父學，故事信而言文。其後專家之學，才雖不逮，猶未至如官修者之雜亂也。官修之史，倉猝成於衆人，不暇計才之宜與事之習，是猶招市人而與謀室中之事也。吾辭史官而就總裁所者，惟恐衆人分操割裂，使一代治亂賢姦之跡昧晦而不明耳。』（錢大昕潛研堂集萬季野先生傳）厥後章學誠亦力主私家著述，蓋卽直接受斯同之影響。（參看本編第九章第三節）

全祖望亦浙東史學派之健者，著述頗多，所補成之宋元學案，尤稱精審；對於明淸之際之史事，亦探研不遺餘力。其集中所作之先達時人傳略碑誌，遺聞佚事，皆足供史傳之參證。而經史問答一書，亦時有精闢之見解。阮元所謂『百尺樓臺實從地起，其功非積年功力不可。』（見經史問答序文）則祖望學力之深，於茲可見。

浙東史學自黃宗羲以迄全祖望，名家輩出，著述日多，於是研究史學已成爲當時當地之風氣，雲蒸霞蔚，源遠流長，不僅在中國史學史上有重要之地位，即在中國學術思想史上亦不失爲獨特之重鎮。所惜宗羲祖望諸人，對史學多事迹之編排，鮮理論之闡發。及章學誠出，而史學理論始見完密，凡所披陳，皆足以抗希前哲，津逮後學。至是浙東之史學已突破地域之藩籬，已成爲遜清一代中國史學之巨擘焉。

第九章　章學誠

第一節　章學誠與文史通義

章學誠字實齋，清會稽人。生乾隆三年，（公元一七三八）卒嘉慶六年，（公元一八〇一）年六十四。浙東史學自黃宗羲以迄全祖望，已有精深之成就，及章學誠出乃大放其燦爛之花。學誠自言『二十歲以前，性絕騃滯，』『二十二歲駸駸向長。縱覽羣書，於經訓未見領會，而史部之書乍接於目，便似夙所攻習然者。其中利病得失，隨口能舉，舉而輒當。』『乃知吾之二十歲後與二十歲前不類出於一人，自是吾所獨異。』又言『吾於史學蓋有天授，自信發凡起例，多爲後世開山。』據此，可見學誠史學資禀之特異。

學誠抱負甚高，以爲『鄭樵有史識而未有史學，曾鞏具史學而不具史法。劉知幾得史法而不得史意。』其著文史通義卽係彌此缺憾，專言『史意』。所謂『意』者卽春秋所具之『義』。孔子曰：『其事則齊桓晉文，其文則史，其義則丘竊取之矣。』學誠之『史意』，卽指此而言。然學誠對鄭樵亦備致推挹，謂『鄭氏通志，卓識名理，獨見別裁，』『終爲不朽之業』。對知幾則以彼議『館閣纂修』，此論『一家著述』，『道不同不相爲謀』，故殊少相推之意。

然學誠之文史通義則深受知幾史通之影響，書中所述，觸處可見。如何炳松氏所舉『章氏對於中國史學上的第一箇大供獻，——記注和撰述的分家，』即係受知幾及鄭樵之『暗示』。

學誠既有志史學，而不能得纂修史書之機會，是時適方志修創之風大盛，績學之士無不藉修志而自見其才。學誠未壯時已參預其父章鑣所修之天門縣志，及後更助理其師朱筠所纂之順天府志，於是以史學之理論表之於方志之實體，故對於志書具有莫大之計劃。以志書爲一地之史，提議『州縣之志不可取辦於一時，平日當於諸典吏中特立志科，僉典吏之稍明文法者以充其選，而且立爲成法，俾如法以紀載，略如案牘之有公式焉，則無妄作聰明之弊矣。積數十年之久，則訪能文學而通史裁者筆削以爲成書，所謂待其人而後行也。如是又積而又修之，於事不勞而功效已爲文史之儒所不能及。』其見甚卓。至其主張方志宜『倣紀傳正史之體而作志，倣律令典例之體而作掌故，倣文選文苑之體而作文徵。三書相輔，闕一不可；合而爲一，尤爲不可。』則顯受杜佑通典、鄭樵通志、馬端臨文獻通考及袁樞通鑑紀事本末諸書之影響。學誠於方志探究至深，凡所批陳，一時無兩。『今觀其所作各方志序例，皆自抒胸臆，不效俗言，史學之才眞乃小試於方志也。

惟學誠頗受宋儒遺毒，衞道之念殊盛；於婦學問題時有迂論。又譏會『書繁重而易失』，故一面提倡掌故之重要，一面又嫌新唐書以下各史志書之太詳，以爲『討論之旨漸微，器物之加漸廣。』不知此正文物進化之現象，是其蔽也。

學誠之著文史通義也，着手於乾隆三十七年，（公元一七七二）自以『辨論之間，頗乖時人好惡，故不欲多爲人所知。』至嘉慶之年（公元一七九六）始『擇其近情而可聽者稍刊一二，以爲就正同志之資，亦尚不欲遍示於人。』學誠死後三十一年，道光十二年（公元一八三二）其書始大部分刊行。民國九年（公元一九二〇）以來，學誠生平學術始漸顯於世，而章氏遺書亦於是年刊行焉，蓋上距學誠之死已一百十九年矣。（參見章學誠文史通義章氏遺書及胡適章實齋年譜）

第二節　史才問題

（甲）文字與語言

劉知幾謂『史有三長，才學識世罕兼之。』自是言史者無不致力於三者之建議與批評。所謂史才，卽史之技術問題；所謂史學，卽史之材料問題；所謂史識，卽史之書法問題。（此據知幾自釋，見新舊唐書本傳。）學誠乃更提出『史德』，以爲『能具史識者必知史德』。由三長而進爲四長，頗能補知幾之不及。學誠所謂史德，卽史家之心術端正問題。梁啓超氏加以解釋，以爲卽『對於過去毫不偏私，善惡褒貶務求公正』之意。若是，則學誠之史德實亦在知幾史識之範圍，特學誠特別提出以供史家之注意已耳。學誠於史學範疇所涉至廣，茲爲綜括敍述便利計，就史才、史學及史識與史德三類分別述之。

先言史才。此關於史書之技術問題，可分兩面：一爲文字與語言，一爲撰述與記注。關於文字與語言，則學誠以爲『古人之言所以爲公也，未嘗矜於文辭而私據爲己有也。』（文史通義言公上）苟能『取辦其事，雖庸而不可廢，無當於事，雖奇而不足爭。』『易曰「修辭立其誠」，誠不必於聖人至誠之極致，始足當於修辭之立也。學者有事於文辭，毋論辭之如何，其持之必有其故，而初非徒爲文具者，皆誠也。有其故而修辭以副焉，是其求工於是者，所以求達其誠也。』若『無其實而有其文，即六藝之辭猶無所取，而況其他哉！』（文史通義言公中）惟欲立其誠，則『臨文』必須『主敬』。蓋臨文『主敬，則心平而氣有所攝，自能變化從容而合度也。』（文史通義文德）

學誠於是更具體言之，謂行文必當辨文之『體制源流』；『苟不察其義例，而惟以古雅爲徇，』則將『以秦漢之衣冠，繪明人之圖像，』『不學之過』，豈得辭譏？（文史通義公文公式）而行文又當『識古人之大體，而文辭工拙又其次焉。不知大體，則胸中是非不可以憑；其所論次未必俱當事理，而事理本無病者，彼反見爲不然而補救之，則率天下之人而禍仁義矣。』故『傳人適如其人，述事適如其事，』而『記言』亦『適如其人之言』（文史通義古文十弊）蓋『立言之要，在於有物。古人著爲文章，皆本於中之所見，初非好爲炳炳烺烺如錦工繡女之矜誇采色已也。富貴公子，雖醉夢中不能作寒酸求乞語；疾痛患難之人，雖置之絲竹華宴之場，不能易其呻吟而作歡笑：此聲之所以肖其心，而文之所以不能彼此相易各自成家者也。今舍己之所求，而摩古人之形似，是杞梁之妻善哭其夫，而西家偕老之婦亦學其悲號；屈子自沈汨羅，而同心一德之朝其臣亦宜作楚怨也：不亦傎乎！』（文史通義文理）『文人固能文矣，文人所書之人不必盡能文也。敍事之文，作者之言也，爲文爲質，惟其所欲，期如其事而已矣。記言之文，則非作者之言也，爲文爲質，期於適如其人之言非作者所能自主也。』若斯而『不致思，是之謂優伶演劇。』（文史通義古文十弊）此學誠對於文字與語言之見也。

（乙）撰述與記注

關於撰述與記注，學誠則以此二者『本自相因而不相妨害』，宜各異其任，不可混同，亦不能缺一。比撰述爲『韓信將兵』，比記注爲『蕭何轉餉』。（章氏遺書報黃大俞書）謂『蓍之德圓而神，卦之德方以智。閒嘗竊取其義，以槩古今之載籍。撰述欲其圓而神，記注欲其方以智也。夫智以藏往，神以知來，記注欲往事之不忘，撰述欲來者之興起。故記注藏往似智，而撰述知來如神也。藏往欲其賅備無遺，故體有一定而其德爲方；知來欲其決擇去取，故例不拘常而其德爲圓。』（文史通義書教下）是謂史料之搜集不可不備，而史書之撰述不可不嚴。史料不妨由人博採，『另有成編』，然非史書也，欲撰述史書者，不妨就此繁備之史料以抉擇去取，勒成是書焉。

抉擇之法應如何？學誠雖未有對全部史料爲詳盡之敍述，而於人物之事蹟則略有陳及。謂嘗『觀行而信其言，即類以求其實，參之時代以論其世，核之風土而得其情，因其交際而察其游，審其細行而觀其忽，聞見互參而窮虛實之致，瑕瑜不掩而盡揚抑之能：八術明而春秋經世之意曉然矣。』（章氏遺書金君行狀書後）則頗足以見其一隅。

旣云抉擇去取，則其予奪之故與其取捨之文，亦不可不有所申述，以成一家之學，與天下後世以共見。學誠於此，乃力主史當有注。謂古人著述，筆削之際，『功所不及，則口授其徒而相與傳習其業，』『則簡盡微顯之法存。』其後『古學失傳，史存具體，惟於文誥案牘之類次，日月記注之先後，不勝擾擾，而文亦繁蕪複沓』矣。此『豈盡作者才力之不逮，抑史無注例，其勢不得不力趨於繁富也。』學誠不僅贊成史注，而且盛倡史家之『自注』。謂『誠得自注以標所去取，則聞見之廣狹，功力之疏密，心術之誠僞，灼然可見於開卷之頃，而風氣可以漸復於質古。』『翰墨多於前，功效多於舊，孰有加於自注也哉？』（文史通義史注）不寧史家惟是，學誠且以爲一切文章亦當準此。謂『凡立言之士，必著撰述歲月，以備後人之考證；而刊傳前達文字，愼勿輕削題注與夫題跋評論之附見者，以使後人得以考鑑焉。』『前人已誤，不容復追，後人繼作，不可不注意於斯。』（章氏遺書韓柳年譜書後）此學誠對於撰述與記注之見也。

學誠以古人言公，未嘗矜文辭爲私有；以『臨文主敬』爲達到『修辭立其誠』之條件，而極其用於『傳人適如其人，述事適如其事』『記言』『適如其人之言』。事不虛陳，語皆實際，可謂有識。其論撰述與記注分家，對史料與記述之關係，觀察之明，推闡之精，足補知幾語焉而不詳之弊。而盛稱『自注』，則尤得馭繁就簡之法焉。

第三節　史學問題

(甲)史料

史學問題可分爲二：一爲史料，二爲史體。關於史料，則學誠主張『六經皆史』。謂『古人未嘗離事而言理，六經皆先王之政典。』（文史通義易教上）『後世尊奉六經，別爲儒學一門，而專稱爲載道之書，』『而不知六經皆器也。易之爲書，所以開物成務，掌於春官太卜，則固有官守而列於掌故矣；書在外史；詩領太師；禮自宗伯；樂有司成；春秋各有國史。三代以前，詩書六藝未嘗不以教人。』『蓋以學者所習，不出官司典守國家政教；而其爲用，亦不出於人倫日用之常。是以但見其爲不得不然之事耳，未嘗別見所載之道也。夫子述六經以訓後世，亦謂先聖先王之道不可見，六經卽其器之可見者也。』（文史通義原道中）細繹上意，則學誠之所謂『六經皆史』『六經皆器』與『先王之政典』『官司典守』『國家政教』『人倫日用之常』云云，蓋卽吾人今日所言之『史料』耳。

學誠不僅主張六經皆史料也，其著史考釋例則擴充其說，以經史子集歸納爲三，經爲其一，子集合爲其一，而史部既亦爲其一，且『上援甲而下合丙丁』，與經子集時有相通。謂

『愚之所見，以爲盈天地間凡涉著作之林，皆是史學。六經特聖人取此六種之史以垂訓者耳。子集諸家，其源皆出於史，末流忘所自出，自生分別，故於天地之間別爲一種不可收拾不可部次之物，不得不分四種門戶矣。』（章氏遺書報孫淵如書）其所謂『史學』亦卽『史料』之意也。

（乙）史體

次爲史體。學誠以欲『成專門之業』，必嚴『通裁』之辨，因力主通史之體。謂『通史之修，其便有六：一曰免重複：』『鼎革之際，人物事實，同出並見。』『董卓呂布，范陳各爲立傳；禪位冊詔，梁陳並載全文；所謂複也。通志總合爲書，事可互見，文無重出，不亦善乎？』『二曰均類例』：『馬立天官，班創地理，齊志天文不載推步，唐書藝文不敍淵源，伊古以來，參差如是。』『惟通前後而勒成一家，則例由義起，自就隱括，隋書五代史志終勝沈、蕭、魏氏之書矣。』『三曰便詮配』：『包羅諸史，制度相仍。惟人物挺生，各隨時世。自后妃宗室，標題著其朝代，至於臣下，則約略先後以次相比，然子孫附於祖父，世家會聚宗支，一門血脈相承，時世盛衰，亦可見矣。』『四曰平是非』：『曲直之中，定於易代。然晉史終須帝魏，而周臣不立韓通，雖作者挺生，而國嫌宜愼。則亦無可如何者也。惟事隔數代，而衡鑑至公，庶幾筆削平允矣。』『五曰去牴牾』：『斷代爲書』，『首尾交錯，互有出入，則牴牾之端從此見矣。居攝之事，班殊於范；二劉始末，范異於陳；統合爲編，庶幾免此。』

『六曰詳隣事』：『僭國，載記，四裔，外國，勢不能與一代同其終始，而正朔紀傳，斷代為編，則是中朝典故居全，而藩國載記乃參半也。惟南北統史，則後梁東魏悉其端；而五代彙編，斯吳越荊潭終其紀矣。凡此六者，所謂便也。』

學誠以通史又有二長：『一曰具翦裁』：『通合諸史，豈第括其凡例，亦當補其闕略，截其浮詞，平突塡砌，乃就一家繩尺。若李氏南北二史，文省前人，事詳往牒，故稱良史。蓋生乎後代，耳目聞見自當有補前人，所謂憑藉之資易為力也。』『二曰立家法』：『陳編具在，何貴重事編摩？專門之業，自具體要。若鄭　通志，卓識名理，獨見別裁，古人不能任其先聲，後代不能出其規範；雖事實無殊舊錄，而辨名正物，諸子之意寓於史裁，終為不朽之業矣。凡此二者，所謂長也。』『六便』『二長』，為學誠力主通史之根據，其言至為精闢。至通史之弊，學誠謂亦有其三：『一曰無短長』：『纂輯之書，略以次比，本無增損，但易標題，則劉知幾所謂學者寧習本書，怠窺新錄者矣。』『二曰仍原題』：『諸史異同，各為篇目，作者不為更定，自就新裁。南史有孝義而無列女，通志稱史記以作時代，一隅三反，則去取失當者多矣。』『三曰忘標目』：『獨行方伎文苑列女諸篇，其人不盡涉於世事，一例編次，若南史吳逵韓靈敏諸人，幾何不至於讀其書不知其世耶？凡此三者，所謂弊也。』（文史通義釋通）

惟通史之體適於『一家著述』，而不適於『館閣纂修』。學誠於此，亦有詳確之論調。謂

『史之大原，本乎春秋。春秋之義，昭乎筆削。筆削之義，不僅事具始末，文成規矩已也。以夫子義則竊取之旨觀之，固將綱紀天人，推明大道，所以通古今之變，而成一家之言者，必有詳人之所略，異人之所同，重人之所輕，而忽人之所謹，繩墨之所不可得而拘，類例之所不可得而泥，而後微茫秒忽之際，有以獨斷於一心。及其書之成也，自然可以參天地而質鬼神，契前修而俟後聖。此家學之所以可貴也。』『若夫君臣事蹟，官司典章，王者易姓受命，綜核前代，纂輯比類，以存一代之舊物，是則所謂整齊故事之業也。開局設監，集衆修書，正當用其義例，守其繩墨，以待人之論定則可矣，豈所語於專門著作之倫乎？』（文史通義答客問上）

學誠既主張通史，故對於鄭樵之通志，袁樞之紀事本末，遂備致其推崇之忱。推鄭樵則云，『樵生於千載後，慨然有見於古人著述之源，而知作者之旨，不徒以詞采爲文考據爲學也。於是遂欲匡正史遷，益以博雅；貶損班固，譏其因襲。而獨取三千年來遺文故册，運以別識心裁。蓋承通史家風，而自爲經緯成一家者也。』（文史通義申鄭）推袁樞則云，『自隋經籍志著錄以紀傳爲正史編年爲古史，歷代依之，遂分正附，莫不甲紀傳而乙編年。』『司馬通鑑病紀傳之分，而合之以編年。袁樞紀事本末又病通鑑之合，而分之以事類。按本末之爲體也，因事命篇，不爲常格，非深知古今大體，天下經綸，不能網羅隱括，無遺無濫。文省於紀傳，事豁於編年，決斷去取，體圓用神，斯眞尙書之遺也。』若能『即其成法，沈思冥索，加以神明變化，則古史之原，隱然可見。』（文史通義書教下）其推崇鄭袁之言，亦卽所以闡發通史之旨也。

學誠於通史不徒爲理論之商榷，且爲事實之建設。謂通史之作法，宜『以尙書之義，爲遷史之傳，則八書三十世家，不必分類，』『統名曰傳。或考典章制作，或敍人事終始，或究一人之行，或合同類之事，或錄一時之言，或著一代之文，因事命篇，以緯本紀。則較之左氏翼經，可無局於年月後先之累；較之遷史之分列，可無歧出分見之煩。文省而事益加明，例簡而義益加精，豈非文質之適宜，古今之中道歟？至於人名事類，合於本末之中，難於稽檢，則別編爲表以經緯之；天象地形輿服儀器非可本末該之，且亦難以文字著者，別繪爲圖以表明之。蓋通尙書春秋之本原而拯馬史班書之流弊，其道莫過於此。』（文史通義書教下）可謂要言不煩矣。

學誠以『六經皆史』，『盈天地間凡涉著作之林皆是史學』，雖未能如今日國人認識史料範圍之廣漠，但較古人之徒以史書爲史者之眼光，實高出數倍。通史與斷代史，體例不同，優劣互見，學誠力主通史，語多精闢，足爲後來言通史者張目。惟專議『一家著述』以『家學』爲『可貴』，則易啓黨同伐異之風，漢代傳經可以爲鑒，亦不容忽視也。（大抵學誠門戶之見頗重，而器量又甚狹隘，故時有沾沾自喜之語；其以家學爲可貴，蓋不無內在之因也。）

第四節　史識與史德問題

（甲）主觀與客觀

史識與史德問題，即是非善惡之公與眞而已。惟欲是非善惡之公與眞，則（一）必須盡量避免主觀之情感，而根據客觀之事實以爲衡量，斯是非善惡方得其公；（二）必須愼思而明辨，有自己之主張，不人云而亦云，斯是非善惡方得其眞：二者似相違而實相成。學誠於此，亦有創闢之見解。先言主觀與客觀。學誠謂『史所貴者義也』，『非識無以斷其義』。『其中固有似之而非者』，徒以『擊斷以爲識』『非良史之識也』。『能具史識者，必知史德。德者何？謂著書者之心術也。』『所患夫心術者，謂其有君子之心而所養未底於粹也。』『蓋欲爲良史者，當愼辨於天人之際，盡其天而不益以人也。盡其天而不益以人，雖未能至，苟允知之，亦足以稱著書者之心術矣。』（文史通義史德）

惟主觀與客觀極易參雜，辨析綦難，學誠因謂『夫是堯舜而非桀紂，人皆能言矣；崇王道而斥霸功，又儒者之習故矣。至於善善而惡惡，褒正而嫉邪，凡欲託文辭以不朽者，莫不有是心也。然而心術不可不慮者，則以天與人參，其端甚微，非是區區之明所可恃也。』（見同上）換言之，即主觀與客觀，無良史之識與德不能辨。

學誠又以史家紀事行文，不能不有主觀心理之作用，然吾人亦不可不於其中辨出其主觀與容觀之點。謂『夫史所載者事也，事必藉文而傳，故良史莫不工文；而不知文又患於爲事役也。蓋事不能無得失是非，一有得失是非，則出入予奪相奮摩矣；奮摩不已，而氣積焉。事不能無盛衰消息，一有盛衰消息，則往復憑弔生流連矣；流連不已，而情深焉。凡文不足以動人，所以動人者氣也；凡文不足以入人，所以入人者情也。氣積而文昌，情深而文摯，天下之至文也。然而其中有天有人，亦不可不辨也。』（見同上）

此種主觀心理作用，學誠以爲世之史家所不能無。謂『氣得陽剛而情合陰柔，人麗陰陽之間不能離焉者也。』欲善用之，惟當以『合理』節制主觀之『氣』，以『本性』節制主觀之『情』，則情得其『正』，『氣』得其『平』而『天人之際』可辨，『盡其天而不益以人』之效亦可覩矣。謂『氣合於理，天也；氣能違理以自用，人也。情本於性，天也；情能汩性以自恣，人也。史之義出於天，而史之文不能不藉人力以成之。人有陰陽之患，而史文卽忤於大道之公。其所感召者微也。夫文非氣不立，而氣貴於平。人之氣，燕居莫不平也，因事生感，而氣失則宕，氣失則激，氣失則驕，毗於陽矣。文非情不深，而情貴於正。人之情，虛置無不正也，因事生感，而情失則流，情失則溺，情失則偏，毗於陰矣。陰陽伏沴之患，乘於血氣而入於心知，其中默移潛運，似公而實逞於私，似天而實蔽於人，發爲文辭，至於害義以違道，其人猶不自知也。故曰心術不可不愼也。』（同見上）

學誠屢言『心術不可不愼』，其意蓋謂史家苟以未得其平之氣，未得其正之情，以之紀事行文，則其害義違道將有不可勝言者。故云『程子嘗謂有關睢麟趾之意，而後可以行周官之法度；吾則以謂通六義比興之旨，而後可以講春王正月之書。』後人不察，乃『以微文爲史職之大權，或從羨慕而倣效爲之，是直以亂臣賊子之居心，而妄附春秋之筆削，不亦悖乎！』（見同上）觀此，則專以褒貶爲事之史家，其識亦可知矣。

(乙)思辨與己見

關於思辨與己見，學誠謂『文辭猶財貨也，志識其良賈也；人棄我取，人取我與。則賈術通於神明。知此義者，可以斟酌風尚而立言矣。』（文史通義說林）又謂『堯桀者是非之名，而非所以辨是非也。嫌介疑似，未若堯桀之分也。推之而無不若堯桀之分，起於是非之微，而極於辨論之精也。故堯桀者辨論所極，而是非者隱微之所發端也。』『堯桀無推者也。積古今之是非而安之如堯桀者，皆積古今人所創見之隱微而推極之者也。安於推極之是非者，不知是非之所在也。不知是非之所在者，非竟忘是非也，以謂固然而不足致吾意焉爾。』（文史通義習固）

此種人云亦云之態度，不能求得是非善惡之眞，故學誠以爲必須愼思而明辨之，方達求眞之目的。謂『觸乎其類而動乎其思，於是有見所謂誠然者，非其所非而是其所是，矜而寶之，以謂隱微之創見也。推而合之，比而同之，致乎其極，乃卽向者安於固然之堯桀也。向也不知所以，而今知其所以。故其所見，有以異向者之所見；而其所云實不異向之所云也。故於是非

而不致其思者，所矜之創見，皆其平而無足奇者也。』（見同上）

既慎思而明辨矣，學誠又以為必須具有己見，方不習於故常。謂『堯桀固無庸辨矣，然被堯之仁必有幾幾於不能言堯者，乃眞是堯之人也。遇桀之暴，必有幾幾於不能數桀者，乃眞非桀之人也。千古固然之堯桀猶推始於幾幾不能言與數者，而後定堯桀之固然也。故眞知是非者，不能遽言是非也。眞知是堯非桀者，其學在是非之先，不在是堯非桀也。是堯而非桀，貴王而賤霸，尊周孔而斥異端，正程朱而偏陸王，吾不謂其不然也，習固然而言之易者，吾知其非眞知也。』（見同上）其意蓋謂史家若無己見而人云亦云，雖其是非未必不然，然不能謂之眞知也。

學誠於史識與史德問題，尤具特識。今觀其所論，則信於其自稱獨得『史意』之言之不謬。主觀與客觀，在今日史家雖已耳熟能詳，而在當時之章氏，則毫無依傍而且能剴切言之，宜乎何炳松氏之極致推崇也。

第十章　民國以來之史學

第一節　疑古與釋古

疑古風氣遠開於春秋戰國，前已敍述之矣。（詳見本編第二章第四節）春秋以降，代有作者，而極其盛於清代。當時之校勘、輯佚、考古諸工作，皆可謂爲疑古之一支。其對象雖不限於史學，而頗多爲經學而努力，然其結果皆有裨於史學，即謂爲史學之成績，亦無不可。惟當時之疑古工作多關於零星瑣屑之資料，或則有所偏蔽；而其理論與方法，亦尠如何系統之供獻。及顧頡剛氏始有精密確當之條理，使斯學得有新闢之說明。在顧頡剛氏之前，清初有崔述，清末有康有爲，皆對於疑古工作有甚大之成績。錢玄同氏謂：『推倒秦漢以來傳記中靠不住的事實，是崔述；推倒劉歆以來僞造的古文經，是康有爲。』此可見崔康在疑古方面之地位。然崔康供獻雖大，而缺點亦復不小。錢玄同氏又謂：『崔述推倒傳記雜說，卻又信尙書左傳之事實爲實錄。康有爲推倒古文經，卻又尊信今文經，甚而至於尊信緯書。這都未免知二五而不知一十了。』（古史辨第一册二七面）其實崔康之缺點，並不在此。葉德輝謂：『康有爲隱以改復原教之路得自命，欲删定六經而先作僞經考，欲攪亂朝政而又作改制考。』（翼教叢編卷七與劉黃兩生書）斯言也，其直探康氏之肺肝者乎！康氏爲人蓋政客而非學者，其疑古目的，但欲借孔子之名以造成其主教之地位。因有政治野心，故其說每有所偏蔽。至崔述則顧頡剛氏以爲『有二點不滿意。第一點，他著書的目的，是要替古聖人揭出他們的聖道王功，辨僞只是手段。他只知道戰國以後的話足以亂古人的眞，不知道戰國以前的話亦足以亂古人的眞。他只知道楊墨的話是有意裝點古人，不知道孔門的話也是有意裝點古人。所以他只是儒者辨古史，不是史家的辨古史。第二點，他要從古書上直接整理出古史蹟來，也不是妥穩的辦法。因爲古代的文獻可徵的已很少，我們要否認僞史是可以比較各書而判定的，但要承認信史便沒有實際的證明了。崔述相信經書卽是信史，拿經書上的話做標準，合的爲眞，否則爲僞，所以整理的結果，他承認的史蹟亦頗楚楚可觀。但這在我們看來，終究是立脚不住的。因爲經書與傳記只是時間的先後，並沒有截然不同的眞僞區別；假使在經書之前還有書，這些經書又要降做傳記了。』（古史辨第一册五九面）據此，可見崔康兩氏疑古之精神固可佩，而疑古之態度則頗多可議也。

顧頡剛氏雖深受崔康二氏之影響，及直接受其師胡適氏之啓示，（胡氏辨井田及作水滸傳序紅樓夢考證，皆予顧氏以甚大之啓示。）然顧氏之理論方法則非崔康所可及，亦較胡氏爲具體。顧氏謂：『我們要辨明古史，看史蹟的整理還輕，而看傳說的經歷卻重。凡是一件史事，應當看它最先是怎樣的，以後逐步逐步的變遷是怎樣的。』因此見解，故彼『想作一篇層累地造成的中國古史，把傳說中的古史的經歷詳細一說。這有三個意思。第一，可以說明時代愈後，傳說的古史期愈長。』『第二，可以說明時代愈後，傳說中的中心人物愈放愈大。』『第三，在這上卽不能知道某一件事的眞確的狀況，但可以知道某一件事在傳說中最早的狀況。』（古史辨第一册六〇面）顧氏此種『層累地造成的古史』的見解，在史學上有甚大之貢獻，誠如胡適氏所謂：『他這個根本觀念是顚撲不破的，他這個根本方法是愈用愈見神效的。』於是胡氏乃將此方法總括成一方式：『一、把每一件史事的種種傳說，依先後出現的次序，排列起來。二、研究這件史事在每一個時代，有什麽樣子的傳說。三、研究這件史事的漸漸演進，由簡單變爲複雜，由陋野變爲雅馴，由地方的（局部的）變爲全國的，由神變爲人，由神話變爲史事，由寓言變爲事實。四、遇可能時解釋每一次演變的原因。』（古史辨第一册一九二——一九三面）此式一立，而中國古史僞誤之部分始有澄淸之希望，而其眞信之史蹟亦始有建立之可能矣。寓破壞於建設，以建設爲破壞，疑古理法之闡明，已可謂『前無古人』者矣。

惟當此種疑古理法披露之時，一班釋古者（釋古一詞爲馮友蘭氏所舉，見馬乘風中國經濟史序。馮氏謂今日研究歷史有疑古釋古兩派，玆採用之。但若依魏建功氏之說，則疑古之外應爲愚古奴古或泥古。魏說見古史辨第一册二四四面。）因『精神上之不一致』，乃紛起非難。而顧氏當時所最先懷疑之對象爲禹，而又因其『初次應用這方法，在百忙中批評古史的全部，也許有些微細的錯誤，』（引胡適氏語，見古史辨第一册一九二面。）於是釋古者乃蹈瑕攻擊，『以爲古人古書不可輕疑』。然此種攻擊，經疑古方面諸人之反質，無不理屈詞窮，秪悟矛盾。（詳可閱古史辨第一册）平心論之，顧氏所振在『鴻綱』，而釋古者吹求則在『小節』。此何異於章學誠謂世人之論鄭樵，『不究其發凡起例，絕識曠論，所以斟酌羣言，爲史學要删，而徒摘其援據之疎略，裁剪之未定者，紛紛攻擊，勢若不共戴天』也。（文史通義申鄭）

然當時所謂釋古者，頗有變本加厲之致，不僅對『古人古書不可輕疑』，且不幸而流爲魏建功氏所謚之愚古奴古或泥古之嫌，謂『今人讀古史動輒懷疑，以爲此爲某某作僞，此爲某某增竄，囂然以求眞號於衆；不知古人以信爲鵠，初未嘗造作語言以欺後世。若謂今人始善考史，昔之人皆逞肊妄作，則由未讀古書，不詳考其來歷耳。』『要之，史書無一事無來歷，其小有出入，乃一時之疎，非故意以誤後人，不得執一而疑其百也。』又謂衆手集作，『掌之者立帝座之後，定時日以報，勢不敢僞；史官據以撰述，亦莫由僞也。』（古史辨第一册二五八—二五九面）彼釋古者不知史書之不盡可信，子貢孟子已極言之。孔子之歎美『史闕文』，即有見於史無闕文，則史事之未必皆眞，而爲後人之妄行加入，故有『今亡也夫』之歎。漢書以後，斷代爲史之局成，後代修前代之史，興朝記勝國之事，或因入主出奴，或因挾嫌誣衊，或爲無識，或爲偏見，其間何嘗無『造作語言以欺後世』！（劉知幾鄭樵曾痛言之）至起居注、國史、實錄，事在當時，宜『勢不敢僞』或『莫由僞矣』，而不知其事或關涉君相之好惡，或牽判己身之禍福，因而隱諱者有之，曲筆者有之，甚而夸張粉飾者亦往往而有。起居注可以由宰相奏進御閱，國史、實錄亦可以屢加修改，（詳均請閱本書上編第三章第二節）則所謂『勢不敢僞』與『莫由僞』者，亦不攻自破矣。（不必談古，卽以報紙言，此地與彼地，此派與彼派，其所記每有完全相反者。報紙記當日之事且卽爲當日之人之公開閱覽者，若依釋古者之論，則亦必勢不敢僞或莫由僞矣。）

第二節　新史料之發現及其研究

研究史學與史料實有莫大之關聯，每一新史料發現，輒使史學研究有嶄新之進步。自清末迄今四五十年間，吾國新史料出現之多，爲向來所未有。（本書上編第一章第三節已略述及）據胡適氏之估計，『其中至少有八大項最可紀：第一、是周口店的「北京猿人」的發現，第二、是舊石器時代文化的發現，第三、是新石器時代文化的發現，第四、是安陽的殷墟器物文字的發現，第五、是西域的漢晉木簡的發現，第六、是燉煌石室所藏的六朝、唐、五代寫本的發現，第七、是日本舊藏中國古籍的公開，第八是北京宮廷各處檔案的公開。』（胡適王彥威清季外交史料序。在此八項之外，胡氏以王氏清季外交史料加入爲九項，其實此書內容多爲檔案，不過曾經王氏之搜集整理者，實可併入胡氏之第八項內。）此八項史料之發現，對於史學之貢獻，胡氏以爲『史前文化的發現，使我們對於太古時代得着一個完全新鮮的了解。殷墟器物文字的研究，使我們對於殷商一代的舊史得着一個新的證實和許多的修正。流沙古簡書與燉煌寫本的出現，和日本舊藏古書的發開，都使我們添了許多考訂中古近古史的材料。關於近代史料，自然要算近十多年北京宮廷衙署的各種檔案舊卷爲最重要。北京故宮開放之前，即有內閣舊卷檔案的賣出，其大部現歸北京大學研究院。故宮完全開放之後，許多祕籍文件與重要檔案陸續出現，其重要雖遠不能比羅馬法王宮廷藏書的公開，但在史料毀棄散失的中國，這也是史學界一個大寶藏了。』（見同上）所言殊爲賅要。至於此種著錄研究之有成績者，則殷墟器物文字，始有劉鶚之鐵雲藏龜十册，繼有羅振玉之殷墟書契前編八卷，後編二卷，殷墟書契菁華一卷，鐵雲藏龜之餘一卷，後有郭沫若之殷周青銅器銘文研究二册，金文叢考四册等。此外如商承祚、葉玉森、容庚、吳其昌諸君，亦各有所著錄。其間尤以王國維與郭沫若之研究，每多創獲。至西域之漢晉木簡，經英人斯坦因(A. Stein)搜得之後，於所著于闐之故蹟(Ancient Khotan)中，曾揭其影本，法人沙畹 (Ed. Chanaunes) 爲之箋釋。其後斯坦因又續有所得，沙畹復爲之考釋影印成書。於是吾國羅振玉王國維兩氏乃重加考訂，勒爲流沙墜簡三卷，補遺一卷，附錄二卷。而張鳳氏亦據法人所得者，印爲漢晉西陲木簡彙編二册。至燉煌石室所藏之六朝、唐、五代寫本，亦經斯坦因與法國伯希和(P. Pelliot)發現，盜運而去，其中頗多古梵文古波斯文及突厥回鶻諸古國文字。於是羅振玉乃就伯希和所得及其留遺未盜運者，寫爲燉煌石室遺書；於復先後印行石室祕寶十五種，鳴沙石室逸書十八種，鳴沙石室古籍叢殘三十種，及鳴沙石室佚書續編四種。是「北京人猿」，及新舊石器時代文化之發現，則地質調查所曾出中國猿人化石之發現，中華遠古之文化，河南石器時代之著色陶器，及奉天錦西縣沙鍋屯洞宅層西陰村史前遺存等書，可以參考。至北京宮廷各處檔案的公開，則故宮博物院及中央研究院歷史語言研究所，所出版之掌故叢編，文獻叢編、史料旬刊、清三藩史料、清代文字獄史料，清代外交史料、及明清史料，道咸各朝籌辦夷務始末，均多可採。至日本舊藏中國古籍的公開，史書方面，則張元濟氏爲上海涵芬樓輯印之百衲本二十四史，頗得其助。

因上述新史料之發現有裨於史學研究之故，於是地下發掘之事業日見興盛，且成爲一時之風尚。其中公家所組織者，如國立中央研究院、中央古物保管委員會、及山東省立圖書館、陝西考古學會等，工作成績，均頗可稱。至軍隊及紳富商民私自發掘者，苟非祕之私室即係流於異域，亦斯業之一大厄也。

年來研究太平天國史事者，漸見其多；而英倫蘇聯各圖書館所藏太平天國史料之出現，尤足供國人作新創之探討。如蕭一山、簡又文、羅爾綱、薛澄清諸君，皆各有相當之貢獻。其業方昌，前途殊未可量焉。

最後須特別提出者，則海鹽張元濟氏之輯印百衲本二十四史是。二十四史爲吾國正史，材料之豐富及其價值之重大，久有定評，惟今日通行版本，每多訛奪，毫釐之差，輒致謬以千里。張氏乃搜羅原刻善本，影印成集，旣無盧塵繁，復勤加校勘，考其異同，正其謬誤，著校勘記二十四卷。從此世人研閱正史，遂得有莫大之便利。張氏此舉，有功於史學蓋甚大也。

第三節　專門史之注重與歷史研究工具之發達

過去吾國正史雖有志書一類，及通典、通考、通志等書以紀述各種專門——指文化各方面之事蹟，但一般人所注意與所紀述者則多偏於政治方面；而正史志書及通典等類之書，所紀述之專門事蹟亦僅係零碎材料而尙有待於史家之爬梳與整理，謂之史料則可，不能卽謂之史書也。民國以來，吾國學者承歐美注重專門史之風氣，亦著眼此種史書之著述。胡適氏中國哲學史大綱，卽此中篳路藍褸之鉅著；馮友蘭氏中國哲學史繼之，於系統整理之外，亦多新闢之創獲。馬乘風氏中國經濟史爲近年不可多得之名作。其餘如王國維宋元戲曲史，魯迅中國小說史略，胡適白話文學史，陸侃如馮沅君中國詩史等，均能於中國文藝史蹟作有系統之貢獻。

因社會注重專門史之故，於是各種之專門史乃應運而生，爲數頗多，不能列舉。吾人於此僅能說明此實爲吾國史學界之好現象。蓋由整理零斷之材料而爲系統之著述，姑無論其著述如何，而已達到劉知幾所謂『勒成刪定歸於後來之筆』之地步者矣。

前年上海商務印書館爲紀念張元濟氏畢生致力於文化事業起見，有中國文化史叢書之編印，所列專門史目至八十種，凡關於文化史之各方面，幾於應有盡有；而編著人又多為該專門史之專家。規模之大，願力之宏，可以想見。惜因抗戰軍興，暫告停頓；然即就其已出版之二輯四十種言之，已多可傳之著述。竊謂吾國過去專門之史蹟經此一番大整理之後，上可以結束前人史料記載之局面，下可以開導後人專門研究之途徑，誠今日史學界之一大事也。

此外歷史研究工具之發達，亦為本期可紀之史實。吾國史書浩如煙海，研究考徵，為事不易，有工具書籍，則按圖可尋，開卷即得，其為便利，寧復待言。此種書籍，其本身雖無與史學，然實大有助於史學之研究。司馬遷史記中年表月表一類，當為歷史研究工具之濫觴。其表不僅便覽，實含有使人易於考究之意義。惟此種書籍至清代始盛，如王之樞等歷代紀事年表，齊召南歷代帝王年表，沈炳震廿一史四譜，錢大昕宋遼金元四史朔閏考、疑年錄，汪輝祖史姓韻編等皆是。尤其汪輝祖史姓韻編將二十四史中人名依韻編列，指出其人之姓字爵里及在某一史中之某一卷第，於閱史者最稱便利。錢大昕疑年錄列舉人之姓名歲數生卒年為表，頗有裨於讀史知人之學。其後吳修疑年續錄，錢椒疑年補錄，陸心源疑年三續錄，張鳴珂疑年賡錄，閔爾昌疑年五續錄繼之，一時稱盛。

民元以來，此種歷史研究工具之書籍，更為發達。張惟驤將錢吳諸家之疑年錄綜為一集曰疑年錄彙編，而加以增補考定，益覺完密。梁廷燦乃又將張氏之彙編為底本，益以自輯之名人，凡得四千有奇，勒為歷代名人生卒年表一書，上起孔子以迄最近，以生卒先後為次，分姓名字號生年卒年公元歲數七項列之，書末更附以帝王閨秀高僧三表，視前此諸家為加詳加密矣。

自胡凌迪知萬姓統譜及廖用賢尚友錄以來，考究古人之行歷始稱便利。尚友錄清代屢有增輯，然以韻分姓，檢尋不無困難。而汪輝祖之史姓韻編，亦同此弊。及民國，關於前者，上海商務印書館乃由陸爾奎就尚友錄一類之書加以增補，改韻目以筆劃為序，所收人名數逾四萬，起自上古，斷於清代，末附姓氏考略、異名表、中國歷代紀元表三種，極稱繁博。關於後者，上海開明書局乃就史姓韻編益以柯紹忞新元史，勒為二十五史人名索引一書，改韻目以王雲五氏之四角號碼檢字法為序，列載二十五史中之人名，亦遠較史姓韻編為完密。

清初沈炳震廿一史四譜中紀元一譜，列載歷代之紀元年號，頗稱詳盡；其後李兆洛之紀元編繼之，亦頗可取。及民國則此一類之工具尤為精密，史襄哉夏雲奇之紀元通譜，則依年表編纂，起黃帝元年（公元前二六九七）迄民國二十四年，（公元一九三五）每年詳載民元公元干支帝號年號。凡僭立稱王而有系統者列入附表，無系統者列入旁注。附錄有春秋戰國紀元，晉末十六國紀元，唐末十國紀元諸表。較紀元譜等書系統井然，無零斷不完之弊。此外萬國鼎亦有中西對照歷代紀元圖表之作，始於周共和元年（公元前八四一）迄於民國三十八年，（公元一九四九）每年載公元及中國帝王廟號年號並紀元干支各項，書前書後亦各有附表多種，足資參考。又有劉大白之五十世紀中國歷年表。其書分正表附表兩類，正表自神農元年（公元前三二一八）迄民國八十九年（公元二〇〇〇）每年分載公元民元干支國號帝號姓名年號年數，書後亦附表十四種，亦有裨於檢討。

淸錢大昕宋遼金元四史朔閏考，僅局於數代，及民國，陳垣氏乃有二十史朔閏表之作，自漢迄淸，凡二十史，各列其朔閏於表，自漢平帝元始元年（公元一）起加入西曆，自唐高祖武德五年（公元六二二）起加入回曆。書前附有年號通檢，書末附有三國六朝朔閏異同表、日曜表等。最稱完善。此外陳垣氏又有中西回史日曆一書，分上下兩層紀載，上層爲西曆紀年，甲子紀年，回曆紀年，及中國歷代紀元，下層紀載中、西、回史之月日，起漢平帝元始元年迄民國二十九年。（公元一九四〇）書末附有甲子表、中國年號表等。欲考查古今中外之年月日，一檢卽得，極稱便利。其後又有鄭鶴聲氏近世中西史日對照表，加入太平天國日曆，注重近代，起自明武宗正德十一年（公元一五一六）迄民國三十年，（公元一九四一）分陽曆陰曆星期干支四項紀載，而附節氣於干支內。書之前後亦附表多種，亦便檢查。

關於大事年表，民元後則有傅運森之世界大事年表，及陳慶麒之中國大事年表。前者紀載世界及中國大事，自黃帝元年至民國七年，（公元一九一八）每年備載干支國號帝號年號民元公元，分註中外大事於其下。後者自黃帝元年起迄民國二十三年，（公元一九三四）編排內容約略同上，惟書前書後增有附表。此兩書均較過去歷代帝王年表之類爲美備。

此外北平燕京大學曾設立引得編纂處，專門編纂古書之索引，以便檢查。其關於歷史者，有新唐書宰相世系表引得，凡原表之姓名別號諡號封爵等皆分別爲引得。又有八十九種明代傳記綜合引得，乃用八十九種明代傳記專書，（如張廷玉明史中列傳，王鴻緒明史稿中列傳，徐開江明名臣言行錄，黃宗羲明儒學案，朱彝尊靜志居詩話等。）列載其人名字號，凡欲悉明代名人在何種傳記中有專傳者，依人之姓或號之筆畫，一檢即得。又有三十三種清代傳記綜合引得，乃用三十三種清代傳記專書，（如趙爾巽清史稿中列傳，李桓清朝耆獻類徵，錢儀吉碑傳集，李元度清朝先正事略，江藩漢學師承記，張維屏清代詩人徵略等。）除未另列別號外，其編排與作用均同明代引得。此諸書皆不可少之作也。

凡茲所列歷史研究工具之書籍，既便考尋又省精力，當茲人事日繁學術日進之時，此種工具之發達，有助於史學之研究，蓋非淺鮮也。

第四節　新史學之輸入及其影響

新史學或綜合史學，爲晚近歐美新興之史學。此派史學之興起，『一方面得力於現代自然科學及批評思想所醞釀而成之宇宙觀念，一方面則得力於科學之應用於工藝及實業因而造成之實業上及社會上之變革。』（向達譯 H. E. Barnes 著之史學史）『依此派之主張，諸原因（指私人或偉人論，經濟或物質論，聯合地理或環境論，精神或唯心論，科學論，人類學論，社會學論——作者附註。）之單一範疇，殊不足以說明歷史發展之一切形態與階段。某時代之集體心理卽足以決定該時代之歷史發展；史家之任務，在發現與估計各種因素，卽創造與形成集體人生觀之諸因素，此因素更決定爲生存與改良之集體鬬爭之性質。』（董之學譯 H. E. Barnes 之新史學與社會科學）具體言之，新史學蓋利用自然科學尤其社會科學各方面研究已得之新知識，以研究史學；採衆家之所長，不拘執於一說。誠如班茲（H. E. Barnes）所云『以天文學地質學人類學研究之結果，史家乃得有時間之新背景；以有科學與聖經考訂，而超自然論之魔祟摧滅無餘；又因工藝與經濟上之變化，文化制度皆起空前之革命；史家薈合衆說，對於人類以及文化發展之緜延及性質乃較有把握，對於種種成就與趨勢之待史學爲之疏通證明者至是其認識亦較爲眞切，實業經濟生活中最平庸之事物亦已深知其重要，因而遂引起史家反省之精神，諄諄致意於史事之詮釋焉。』（向達譯班茲史學史）

此新興史學在歐美佔有極大之勢力，其介紹輸入於我國，則當推何炳松氏爲首功。何氏所譯之新史學及自著之通史新義，皆對此新興史學作有系統之介紹。其後向達譯之史學史，董之學譯之新史學與社會科學繼之，於斯學益有詳盡之闡述。此新史學輸入以後，其影響於吾國史學界頗非淺鮮，約而言之，其大者最少有二：一爲通史運動之再提出，一爲歷史解釋之不可囿於一元。請略言之。

通史一體，自漢班固斷代爲史成就之後，遂告衰沈。宋鄭樵慨然有感，大聲疾呼，旣闡通史之價値，且進而自著通史以示範，今傳世之通志，卽其通史之雛形。惟通志成於晚年，草草寫定，殊未能滿足人意。清章學誠亦極力提倡通史，其論視鄭樵爲精闢，然惜其不能自著一書，以『契前修而俟後聖』。及民國以後，歐美新史學輸入，於是通史之論調又盛。惟此時之所謂通史與過去僅與斷代史對稱者略爲不同，而兼含有對專史而言之義。關於此運動，可以何炳松氏爲代表。何氏著通史新義一書，力主史料與著作分家，謂：『通史者乃提要鈎玄之功，所以備常人之瀏覽；其他諸史皆屬史料，乃守先待後之業，所以備後人之要删。』又謂：『所謂通史者實卽共通之歷史。』『所有專史之編著雖完備異常，而在吾人之歷史知識中始終留有不可或缺之部分。此不可或缺之部分非他，卽吾人所謂通史者是也。其特性在於描寫具體之眞相，敍述社會人羣之行爲與偉業。故通史之爲物，無異一切專史之連鎖；通史之事實，無異專史中事實之配景。實際上此種共通事象之足以聯絡或駕馭人類之特殊活動者，皆屬影響及於大衆及足以變更一般狀況之事實。』（何炳松通史新義）觀此，則通史之性質範圍及其作用，何氏已作精賅之闡述矣。

惟何氏以公務倥偬之故，亦未獲就其理論方法著成通史，以嘉惠方來。此外因大學中國通史學程之漸爲人注重，且定爲必修科之故，於是中國通史一書乃紛紛出世。其間雖不乏精心之作，然亦頗多乘時赴急而倉卒出書者，非失之簡陋卽過於繁賾，此殆草創之初所不能免之現象也歟？

至歷史解釋之不可囿於一元，則亦爲新史學所給予吾國史學界之影響。誠如何炳松氏所云：『吾國近年來史學界，』『對於西洋史學原理之接受，正與政治學、家經濟學、家新文學家同，一時頓呈飢不擇食活剝生吞之現象。』『彼曾習統計學者以爲研究歷史應用統計法焉；彼曾習生物學者以爲研究歷史應用進化說焉；彼曾習自然科學者以爲研究歷史應用因果律焉；彼曾習經濟學者以爲研究歷史應用經濟史觀焉；彼曾習論理學者以爲研究歷史應用分類法焉：一時學說紛紜，莫衷一是。』在其中尤以經濟史觀（亦稱唯物史觀）爲佔有勢力，『以爲經濟史觀足爲研究全部人類社會生活上之線索；吾人可藉以了解人類在政治上宗教上理智上之一切活動。換言之，卽『所有各種人類之事實，如政治、法律、宗教、美術、哲學、道德等，均無非一種社會經濟組織之結果。』『所有歷史上之事實，均不過經濟事實所產生次等之結果而已。』『經濟爲所有社會之基本結構。』（何炳松通史新義）

此諸種歷史解釋囿於一元之說法，以新史學之主張觀之，皆『偏而不全，似而非是。』依其主張，則上述『諸原因之單一範疇，殊不足以說明歷史發展之一切形態與階段。』（董之學譯新史學與社會科學）今卽就佔有勢力之經濟史觀言之，則『吾人將知經濟組織並非人類社會之唯一組織，蓋尚有他數種焉。（一）自然地理環境及人爲環境，因其能予人類以多少之便利，故足以決定多種人類之行爲，而且引起社會適合於某種之組織。（二）人種遺傳之生理狀況足以影響人類之衝動，行爲，甚至某種集合之便利。（三）人類個人之實際團結，往往依其物質上之特性，如性別年齡疾病等人口學上之對象，足以便利或足以妨害某種行爲或組織。』此外關於

『經濟生活所包含者至少有一相當部分之心理現象，（知識、技術能力、願望）』亦不能加以抹殺。而信仰、道德、政治亦均足爲創造此經濟組織之先決條件。經濟史觀之『理論，既專注於經濟之現象，因之對於聯合經濟組織與他種社會組織，如政治法律宗教道德科學等之連鎖遂受障礙而無所知，以爲所有政治上宗教上道德上之行爲均屬經濟組織直接之結果，或僅係獲得經濟財物之一種方法或名義而已。實際事實之觀察，並不能證實此種理論之充分；而此種理論不能不使吾人斷言有多數事先行爲非此種解釋所能說明。』『人類活動並不盡以獲得物質上之享樂爲目的。一人在經濟組織中之地位亦並不直接原於其物質上之享受。社會組織並不純爲上流階級或上流階級之經濟利害而後造成。社會之形成及其變化，除經濟史觀所主張之原因外，尚有多種更爲複雜之條件焉。』（何炳松通史新義）

此新史學給予吾國史學界，歷史解釋不可囿於一元之影響也。

第五節　梁啓超先生

自章學誠文史通義以來，對於一般史學之研究盛有成績而且著成專書者，惟有梁啓超氏之中國歷史研究法暨中國歷史研究補編而已。梁氏生平致力學術，世所共知，其中年以後尤惓惓於史學，著作雖多，而要以此二書爲最。梁氏謂『近今史學之進步有兩大特徵。其一爲客觀的資料之整理：——疇昔不認爲史蹟者，今則認之；疇昔認爲史蹟者，今或不認。舉從前棄置散佚，鈎稽而比觀之；其夙所因襲者，則重加鑑別，以估定其價值。如此則史學立於『眞』的基礎之上，而推論之功，乃不至於枉施也。其二，爲主觀的觀念之革新：——以史爲人類活態之再現，而非其僵屍之展覽；爲全社會之業影，而非一人一家之譜錄。如此，然後歷史與吾儕生活相密接，讀之能親切有味；如此，然後能使讀者領會團體生活之意義，以助成其爲一國民一世界人之資格也。』（中國歷史研究法自序）梁氏又謂『我國史界浩如煙海之資料，苟無法以整理之耶？則誠如一堆瓦礫，只覺其可厭。苟有法以整理之耶？則如在礦之金，採之不竭；學者任擧治其一部分，皆可以名家；而其所以貢獻於世界者皆可以極大。』（見同上）梁氏卽本此見解與志願，以著成中國歷史研究法，告人以整理中國歷史之方。其書計分六章，爲：史之意義及其範圍，過去之中國史學界，史之改造，說史料，史料之蒐集與鑑別，史蹟之論次。至於中國歷史研究法補編，則係『正編』之補充；正編係『說明一部通史應如何作法』，補編則『偏重研究專史如何下手』。其內容又『分爲「總論」「分論」兩部。總論注重理論的說明，分論注重專史的研究。』總論計分三章，爲：史的目的，史家的四長，五種專史概論。分論計分五種：一、人的專史。凡分七章，爲：人的專史總說，人的專史的對相，做傳的方法，合傳及其做法，年譜及其做法，專傳的做法，人表及其做法。二、事的專史。（未作）三、文物的專史。凡分五章，爲：文物專史總說，政治專史及其做法，經濟專史及其做法，文化專史及其做法，文物專史做法總說。四、地方的專史。（未作）五、斷代的專史。（未作）此正補兩編皆內容豐富，講解詳明，屢有其獨特之新見解，足以補文史通義之不逮。而文史通義偏於理論而忽於例證，此則每有理論必附以例證，所述俱作具體之說明，尤便於初學。啓蒙之功，非過去任何史家所得及，茲用以殿吾書焉。